上海政法学院
SHANGHAI UNIVERSITY OF POLITICAL SCIENCE AND LAW

矫正学的视界

从监狱学到矫正学的理论尝试

姚建龙 著

中国政法大学出版社

2019·北京

校庆筹备工作领导小组

组　长：夏小和　　刘晓红

副组长：潘牧天　　刘　刚　　关保英　　胡继灵　　姚建龙

成　员：高志刚　　韩同兰　　石其宝　　张　军　　郭玉生

　　　　欧阳美和　王晓宇　　周　毅　　赵运锋　　王明华

　　　　赵　俊　　叶　玮　　祝耀明　　蒋存耀

作者简介

姚建龙，上海政法学院党委常委、副校长、教授、博士生导师，全国青联委员、上海青联常委，曾任重庆市劳教戒毒所民警、上海市长宁区人民检察院副检察长、北京师范大学刑事法律科学研究院博士后、华东政法大学教授、《青少年犯罪问题》杂志主编、上海政法学院刑事司法学院院长、团中央权益部副部长兼规划办副主任等。

主要从事刑事法学、青少年法学研究，在矫正学领域的主要研究成果有《禁毒法与戒毒制度改革研究》（个人专著）、《矫正学导论：监狱学的发展与矫正制度的重构》（主著）、《保护与惩罚：预防未成年人犯罪实证研究——海口市未成年人法制教育中心调研报告》（主编）、《上海市社区青少年服务人员教育矫正的理论与实践》（第二主编）、《中国刑罚改革研究》（合著）等，主张以大矫正观重构我国矫正制度并建立统一的矫正学学科。曾任中国监狱协会理事、上海市监狱学会常务理事、上海市监狱局矫治师评审委员会委员、上海市南汇监狱执法监督员、上海市周浦监狱科研理论工作顾问等，受邀参与监狱法修订、社区矫正法制定、狱务公开试点等的论证与专家咨询工作。

入选中国哲学社会科学最有影响力学者排行榜（2017年）、名列中国被引次数超过百次刑法学科青年学者（45岁以下）第八位（2017年），获全国未成年人思想道德建设工作先进工作者、上海市十大杰出青年、上海市优秀中青年法学家、上海市杰出青年岗位能手、上海市禁毒先进个人、上海市未成年人思想道德建设先进工作者、上海市曙光学者等荣誉。

总序 GENERAL PREFACE

三十五年的峥嵘岁月，三十五载的春华秋实，转眼间，上海政法学院已经走过三十五个年头。三十五载年华，寒来暑往，风雨阳光。三十五年征程，不忘初心，砥砺前行。三十五年中，上海政法学院坚持"立足政法、服务上海、面向全国、放眼世界"，秉承"刻苦求实、开拓创新"的校训精神，走"以需育特、以特促强"的创新发展之路，努力培养德法兼修、全面发展，具有宽厚基础、实践能力、创新思维和全球视野的高素质复合型应用型人才，在中国特色社会主义法治建设征程中留下了浓墨重彩的一笔。

学校主动对接国家和社会发展重大需求，积极服务国家战略。2013年9月13日，习近平主席在上海合作组织比什凯克峰会上宣布，中方将在上海政法学院设立"中国-上海合作组织国际司法交流合作培训基地"，愿意利用这一平台为其他成员国培养司法人才。此后，2014年、2015年和2018年，习主席又分别在上合组织杜尚别峰会、乌法峰会、青岛峰会上强调了中方要依托中国-上合基地，为成员国培训司法人才。2017年，中国-上合基地被上海市人民政府列入《上海服务国家"一带一路"建设、发挥桥头堡作用行动方案》。五年来，学校充分发挥中国-上合基地的培训、智库和论坛三大功能，取得了一系列成果。

入选校庆系列丛书的三十五部作品印证了上海政法学院三十五周年的发展历程，也是中国-上海合作组织国际司法交流合作培训基地五周年的内涵提升。儒家经典《大学》开篇即倡导："大学之道，在明明德，在亲民，在止于至善。"三十五年的刻苦，在有良田美池桑竹之属的野马浜，学校历经上海法律高等专科学校、上海政法管理干部学院、上海大学法学院和上海政法学院等办学阶段。三十五年的求实，上政人孜孜不倦地奋斗在中国法治建设的道路上，为推动中国的法治文明、政治进步、经济发展、文化繁荣与社会和谐而不懈努力。三十五年的开拓，上海政法学院学科门类经历了从单一性向多元性发展的过程，形成了以法学为主干，多学科协调发展的学科体系，学科布局日臻合理，学科交叉日趋完善。三十五年的创新，在我国社会主义法治建设进程中，上海政法学院学科建设与时俱进，为国家发展、社会进步、人民福祉献上累累硕果和片片赤诚之心！

所谓大学者，非谓有大楼之谓也，有大师之谓也。三十五部作品，是上海政法学院学术实力的一次整体亮相，是对上海政法学院学术成就的一次重要盘点，是上政方家指点江山、激扬文字的历史见证，也是上海政法学院学科发展的厚重回声和历史积淀。上海政法学院教师展示学术风采、呈现学术思想，如一川清流、一缕阳光，为我国法治事业发展注入新时代的理想与精神。三十五部校庆系列丛书，藏诸名山，传之其人，体现了上海政法学院教师学术思想的精粹、气魄和境界。

红日初升，其道大光。迎着佘山日出的朝阳，莘莘学子承载着上政的学术灵魂和创新精神，走向社会、扎根司法、面向政法、服务社会国家。在佘山脚下这座美丽的花园学府，他们一起看情人坡上夕阳抹上夜色，一起欣赏天鹅一家漫步在上合基地河畔，一起奋斗在落日余晖下的图书馆。这里记录着他们拼搏的青春，放飞着他们心中的梦想。

《礼记·大学》曰："古之欲明明德于天下者，先治其国。"怀着修身、齐家、治国、平天下理想的上政师生，对国家和社会始终怀着强烈的责任心和使命感。他们积极践行，敢为人先，坚持奔走在法治实践第一线；他们秉持正义，传播法义，为社会进步摇旗呐喊。上政人有着同一份情怀，那就是校国情怀。无论岁月流逝，无论天南海北，他们情系母校，矢志不渝、和衷共济、奋力拼搏。"刻苦、求实、开拓、创新"的校训，既是办学理念的集中体现，也是学术精神的象征。

路漫漫其修远兮，吾将上下而求索。回顾三十五年的建校历程，我们有过成功，也经历过挫折；我们积累了宝贵的办学经验，也总结了深刻的教训。展望未来，学校在新的发展阶段，如何把握机会，实现新的跨越，将上海政法学院建设成一流的法学强校，是我们应当思考的问题，也是我们努力的方向。不断推进中国的法治建设，为国家的繁荣富强做出贡献，是上政人的光荣使命。我们有经世济民、福泽万邦的志向与情怀，未来我们依旧任重而道远。

　　天行健，君子以自强不息。著书立说，为往圣继绝学，推动学术传统的发展，是上政群英在学术发展上谱写的华丽篇章。

上海政法学院党委书记 夏小和 教授

上海政法学院校长 刘晓红 教授

2019 年 7 月 23 日

目 录 /CONTENTS

总　序 …………………………………………………………… 001

第一章　从监狱学到矫正学：一个初步的思考 ………………… 001

一、监狱学的式微与局限 ……………………………………… 001

二、矫正学的提出 ……………………………………………… 003

三、大矫正观的提倡 …………………………………………… 006

第二章　监狱学教育与监狱人才培养机制的几点思考 ………… 009

一、监狱学教育与法学教育的不了情 ………………………… 009

二、现行监狱学本科专业的发展思路 ………………………… 011

三、我国应当建立矫正官统一资格考试制度 ………………… 013

第三章　行业办学体制调整与监狱学专业人才培养

　　　　——以上海政法学院为例 …………………………… 015

一、监狱人民警察的主要来源 ………………………………… 015

二、国内监狱学本科人才培养模式的现状分析 ……………… 017

三、行业高校办学体制改革对监狱学人才培养的影响与应对 … 018

第四章　作为监狱学家的严景耀：方法、理论与实践 ………… 021

一、学科争议：犯罪学家还是监狱学家 ……………………… 022

二、研究方法：严景耀的监狱调查 …………………………… 024

三、理论体系：严景耀的监狱学思想 ………………………… 029

四、学以致用：严景耀的监狱管理实践 ……………………… 033

五、余　论 ……………………………………………………… 035

第五章　关于《监狱法》修改的几点思考 ································ 038

一、关于《监狱法》的性质和地位 ································ 038

二、关于《监狱法》所存在的主要问题 ···························· 040

三、关于《监狱法》修改的几个重点建议 ························· 041

四、结　语 ··· 043

第六章　监狱工作"五大改造"的学理分析 ···················· 044

一、刑罚理念的变迁与监狱工作的进化 ··························· 044

二、坚持政治改造的统领性 ····································· 047

三、统筹推进监管改造、教育改造、文化改造、劳动改造 ········· 050

四、结　语 ··· 053

第七章　论狱务公开的深化与完善 ···························· 054

一、狱务公开的提出与发展 ····································· 054

二、狱务公开的观念与法理 ····································· 056

三、《意见》对狱务公开的深化 ································· 060

四、深化狱务公开的几点建议 ··································· 062

第八章　涉毒罪犯的心理特征及其心理矫治 ···················· 065

一、我国罪犯心理矫治的现状 ··································· 065

二、涉毒犯的调查结果及分析 ··································· 067

三、涉毒罪犯心理行为特征分析 ································· 069

四、涉毒罪犯心理矫治及其思考 ································· 070

第九章　论社区矫正的社会支持系统 ························· 074

一、社区矫正的兴起 ··· 074

二、社会支持体系的意义 ······································· 076

三、社会支持体系的建构 ······································· 078

四、结　语 ··· 079

第十章　体育运动介入戒毒：一种新戒毒方法展望 ·············· 080

一、当前的戒毒方法 ··· 080

二、毒品成瘾是一种脑部疾病吗？ ……………………… 081

三、体育运动介入戒毒的假设与理论基础 ……………… 082

四、体育介入戒毒的已有的实验研究证据 ……………… 086

五、展　望 ………………………………………………… 088

第十一章　劳教制度未尽的改革：强制隔离戒毒 ……… 089

一、劳教制度的争议与废止 ……………………………… 089

二、劳教制度的"主体"延续 …………………………… 092

三、治疗还是惩罚：强制隔离戒毒措施的性质 ………… 094

四、重新认识吸毒者：强制隔离戒毒的合法性与合理性 …… 098

五、对我国戒毒制度改革的建议 ………………………… 101

第十二章　重构后戒毒体系之运作与反思 ……………… 103

一、戒毒工作中的利益相关者 …………………………… 104

二、戒毒措施体系 ………………………………………… 108

三、戒毒与吸毒者控制 …………………………………… 116

四、结　语 ………………………………………………… 122

第十三章　理性对待未成年人矫正机构

——海口市未成年人法制教育中心调研报告 ………… 123

一、机构渊源与中心概况 ………………………………… 123

二、中心的建立与零容忍政策的确立 …………………… 126

三、海口市实践的理论视角 ……………………………… 133

四、经验自述、媒体宣传与领导评价 …………………… 139

五、成效与不足 …………………………………………… 148

六、海口市实践引发的思考 ……………………………… 159

七、结　语 ………………………………………………… 166

第十四章　智障少年犯罪与矫正制度之检讨 …………… 167

一、智障少年犯罪的研究范式 …………………………… 167

二、智障少年犯罪及矫正的特殊性分析 ………………… 170

三、我国犯罪智障少年矫正制度的反思与完善 ⋯⋯⋯⋯ 174

第十五章 未成年犯义务教育的困境与出路 ⋯⋯⋯⋯ 178

一、法条与现实之间的距离 ⋯⋯⋯⋯⋯⋯⋯⋯⋯⋯⋯⋯ 178

二、未成年犯义务教育的困境 ⋯⋯⋯⋯⋯⋯⋯⋯⋯⋯ 180

三、完善未成年犯义务教育制度的建议 ⋯⋯⋯⋯⋯⋯ 183

第十六章 从"工读"到"专门"——工读教育的困境与出路 ⋯ 188

一、我国工读教育的发展与现状 ⋯⋯⋯⋯⋯⋯⋯⋯⋯ 188

二、我国工读教育的困境与症结 ⋯⋯⋯⋯⋯⋯⋯⋯⋯ 193

三、从"工读"到"专门":我国工读教育的合理定位与未来发展 ⋯ 199

四、结 语 ⋯⋯⋯⋯⋯⋯⋯⋯⋯⋯⋯⋯⋯⋯⋯⋯⋯⋯ 203

第十七章 加拿大矫正制度的特色与借鉴 ⋯⋯⋯⋯⋯ 205

一、加拿大矫正制度的基本架构 ⋯⋯⋯⋯⋯⋯⋯⋯⋯ 205

二、加拿大矫正制度运作的特点 ⋯⋯⋯⋯⋯⋯⋯⋯⋯ 207

三、启示与借鉴 ⋯⋯⋯⋯⋯⋯⋯⋯⋯⋯⋯⋯⋯⋯⋯⋯ 211

四、结 语 ⋯⋯⋯⋯⋯⋯⋯⋯⋯⋯⋯⋯⋯⋯⋯⋯⋯⋯ 213

第十八章 外国宗教矫正理论与实践述评 ⋯⋯⋯⋯⋯ 215

一、宗教矫正的界定与发展 ⋯⋯⋯⋯⋯⋯⋯⋯⋯⋯⋯ 215

二、宗教矫正的理论基础 ⋯⋯⋯⋯⋯⋯⋯⋯⋯⋯⋯⋯ 217

三、宗教矫正的种类与特点 ⋯⋯⋯⋯⋯⋯⋯⋯⋯⋯⋯ 220

四、宗教矫正的功能与争议 ⋯⋯⋯⋯⋯⋯⋯⋯⋯⋯⋯ 223

五、结 语 ⋯⋯⋯⋯⋯⋯⋯⋯⋯⋯⋯⋯⋯⋯⋯⋯⋯⋯ 225

参考文献 ⋯⋯⋯⋯⋯⋯⋯⋯⋯⋯⋯⋯⋯⋯⋯⋯⋯⋯⋯ 227

后 记 ⋯⋯⋯⋯⋯⋯⋯⋯⋯⋯⋯⋯⋯⋯⋯⋯⋯⋯⋯ 235

从监狱学到矫正学：一个初步的思考 *

一般认为，监狱学是研究刑罚执行机关执行监禁刑罚与改造罪犯这一特殊现象及其规律的科学。[1]自近代法制变革以来，监狱学一度成为显学，然而其目前的发展状况似乎有些尴尬。监狱学的未来发展不仅仅关系到这门学科的命运，更关系到我国矫正制度的改革与完善。

一、监狱学的式微与局限

监狱在法治建设中的重要性，曾在近代中国被提到了前所未有的高度。某种程度上可以说，近代中国的法制变革始于监狱改良。正如清末京师法律学堂笔记《监狱学》一书所言：刑事制度分为立法、裁判、行刑三种机关，而"监狱较立法、裁判为重，而改良亦以监狱为先"。[2]这样一种将监狱（行刑）与立法、司法并重，甚至认为较立法、司法机关更重要的观点，为近代学者所秉持和反复强调。例如，孙雄在其1936年所出版的《监狱学》一书中即明确指出："行刑机关，较立法、司法二机关，尤为重要"。[3]

也正因为如此，监狱学曾经是一门自清末法制变革与近代法学教育建立以来，受到高度重视的学科。无论在清末初创的法学教育体系，还是民国时期相对成型的法学教育体系中，监狱学都被视为法学的基础性学科。

中华人民共和国成立以后，尤其是20世纪70年代末恢复法制建设与法

---

* 载《复印报刊资料：刑事法学》2015年第8期。

〔1〕 参见金鉴主编：《监狱学总论》，法律出版社1997年版，第1页。

〔2〕 ［日］小河滋次郎口述，熊元翰编：《监狱学》，上海人民出版社2013年版，第4页。

〔3〕 孙雄编著：《监狱学》，商务印书馆2011年版，第9页。

学教育以来，监狱学经"劳改法学"的过渡而逐步得以恢复和发展，并经历了一个依附于法学中的刑法学科到逐步独立的发展过程。其中的标志性事件是国家教育部在 2003 年所颁布的《普通高等学校本科专业目录》中将监狱学列为独立于法学之外的专业与学科，2012 年修订的《普通高等学校本科专业目录》继续将监狱学列为法学门类中的特设专业。目前，中央司法警官学院、上海政法学院、山东政法学院等大学也正式设置了独立的监狱学专业。

在 20 世纪 80、90 年代，主要以"劳改法学"为名的监狱学研究与教学曾经一度非常活跃，各大政法类院校均将劳改法学作为重要的学科，甚至设置了专门的劳改法学系（部）。这种活跃的状况还引起了国外学者的关注。例如，《美国法律杂志》就曾经于 1988 年 3 月发表评论认为："近十年是中国大陆犯罪学和矫正学领域最有生气、最为活跃的十年。"[1]但遗憾的是，进入 21 世纪后，监狱学的学科地位开始出现了明显的下降，监狱学逐步成为一门被边缘化的学科。具体表现在两个方面：一是由于监狱学被列在法学本科专业之外，导致监狱学研究与监狱学教育不入法学和法学教育的主流，监狱学教学和研究被边缘化，监狱学学者也纷纷流失；二是由于国家统一法律职业资格考试不包括监狱学知识内容，从事行刑工作并不需要通过国家统一法律职业资格考试，这也导致监狱职业不入司法职业主流。[2]

监狱学的独立设置也并没有改变监狱学日渐式微的局面，相反还随着我国矫正制度的改革与发展而加剧了其困境状态，出现了诸多不适应的地方。例如，随着社区矫正改革的推进，社区矫正制度呈现了获得与监狱矫正制度同等地位的趋向。司法部下设了与监狱局并列的社区矫正局，专门的《社区矫正法》也在抓紧制定。上海政法学院也率先在全国于监狱学下设立了社区矫正方向，招收并培养专门的社区矫正本科人才。但显然，研究社区矫正的学问——社区矫正学很难被名为"监狱学"的学科所容纳，而要在本科专业目录中再增设社区矫正学是不现实的。

我国的矫正制度具有多元化与多样化的特点，具有不同于国外矫正制度的特殊性，但这一特殊性却一直缺乏系统的理论关注。监狱学虽然是研究矫

---

[1] 转引自邵名正主编：《中国劳改法学理论研究综述》，中国政法大学出版社 1992 年版，第 1 页。

[2] 参见姚建龙："关于监狱学教育与监狱学人才培养机制的几点思考"，载严励主编：《监狱学专业建设回顾与瞻望——监狱学专业课程建设研究》，中国法制出版社 2013 年版。

正制度的领头学科与核心学科之一，但显然并不能替代对矫正制度的研究。根据我国矫正制度的现有状况，它实际包括违法矫正体系与犯罪矫正体系两大体系，在犯罪矫正体系下还包括审前矫正与判后矫正、监禁矫正与社区矫正等基本单元。但是，监狱学的视角仅仅及于有罪判决后并在监狱服刑罪犯的矫正与管理。大量的矫正机构与矫正措施，无法被监狱学所关注。从我国目前依托大学的矫正人才培养现状来看，主要是培养监狱学人才（本科）与刑事执行法学（高职）人才，这样的人才培养模式无法适应我国矫正制度人才的实际需求，也是导致矫正工作人员的整体专业性与素质明显低于法官、检察官、律师的重要原因。

2011 年 3 月，国务院学位委员会颁布的《学位授予和人才培养学科目录》正式将公安学脱离法学，单列为一级学科。获得独立学科地位的公安学，可以涵盖公安工作的各个领域，并为公安工作的发展奠定扎实的学科基础。与之形成鲜明对比的是，监狱学学科建设长期没有获得应有的关注，学科发展已经明显滞后。

监狱学的恢复与独立化发展定型于 2003 年，并且在矫正制度研究中一枝独秀，几乎成为我国矫正制度研究的代名词。然而，一方面这一学科名称与体系无法适应我国矫正制度发展的趋势，存在诸多视野盲点；另一方面也缺乏对我国矫正制度特殊性与实际状况的应有关怀，因而也无法为我国矫正制度的完善提供应有的理论支持。监狱学的这一弊端，应当引起足够的重视。

二、矫正学的提出

从比较研究的视角看，国外通常并不使用"监狱学"的概念，较为常用的概念是"Corrections"（矫正），其研究对象即国外的矫正制度。[1] 国外对矫正制度的研究视野远远宽于我国的监狱学研究对象，这种"宽"视野是相对于我国而言的，但却是与国外矫正制度的现状相对应的。例如，与我国相比，加拿大矫正制度具有"大矫正"模式的特色，具体表现在以下三个方面：一是机构矫正与社区矫正一体化；二是审前羁押矫正与判后矫正一体化；三是违法与犯罪矫正一体化。[2]

---

〔1〕 吴宗宪：《当代西方监狱学》，法律出版社 2005 年版，第 1~9 页。
〔2〕 详见姚建龙："加拿大矫正制度的特色与借鉴"，载《法学杂志》2013 年第 2 期。

矫正一词的内涵与外延要远比监狱一词丰富，这也许正是国外通常使用"corrections"一词的原因之一。笔者主张使用"矫正"一词，除了其内涵更为准确与丰富外，更因为它可以打破我国违法与犯罪的二元体系，有利于超越公安、司法、教育等职能部门的界限，从矫正制度本身内涵的角度对矫正制度进行整合研究。

矫正的基本含义是"纠正""改正"。在古代汉语中，矫正一词早有使用。例如《汉书·李寻传》中所说："先帝大圣，深见天意昭然，使陛下奉承天统，欲矫正之也。"古代汉语中的矫正一词，已确定了纠正、改正的基本内涵。今天，矫正一词已经成为在医学、社会工作、工程物理、法学等领域使用的名词，如牙齿矫正、矫正社会工作、犯罪矫正等。在法学领域，矫正一词有着特定的含义，并被视为司法领域的专门用语。一般认为，矫正即国家司法机关和工作人员通过各种措施和手段，使犯罪者或具有犯罪倾向的违法人员得到思想上、心理上和行为上的矫正治疗，从而重新融入社会，成为其中正常成员的过程。简单来说，矫正即将有反社会行为（越轨、悖德、违法以及犯罪）或者反社会倾向的人转化为社会正常成员的过程。这一内涵较为符合我国目前矫正制度的实际状况。

矫正一词还包含着"劝善"的观念。从矫正制度发展的历史来看，其脱胎于并且超越于惩罚，但是却始终内含着惩罚，正如英文"Correction"一词同时也有着惩罚的含义。不过，很多矫正学家常常试图将矫正解释为一种治疗，而不是惩罚。但从矫正制度的实践来看，惩罚与治疗之间剪不断理还乱的纠葛，恰恰是矫正制度演变的缩影。矫正蕴含着"规训"（descipline）的意图。"规训"是米歇尔·福柯（Michel Foucault）在《规训与惩罚》一书中创造性使用的一个关键性术语。在法文、英文和拉丁文中，该词都不仅具有纪律、教育、训练、校正、惩戒多种意蕴，而且，这个词还有作为知识领域的"学科"之意味。用来指称一种特殊的权力形式，即规训既是权力干预肉体的训练和监视手段，又是不断制造知识的手段，它本身还是"权力–知识"相结合的产物。矫正一词所蕴含的劝善、规训内涵，符合现代矫正制度的矫正观念，相对监狱、刑罚等词而言更加准确和适合。

结合我国矫正制度的实际状况，并基于比较研究的视角，可以将矫正制度的构成要素概括如下：

1. 明确的矫正对象。由于我国的违法与犯罪二元结构，就矫正对象而论，其不仅包括轻微违法行为人，也包括因为年龄和精神状况而免予刑事责任的"亚犯罪人"以及严重侵害社会的罪犯等。

2. 专门的矫正工作人员。在国外这些工作人员被称为矫正官，他们经过严格的选拔，具备一定的矫正工作素质和能力。在我国虽然违法矫正与犯罪矫正相分离，但矫正工作人员均属于人民警察序列，如监狱人民警察、戒毒人民警察等，他们的任职参照我国的《公务员法》和《人民警察法》的相关规定。

3. 特定的矫正场所。矫正场所的传统形式是特设的机构，即矫正机构。我国的矫正机构较为多元，包括违法矫正机构（如拘留所、强制隔离戒毒所、工读学校等）、犯罪矫正机构（如监狱）、审前矫正机构（看守所）等。随着社区矫正改革的兴起，社区也被视为矫正的特定场所。

4. 专门的矫正依据。矫正依据通常是指矫正法规，例如我国的《监狱法》《看守所条例》，正在制定中的《社区矫正法》等。

5. 规范的矫正流程与专业的方法。矫正的目的是改恶为善、重新回归社会，因此矫正也需要时间和过程。正因为如此，死刑制度一般并不能视为矫正制度的组成部分。矫正流程包括了矫正的启动程序、矫正的执行程序以及后续的跟进程序。就矫正的启动程序而言，大部分国家和我国都是由法院启动，即启动主体为人民法院。矫正的执行程序，是指对矫正对象进行执行的一系列步骤和方法的总和。矫正的跟进程序，是指为了保障矫正的效果达到最大化，在矫正对象回归社会后的延伸工作，如我国香港地区惩教署所设立的过渡期宿舍、善导会志愿性机构等。而矫正的专业方法，则包括心理矫治技术、分类处遇技术以及个案评估技术等方法。

研究矫正制度的学问，即矫正学。上述矫正制度的构成要素也正是矫正学的主要研究对象。显然，无论是监狱学、社区矫正学、劳教学（随着劳教制度被宣布废止，劳教学这一学科也已消亡），还是刑事执行法学等其他形式的与矫正有关的学科，都无法涵盖我国矫正制度的实际状况，也无法包容矫正制度的主要构成部分。也可以说在某种程度上，这正是我国目前矫正制度还存在较为明显问题的重要原因。[1]基于我国矫正制度发展与完善的需要，

---

〔1〕 这些问题包括矫正对象多元、矫正管理机构多元、矫正人员多元、矫正场所多元、矫正专业性差、矫正目的异化等。

急需超越传统监狱学思维，探索建立新的学科——矫正学。

三、大矫正观的提倡

我国传统的矫正理论与矫正制度建设依据的矫正观较为狭隘，存在过于突出和强调监狱的核心地位，而忽略了监狱罪犯之外的其他对象和矫正制度其他组成部分的弊端。随着社区矫正改革的兴起，在社区服刑罪犯的矫正开始受到重视，社区矫正制度和社区矫正学有了长足的发展，但是同为矫正制度重要组成部分的违法矫正制度，以及看守所、拘役所等其他形式的罪犯矫正机构与制度并未受到应有的重视。

针对我国目前矫正制度与矫正观念的不足，笔者提倡以大矫正观为指导建立矫正学学科，并重构我国的矫正制度，以改变我国目前矫正制度多头管理、分割、交叉、混乱的状况。具体而言，即主张打破目前矫正制度管理部门界限、违法矫正与犯罪矫正界限、审前矫正与判后矫正界限，主张矫正管理的一体化、矫正人员的一体化、违法矫正与犯罪矫正的一体化、审前矫正与判后矫正的一体化。

1. 矫正管理的一体化。我国的矫正管理部门包括司法行政机构、公安机关和教育部门。司法行政部门主要负责监狱矫正与社区矫正管理，以及部分强制隔离戒毒所、戒毒康复场所的管理。公安机关负责部分罪犯（留看守所服刑短期犯、秦城监狱服刑罪犯、拘役所服刑罪犯），以及收容教育、拘留所等违法矫正的管理。教育部门主要负责工读学校这一特殊类型矫正机构的管理。这种多头管理的状况，不利于我国矫正制度的发展与完善。矫正管理的一体化即主张通过渐进改革的方式，改变我国目前矫正管理机构多元的状况，统一矫正制度的管理机构。

2. 矫正人员的专业化与一体化。目前，我国对于从事矫正工作的人员并无特别的资质要求，也未建立类似国家统一法律职业资格考试的职业准入门槛。对于在各类矫正机构中从事矫正工作的矫正人员也并无统一管理机构，而是与矫正管理机构的多元化一样分属司法行政、公安、教育等部门。基于建立现代矫正制度的需要，应当对矫正工作人员实行统一的资质标准，进行统一的资格考试、培训、考核，实行区别于警务系列的矫正官管理制度，并归属统一的矫正管理机构。

3. 违法矫正与犯罪矫正的一体化。在民国时期《违警罚法》的基础上，我国目前对于危害社会行为的处罚形成了违法（《治安管理处罚法》）与犯罪（《刑法》）两个体系，矫正制度也相应地形成了违法矫正体系与犯罪矫正体系两大组成部分，这鲜明地区别于国外犯罪一元体系的矫正制度。从实践角度看，现行以罪犯矫正为主体的矫正体系显然无法涵盖违法矫正体系。从理论角度看，监狱学更无法包容违法矫正的内容。借鉴国外矫正制度建设的经验，我国急需将违法矫正体系与犯罪矫正体系一同纳入矫正制度的范畴，给予二者同等的重视，并统一管理机构以及建立科学的衔接机制。

4. 审前矫正与判后矫正的一体化。我国现行矫正制度的一大弊端是，未决犯羁押于隶属公安机关的看守所中，审前矫正并未被纳入矫正制度的范畴，这是导致看守所存在羁押条件相对较差、超期羁押等问题长期无法得到有效解决的重要原因。审前矫正与判后矫正的一体化是主张将审前矫正机构即看守所纳入矫正制度的范畴，由统一的矫正管理部门进行管理。

参考域外经验与通常做法，可以考虑在司法部下设矫正总局作为我国矫正制度的统一管理机构，实现上述四个"一体化"。同时，可以考虑逐步推进矫正立法工作，在条件成熟时制定统一的《中华人民共和国矫正法》。

当然，上述对于我国矫正制度改革的建议的接受必定是一个长期的过程。但是，作为一种理论先行的进路，可以在大矫正观的指导下，探索建立统一的矫正学，将监狱学、社区矫正学视野之外的其他矫正制度构成部分纳入矫正学的研究范畴，以为我国矫正制度的完善提供理论支持。

就矫正学的学科体系而言，其下位学科主要包括两大部类：一是违法矫正学，二是犯罪矫正学。违法矫正学可以再分为治安违法矫正学、工读教育学、戒毒学等学科，犯罪矫正学可以再分为监狱学、社区矫正学、感化教育学（收容教养学）等学科。

与建立矫正学学科相一致，建议教育部与国务院学位委员会参考公安学的设置，将矫正学列为一级学科，并将目前已经相对成熟并具有人才培养需求的监狱学、社区矫正学、戒毒学等列为二级学科，完善高等院校矫正人才培养模式。同时，参考国家统一法律职业资格考试的做法，在全国实行统一的矫正官资格考试，提高矫正职业的门槛与专业性要求。

实际上，监狱学界早已意识到了监狱学学科所存在的弊端，并且曾经试图通过发展依附于教育学的"矫正教育学"来克服其不足，并且成功将矫正教育学跻身司法部重点学科之列。然而，无论是基于传统还是现实，矫正制度与法学的关联性要远大于教育学，因而矫正教育学同样无法肩负为我国矫正制度的改革与完善提供必要理论空间的重任。值得庆幸的是，监狱学界也有学者提出："应当在原有的监狱学、矫正教育学基础上，整合资源，集中力量构建有中国特色的矫正学学科"，并认为"在监狱学和矫正教育学基础上建设矫正学，是以功能之学替代了场所之学，也是将封闭的部门之学扩展为开放的特色之学，其学科特点更鲜明，其学科立意更深远。从未来的发展看，不但社区矫正工作可以从矫正视角来研究，看守所、工读学校等特殊教育都可以在矫正学的框架内得到发展"。[1] 但总的来看，矫正学学科建设尚远未受到应有的重视。由于感情与思维的定势，在惨淡经营的监狱学界坚守的学者们要接受矫正学这一新的学科，似乎也会是一个艰难的过程。

本章对矫正学的探索也仍然是十分初步的，期待更多的学者能够关注矫正学学科建设与我国矫正制度的重构这一重大议题。

---

〔1〕 章恩友、王雪峰："中国特色矫正学学科及其构建"，载《中国司法》2013 年第 4 期。

监狱学教育与监狱人才培养
机制的几点思考

在近代中国，监狱与法律、裁判并称为法治的三大基本要素和废除领事裁判权的基础。[1]正因为如此，监狱学在近代中国曾经一度为显学。这不仅表现为监狱学研究的繁荣，也表现为监狱学为司法职业者必修的主要课程之一，监狱学教育在大学中也相对较为成熟。由于监狱工作在法治中的特殊地位，尤其因其所具有的废除领事裁判权的功能，因此监狱从业者也拥有较高的社会地位。民国时期还建立了规范的监狱看守和监狱官资格考试制度，形成了监狱学人才培养与监狱工作对接的机制。

中华人民共和国成立后，监狱学人才培养机制逐步建立和发展。但从监狱学教育与监狱人才培养招录机制的现状来看，总体上还处于发展之中，尚不成熟。监狱与监狱从业者在司法体系中的地位也相对较为边缘化。如何发展监狱学教育、完善监狱人才培养机制，是一个需要深入探讨的课题。

一、监狱学教育与法学教育的不了情

监狱在近代所获得的与法律、裁判并列法治三大基本要素的显赫地位并

---

[1]　诚如许世英所言："若夫监狱制度，则与刑罚裁判有密切之关系。狱制不备，无论法律若何美善，裁判若何公平，一经宣告，执行之效果全非。外人领事裁判权，所以绝对不肯让步者，大抵以吾国法律裁判监狱三者均不能与世界各国平等，故常籍为口实，实吾国之莫大耻辱。今改良法律，改良裁判，而不急谋所以改良监狱，犹未达完全法治之目的也"。"司法总长许世英司法计划书（民国元年）"，载薛梅卿等编：《清末民初改良监狱专辑》，中国监狱学会 1997 年，第 58 页，转引自孔颖："论清末日本监狱学书籍之译介"，载《日语学习与研究》2007 年第 5 期。

未得到延续。1949 年以后，监狱逐步被视为国家暴力机器与专政的工具。改革开放后随着建设社会主义法治国家方针的确立，监狱也并未恢复法治三大基本要素之一的地位，其在法治体系中的地位显然远不如法律和法院重要。监狱职业在司法职业中的地位也逐步被边缘化，具体表现在以下几个方面：一是在国家司法权力体系中，监狱系统附属于司法行政部门，处于弱势地位；二是监狱工作条件艰苦、待遇差，虽然随着监狱布局调整与监狱民警的公务员化有所好转，但总体上仍未得到根本改变；三是监狱职业的社会认同感较差，公众对监狱职业存在一定的误解和偏见。

2002 年我国建立了国家统一司法资格考试制度，要求初任法官、初任检察官和取得律师资格必须通过国家司法考试。但是，司法资格考试并未将监狱官资格包括在内，司法考试科目中并不包含监狱学内容，同时国家也并未在司法资格考试之外建立独立的监狱官资格考试制度，这从侧面反映了国家对监狱官专业性、在法治建设中的地位的认识。

司法考试制度的建立对法学教育产生了重大的影响，也对监狱学教育产生了重大的影响。在 2003 年前，监狱学教育被视为法学教育的一部分，监狱学被作为法学专业的一个方向。2003 年国家教育部所颁布的《普通高等学校本科专业目录》中，法学一级学科下设五个二级学科（法学、马克思主义理论、社会学、政治学、公安学），监狱学为与法学、知识产权并列的三级学科（法学—法学—监狱学），监狱学成了一个独立于法学之外的专业。至此，无论是司法考试还是与司法考试对接的法学本科教育，监狱学均不在其内——当然这既可以看作是监狱学地位及其独立性的增强，也可以被视为监狱学被司法考试与法学教育的强有力排斥。

从监狱学作为一种专业在目前高等院校的实际设置来看，本科监狱学专业仍作为一种客观事实设置于传统政法院校中——目前有中央司法警官学院、上海政法学院、山东政法学院等少数高校设置了监狱学本科专业。而在 2004 年教育部颁布的《普通高等学校高职高专教育指导性专业目录（试行）》（已失效），又在法律大类下设置了"刑事执行"专业，也归属于法律类，目前有司法行政系统内的二十余所司法警官院校培养高职高专刑事执行专业人才。而在具有硕士博士授予权的高校中，也有的在法学（刑法学）专业下设置监狱学硕士或者博士培养方向。

也就是说，虽然监狱学"独立于"法律职业资格考试与法学本科教育之外，但是监狱学教育实际上仍附属在法学教育体系下，监狱也被视为刑事司法体系的重要组成部分，这不可避免地会对监狱学人才培养和监狱学研究造成影响。具体表现在以下两个方面：（1）由于监狱学在法学本科专业之外，导致监狱学研究与监狱学教育不入法学主流；（2）由于国家统一法律职业资格考试不包括监狱学知识内容，也不包括监狱官资格在内，导致监狱职业不入司法职业主流。这意味着，如果监狱学教育脱离了司法行政行业的支撑，那么无论是监狱学专业学生还是监狱学教学科研人员的生存均将成为重大的问题。这可能是目前监狱学教育仍然保持浓厚行业办学特点的主要原因之一，也是阻碍监狱学高级专门人才培养机制建立和完善的重要因素之一。

有一种观点主张继续强化监狱学的独立性，强化与法学专业的分离，例如强化监狱学作为一种不同于法学的本科专业。这种观点有一定的道理，但是在监狱学教育短期内无法与法学教育分离、监狱被视为刑事司法组成部分的背景下，过分强调监狱学与法学之间的区别和监狱学不同于法学的独立性，可能会进一步强化监狱学专业的边缘化和监狱学研究的边缘化。

一个现实的思路可能是尊重监狱学教育在总体上仍归属法学教育体系的现状，将监狱学作为法学之下与刑法学、民法学等并列的四级学科，当然专业名称可以考虑修改为或"矫正学"（可再细分监狱学、社区矫正、戒毒等方向）。同时应争取监狱学教育享受法学教育的政策待遇，例如，要求将监狱学纳入国家统一法律职业资格考试的命题范围。这种尊重监狱学为法学专业方向之一，采取"戴（法学）大帽，吃（监狱学）小灶"的发展思路，一方面有利于拓展学生的就业面，另一方面也有利于监狱学专业和监狱学研究的发展，可能是一种更为理性的思路。

二、现行监狱学本科专业的发展思路

根据教育部所颁布的《普通高等学校本科专业目录》，监狱学为与法学并列的三级学科，目前有中央司法警官学院、上海政法学院、山东政法学院等少数院校开设监狱学本科专业。总体上看，开设监狱学本科专业的院校均具有明显的行业办学特点。由于监狱学专业的行业性十分突出，社会就业面狭窄，如果监狱学专业脱离行业办学的支撑——缺乏人才培养与司法行政系统就业对接的机制，那么监狱学本科人才培养将面临严重的出口（就业）困境。

以上海政法学院为例，监狱学本科人才培养包括三种形式：一是监狱学（专升本）两年制专业，二是司法部委托定向培养的专升本两年制专业（政法干警试点班），三是监狱学（本科）四年制专业。其中监狱学（专升本）专业为与上海司法系统合办，并联合招考，考试采用公务员考试和普通高等教育"专升本"考试并轨的方式。被录取的学员经过两年的专业学习，经考核符合监狱人民警察要求的，毕业后将定向安排到上海司法系统所属的监狱和劳教所工作，担任司法警察。司法部定向委托培养的专升本两年制专业（政法干警试点班），为根据中央政法委等11部委统一部署开展的政法干警招录培养体制改革试点班，主要为中西部地区和其他经济欠发达地区县（市）级司法行政机关定向培养监狱劳教和基层司法行政机关应用型人才。这两种监狱学本科人才培养形式均不存在"出口"（就业）问题，其优点是没有学生就业的压力，但也可能不利于人才培养与市场需求的对接，可能容易造成与用人单位实际需求之间的落差。第三种形式的监狱学四年制本科专业，由于专业的行业性太强，就业适用面窄，如果毕业生没有通过公务员考试，就业一般将十分困难。正因为如此，这种"真正意义"上的监狱学本科专业每年招生人数很少，且学生实际就业状况不容乐观。由于这种监狱学本科专业毕业生无法参加法律类岗位公务员考试，学生也存在较大的意见和困惑。

在现行高等院校本科专业人才培养机制下，如果监狱学本科专业不采取定向（委托）培养机制，那么监狱学本科专业将很难在政法类院校包括其他院校中生存和发展，这是一个不得不承认的客观现实，也是在探讨监狱学教育的一个基本前提。也就是说，监狱学专业人才培养无法摆脱"行业（封闭式）办学"——职业教育的传统模式。在这样一种具有浓郁的职业教育色彩的监狱学本科人才培养机制下，必须强调人才培养与监狱（司法行政部门）之间的零距离——应用性。监狱学课程设置与人才培养方式，也须服务于这样一种浓郁的职业教育模式。

但显然，这样的专业建设与课程设置思路，难以适用于一般意义上的监狱学（本科）四年制专业。因为一方面在人才培养上强化职业教育的色彩，另一方面又无法保证经过这种职业教育训练毕业的本科生进入监狱（司法行政部门）工作，这将不仅仅是一种教育资源的浪费，也是对学生的不负责任。

因此，监狱学本科专业建设宜采取两种不同的发展思路：①对于疏通了"出口"的监狱学本科专业（如上海政法学院"两考并一考"的专升本监狱学班和政法干警试点班），应强化职业教育的色彩，在课程设置与人才培养模式上紧贴用人单位——监狱（司法行政）实务部门的需求。例如，可以侧重设置监狱工作应用型课程；采取教官制培养方式；突出实验实训等。②对于需要面向"市场"的监狱学四年制本科专业，应建立面向市场需求的课程设置与人才培养模式。在专业设置上，宜采取"戴大帽，吃小灶"的方式，将监狱学作为法学专业的一个培养方向，扩大人才培养的市场适应面，建立既面向监狱部门又面向整个法律行业的人才培养模式。在课程设置上，应保证法学十四门主干课的教学，使得本专业学生在国家统一法律职业资格考试中具有竞争力，在法律类职业中具有适用性。同时，可以突出监狱学类课程，凸显本专业学生的知识结构特色。

三、我国应当建立矫正官统一资格考试制度

与监狱学教育边缘化形成鲜明对比的是监狱民警队伍的构成状况的堪忧，具体表现在学历低、年龄老化、专业性差等方面。截至 2003 年年底，全国有33.6 万监狱民警，研究生学历的 830 人，占 0.24%；大学本科以上学历的4.7 万人，占 14%；大专学历的 17.4 万人，占 51.76%；中专高中以下学历的11.4 万人，占 31%。法律和监狱管理专业的 8.1 万人，占 24%。50 岁以下的民警 6.8 万人，占 20%。[1] 而在 2005 年，全国法官人数为 28 万人，其中本科以上学历的占 51.6%，远高于监狱民警。从目前监狱劳教民警队伍现状来看，对监狱学教育有着显著的"市场需求"。但是，目前的监狱人才培养机制并不能适应这种需求。

为了改善监狱民警队伍结构，近些年来国家在探索改革措施。例如 2008年中央政法委等 11 部委于联合印发《2008 年政法院校招录培养体制改革试点工作方案》，启动了政法干警招录培养体制改革试点工作，选定了二十余所政法院校开设了监狱管理、劳教管理等专科专业和监狱学、教育学（矫正教育方向）、法学（司法行政方向）本科专业，主要为中西部地区和其他经济欠发达地区县（市）级司法行政机关定向培养监狱劳教和基层司法行政机关应用

---

〔1〕 转引自贾洛川："关于监狱学专业应用型高级专门人才培养几个问题的思考"，载严励主编：《监狱学专业建设回顾与瞻望——监狱学专业人才素质培养研究》，中国法制出版社 2012 年版，第 8~9 页。

型人才。

上述改革具有重大的意义，但是并不能走出"行业封闭"性的窠臼，甚至强化了行业封闭性。从长远来看，这一方面无法建立监狱学专业人才培养长效机制，另一方面也难以提高监狱学人才培养的层次，同时也难以改变和提升监狱职业在国家司法体制中的地位。更重要的是，现行的改革措施对于提高监狱民警的专业性以及改变监狱民警的"看守"形象的作用并不显著。

矫正工作是专业性极强的工作，在我国司法工作体制中也居于重要的地位。作为一种理性且必需的措施，我国应当参考目前的国家统一法律职业资格考试制度，建立专门的初任矫正官（包括监狱、社区矫正、戒毒所、看守所、拘役所、矫正社工等矫正从业人员）资格考试制度，作为广义的国家统一法律职业资格考试的一种类型。矫正官考试的准入门槛为本科学历，获得矫正官资格后应实习一年取得从业证方可从事矫正职业。同时，国家应大幅度提高矫正官的待遇和地位。如果建立矫正官资格考试制度，监狱学教育可以进行相应的改革。例如，监狱学名称可以考虑修改为"矫正学"，课程设置与矫正官资格考试科目相对应等。当然，矫正官资格考试应是开放式的，并不仅限于监狱学、矫正学、法律专业背景的人才报考。

与矫正官资格考试制度改革相匹配的改革是，应将监狱等违法犯罪矫正行业从业人员分为三种基本类型：矫正官、看守和辅助文职人员，分别采取不同的招录标准、培养机制和待遇标准。矫正官从事的是矫正违法犯罪人的工作，既应具备较强的专业性，也应具有良好的社会地位与待遇。矫正官资格考试制度的建立，有助于从根本上改变监狱等违法犯罪矫正部门与从业人员的社会形象与社会地位，也有助于从根源上解决我国违法犯罪矫正部门从业人员学历低、专业性差、人员老化等问题，应成为我国监狱学教育与监狱人才培养机制改革的基本方向。

行业办学体制调整与监狱学
专业人才培养 *

—— 以上海政法学院为例

根据上海市政府的要求，上海政法学院于 2013 年底从以司法行政部门主管转归教委主管，这种去行业化的办学体制改革既是一种机遇也是一种挑战，但就监狱学专业人才培养而言，挑战显然大于机遇。

一、监狱人民警察的主要来源

根据《中国法律发展报告 2012——中国法律工作者的职业化》，截至 2011 年底，我国有 19.5 万名法官、15.1 万名检察官、21.5 万名律师和 1.2 万名公证员。法律职业者总数为 57 万余人，每 10 万人口中有 43 名法律职业者。这一报告所界定的法律职业以准入条件必须通过国家统一法律职业资格考试为标准，因此并未将警察，包括监狱人民警察包括在法律工作者的范畴之内。与 57 万余人相对应的是全国数量惊人的法学院校和庞大的法律专业学生，以及法律专业成为就业率最低的专业之一。

根据最新的统计，我国现有各类监狱 700 座，在押罪犯约 170 万人，监狱人民警察约 35 万人。[1] 与 35 万监狱从业人员相对应的是，全国仅有中央司法警官学院、上海政法学院、山东政法学院等少数本科院校开设有监狱学

* 载严励主编：《监狱学专业建设回顾与瞻望：构建现代警务机制与监狱学人才培养研究》，中国法制出版社 2014 年版。

〔1〕 金川：《警察教育有效性实证研究——以警校教育与毕业生职业成就关系为视角》，中国政法大学出版社 2013 年版，第 1 页。

本科专业，培养监狱学人才。从监狱人民警察的现状来看，警校毕业生占据了主体地位。例如，Z省监狱系统全部在职干警中约有1/3是警校毕业生，而一线工作岗位则有高达80%比例的民警来自高职警校。[1] 在学历层次上，监狱人民警察与法官、检察官、律师等有着较大的差距。从这一对比来看，监狱学本科专业有着广阔的发展空间。

监狱人民警察的构成现状是由我国监狱人才培养的长期行业办学特色所形成的。监狱人民警察的主要来源之一是司法部及各省市司法厅（局）下属的警官职业院校，以培养专科层次民警为主。这类警官职业院校所培养的监狱人民警察具有明显的行业色彩，在课程设置、学生管理模式等方面均贴近监狱工作实务。正因为如此，这类院校培养的毕业生如果不能进入监狱系统工作，则会因为专业适应面过窄的原因很难有机会进入其他行业就业。正因为如此，很多省市警官职业院校所培养的监狱学人才，多采取入学、入警与公务员考试合一的订单式培养方式。在高校毕业生就业压力日益严重的"市场化"背景下，这种人才培养模式客观上成了高校人才培养中没有就业压力的"香饽饽"。但对于没有采取这种特殊招录方式，需要自主择业的监狱学专业（或刑事执行等相关专业）学生而言，由于还需要经过公务员考试才能进入监狱系统工作，如果没有政策倾斜，这类学生的就业状况则将面临巨大挑战。

监狱人民警察的另一重要来源是通过公务员考试的方式向高校毕业生和社会招考，招录人员的专业背景具有多元化的特点。社会招警有利于改善监狱人民警察的构成体系，也有利于适应社会转型对监狱工作的新要求。但却因为社会招录人员的专业背景与监狱工作存在距离，因此还需要进行较长时间的岗前职业培训，才能进入工作状态。同时，由于社会招录人民警察教育背景的不同，其对监狱工作的认同度，也需要一个磨合的过程。从监狱工作需求来看，社会招录方式有其合理性和积极意义，但也存在一定弊端，在现有情况下，也无法完全满足监狱人民警察更新、发展的需求。

---

〔1〕 金川：《警察教育有效性实证研究——以警校教育与毕业生职业成就关系为视角》，中国政法大学出版社2013年版，第3页。

二、国内监狱学本科人才培养模式的现状分析

国内目前有七所院校开设了监狱学本科专业，具有代表性的是中央司法警官学院、上海政法学院和山东政法学院，这三所院校的共性是均具有明显的行业办学特色。中央司法警官学院为司法部唯一直属警官高等院校，其监狱学本科人才培养具有其他院校所不具备的行业办学资源与天然优势。与中央司法警官学院不同，上海政法学院与山东政法学院均为地方一般本科院校，但是两校均脱胎于本省的政法管理学院或者司法警官职业学院。在监狱学人才培养上，也均具有鲜明的行业色彩。

以山东政法学院为例，虽然该院主管部门为山东省教育厅，但是在监狱学专业人才培养上仍然保留了行业办学特点。2006 年 6 月，山东省监狱管理局与山东政法学院签署合作办学协议，联合培养监狱学专业本科学生，由该院下设的警官学院承担培养职责。警官学院在山东省监狱管理局、山东政法学院、山东省警官培训学院三方组成的合作办学管委会的领导下，通力合作，特色办学。教学管理由山东政法学院总体负责，执行山东政法学院教学计划及教学管理制度，学生授课、实验、实习等教学环节由山东政法学院和山东省警官培训学院选拔优秀教师共同组织实施。学生警务化管理由山东省警官培训学院总体负责。为培养学生的警察素质，体现办学特色，实现培养目标，按照"严格管理、严格教育、严格训练、严格纪律"的管理理念，实行中、区队建制和严格的警务化管理。学生在校期间着人民警察服装，佩戴人民警察学员标志。监狱学专业是军事公安类专业，严格按照监狱机关的需求制定招生计划，实行按需招生。学生毕业前，可以参加全省统一组织的监狱人民警察招录考试，中央、国家机关以及其他省份的公务员招录考试，山东省委组织部统一组织的选调生考试，以及其他机关和企事业单位的考录，还可参加法学硕士研究生考试等。同时，在全省各监狱设立了山东政法学院监狱学专业"学士后流动站"，为当年暂未就业的监狱学专业毕业生提供 2~3 年的学习、实践和工作岗位，以确保当年监狱学专业毕业生 100% 就业。[1]

上海政法学院在原上海政法管理干部学院、上海大学法学院的基础上，自 2004 年 9 月开始建立成为独立本科院校，但是在管理体制上长期保留了市

---

[1]　参见山东政法学院警官学院网站。

司法局主管的行业办学特点。该校监狱学专业目前形成了两种培养模式，一种是自 2007 年起开始招收的监狱学普通本科生。另一种是政法干警班学员，具体是，2009 年经上海市教委和上海市公务员局批准，开始从高职、专科毕业生中招收监狱学专业两年制专升本人民警察学员；以及 2009 年秋季以来受司法部委托，为西部等地区培养专升本两年制监狱人民警察学员。监狱学普通本科生面向"市场"自主择业，在培养方式与学生管理上与其他本科生差异不大。监狱学政法干警班则具有鲜明的行业培养特点，定向为监狱系统培养，学员在校着警服，实行警务化管理。与山东政法学院不同的是，政法干警班为受上海市司法局和司法部委托培养，虽然也实行警务化管理，但并未采取三方合作建立警官学院的形式，学生的日常管理，包括警务化管理均由上海政法学院自行负责。

由此可见，尽管教育体制改革的一大趋势是取消行业办学，但是国内目前的监狱学人才培养模式仍总体上保持了行业办学的特点，具体而言体现在以下几个方面：一是在学生的招录上，根据监狱系统的需求制定招录计划，招生人数具有较为严格的控制，鲜明区别于其他普通本科专业。二是多采取定向招录的方式，学生定向进入相应监狱部门工作，例如上海政法学院及司法部政法干警试点班所采取的入学、入警、公务员考试三位一体的方式。有的虽然也需要在毕业时参加公务员考试，但是在政策上有所倾斜，以确保监狱学专业学生能够进入监狱系统工作。例如山东政法学院所采取的在监狱设置"学士后流动站"为当年未通过公务员考试的监狱学专业学生提供 2~3 年的缓冲期，以确保其可以进入监狱系统工作。三是在学生日常管理上，仍延续了司法警官职业学院的模式，实行警务化管理。有的则直接仍由监狱系统的警校（警官培训中心）负责学员的警务化管理。

三、行业高校办学体制改革对监狱学人才培养的影响与应对

监狱工作的特殊性决定了监狱专业人才培养模式的特殊性。相对其他专业而言，监狱学的研究对象较为单一，监狱学知识体系也具有独特性。这是由监狱工作特殊性决定的，但是如果监狱学人才培养越兼顾监狱工作的特殊性，则监狱学专业人才知识背景与技能越具有独特性。这意味着监狱学专业所培养出的人才如果不能进入监狱工作，那么将在自主择业中缺乏竞争力和

适应性。这也正是监狱学人才培养长期具有行业办学特色的重要原因。

高校去行业化，是我国教育体制改革的一大趋势。2013 年上海市政府工作报告提出了"提高本科教育质量，实施高校创新能力提升计划，启动行业高校办学体制改革"的要求，上海市政府专门召开行业高校办学体制调整会议，要求各行业高校进行办学体制改革，并决定上海政法学院于 2013 年 12 月 31 日前完成从市司法局转归市教委管理的调整。这种"去行业化"的办学体制调整，将对监狱学专业人才培养产生直接的冲击，这种直接的冲击至少将体现在以下几个方面：

1. 监狱学专业学生招录可能的影响。在脱离行业管理转归教育部门管理后，目前监狱学政法干警班是否还具有持续性，前景将变得不明朗。

2. 监狱学专业学生警务化管理的影响。在缺乏行业支撑的背景下，监狱学干警班学员的警务化管理也必然会受到冲击。当然，与山东政法学院、中央司法警官学院不同，上海政法学院监狱学干警班的警务化管理一直具有一定的自主性，但是行业办学体制调整后，警务化管理的难度将加大是不言而喻的。

3. 监狱学专业学生实习的影响。监狱系统具有较强的特殊性，在行业办学体制调整后，监狱学专业学生到监狱系统实习的难度将可能会随着行业色彩的日益淡化而逐步提高。

4. 监狱学专业学生就业可能的影响。这是监狱学专业学生将可能面临的最大冲击。如果不再采取"订单式"培养模式，监狱学专业毕业生的就业率将会成为一大挑战。

5. 教学科研的影响。脱离司法行政机关主管后，监狱学教学、科研也将必然会随着行业紧密性的降低而受到冲击。

需要特别指出的是，上述影响只是一种可能性预估，主管部门的调整并不意味着行业依托的必然淡化。而且从另一个角度来看，高校行业办学模式的改革是高等教育体制改革的必然趋势，也同时会给原行业院校的发展带来契机，但就监狱学人才培养而言，挑战显然大于契机，这是一个必须正视的现实。因为，如果监狱学专业学生不能面向监狱行业，则不仅仅是一种教育资源的浪费，也是对学生的不负责任。

山东政法学院在行业办学体制改革过程中，充分考虑到了监狱学专业人才培养的特殊性，在学校归属教育行政部门主管的同时，仍然保留了监狱学人才培养的行业特色——通过山东省监狱管理局、山东政法学院、山东省警官培训学院三方组成的合作办学管委会，建立专门的警官学院，负责监狱学专业人才培养。这种应对行业办学体制改革影响的思路，值得上海政法学院在办学体制调整过程中予以借鉴，同时也要注意体现上海的特色。在此次办学体制调整过程中，可以考虑如下应对措施：

借鉴山东政法学院的成功经验，在上海政法学院刑事司法学院基础上，由上海市司法局、上海市教委、上海政法学院三方共同设置上海政法学院警官学院，警官学院与刑事司法学院实行"一套班子两块牌子"。上海市司法局与上海市教委共同根据上海市监狱系统人才需求，负责监狱学专业学生招生计划，在目前两考并一考订单式培养模式的基础上，适度扩大招录规模。并建议借鉴上海公安高等专科学校的招警条件，改变仅从高职学生中招收专升本学生的招录模式。上海政法学院具体负责警官学院监狱学专业学生的培养，上海市监狱局司法警察学校负责警官学院学生的警务化管理。上海政法学院警官学院同时继续承担司法部监狱学政法干警班的培养任务。

对于四年制监狱学本科专业（含社区矫正方向）学生的培养模式，也宜在招生计划、日常管理、学生就业等方面进一步融入行业办学元素。对于其中上海生源学生，宜体现定向招录的特点，在毕业时通过公务员考试后即可进入监狱系统工作。对于当年未通过公务员考试的监狱学专业学生，给予2至3年的缓冲期（可以借鉴山东政法学院经验在监狱系统设置学士后流动站），待通过公务员考试后进入监狱系统工作。对于外地生源学生，也宜与其生源地省司法厅达成类似培养与就业协议。

同时，还应积极以上海政法学院警官学院为依托积极申报警务硕士点（监狱学方向），培养硕士层次监狱学高级专门人才，并逐步争取申办监狱学硕士、博士点，进一步提升监狱学人才培养的层次。

作为监狱学家的严景耀：
方法、理论与实践[*]

  学界一般认为严景耀（1905～1976 年）是近代社会学、犯罪学的代表性学者[1]，并誉为中国犯罪学、犯罪社会学的主要开拓者[2]。尽管近年来也有学者开始关注严景耀的监狱学研究[3]，但主流观点并未将严景耀视为监狱学家。例如，在郭明的《中国监狱学史纲》中就没有将严景耀列为近代中国监狱学研究的代表性学者，而仅是在注释中提到了严景耀的论文《中国监狱问题》，并认为"以学科本位和专业的观点来看，严氏的著作属于'社会学研究'"而非监狱学研究[4]。

  中国素有"监狱事务委诸下吏贱卒之手"[5]的历史传统，传统文人也多认为"狱之为物不详，仁人所不乐言"[6]。从 20 世纪 20 年代开始，严景耀即以志愿犯人等方式甘愿下狱开展监狱调查，并且持续数十年关注监狱问题，还曾经担任提篮桥监狱第一位华籍副典狱长，足令后人敬佩。尽管他的监狱学著述数量并不多，但其作为监狱学家的开拓性贡献并不应当被忽视，而这也正是本章研究的初衷。

---

 * 载《上海政法学院学报（法治论丛）》2019 年第 5 期。

 [1] 陈策：《从犯罪学先驱到民主斗士——严景耀研究》，浙江大学出版社 2013 年版。

 [2] 吕文浩："严景耀——中国犯罪社会学的主要开创者"，载《团结报》2017 年 8 月 24 日。

 [3] 主要研究成果有杨木高的一篇论文"严景耀监狱学思想初探"，载《犯罪与改造研究》2017 年第 2 期，以及王志亮与钱荣合作的两篇论文"严景耀刑罚、监狱观初探"，载《江西科技师范大学学报》2016 年第 2 期、"严景耀与新中国监狱"，载《犯罪与改造研究》2014 年第 7 期。

 [4] 郭明：《中国监狱学史纲》，中国方正出版社 2005 年版，第 131 页。

 [5] 民进中央宣传部编：《严景耀论文集》，开明出版社 1995 年版，第 46 页。

 [6] 周作人："见店头监狱书所感"，载《天义报》1907 年 11 月 30 日。

一、学科争议：犯罪学家还是监狱学家

毫无疑问，严景耀是当之无愧的犯罪学家。一方面，其研究旨趣在犯罪学。正如其夫人雷洁琼所言："他立志在社会学的领域中从事犯罪学研究……决心为中国犯罪学开拓新的领域。"[1]另一方面，其代表作《中国的犯罪问题与社会变迁的关系》也是典型的犯罪学著作。当然，基于严景耀的社会学专业学习背景、研究方法和主要观点，严景耀更准确地说是犯罪社会学家。

经常提及但却有意无意被忽视之处是，严景耀对于犯罪学的研究是从"监狱学"的视角切入和展开的，是建立在他的监狱调查和监狱管理实践经验基础之上的。譬如，其代表性著作，也是其在芝加哥大学的博士论文《中国的犯罪问题与社会变迁的关系》就是在"北京、河北、山西、河南、湖北、江西、安徽、江苏、浙江等处监狱进行过调查，广泛地访问犯人，接触实际……积累了三百余个个案史，若干统计图表，才写出了这篇论文"。[2]他的另一篇代表性犯罪学论文《北京犯罪之社会分析》[3]，也是在燕京大学就读期间利用暑假在京师第一监狱所开展的调查而撰写的，并且完成于京师第一监狱署第一科。

在严景耀自己看来，他所从事的研究既有犯罪学也有监狱学。例如，在《北京犯罪之社会分析》一文中，严景耀就曾经明确指出："我承王教授文豹指导，研究犯罪学与监狱学"。[4]在《犯罪概论》一文中，严景耀也将"刑罚学（监狱学包含在内）"[5]作为犯罪学研究的组成部分之一。就其代表性著述来看，至少有三篇监狱学专题论文：一是《中国监狱问题》，二是《北平监狱教诲与教育》，三是China's New Prison System。[6]另外，有学者提到了严

---

[1] 民进中央宣传部编：《严景耀论文集》，开明出版社1995年版，第1页。

[2] 严景耀：《中国的犯罪问题与社会变迁的关系》，吴桢译，北京大学出版社1986年版，第8页。

[3] 民进中央宣传部编：《严景耀论文集》，开明出版社1995年版，第1~44页。

[4] 民进中央宣传部编：《严景耀论文集》，开明出版社1995年版，第2页。

[5] 民进中央宣传部编：《严景耀论文集》，开明出版社1995年版，第128~129页。

[6] 前两篇论文均收录于民进中央宣传部编的《严景耀论文集》（开明出版社1995年版），但这篇发表于1957年11月英文版《中国建设》杂志上的论文未被收录其中。在《中国的犯罪问题与社会变迁的关系》一书译本所附"严景耀教授有关犯罪学的遗著目录"中列举了《新中国怎样改造了犯人》一文，但仅表明该文的发表（写作）时间为1957年，从时间推测看来，很可能指的就是英文China's New Prison System。在陈策著的《从犯罪学先驱到民主斗士——严景耀研究》（浙江大学出版社2013年版，第197页）一书中提到严景耀于"1951年写下了《新中国怎样改造犯人》一文"，此说以讹传讹的可能性比较大。

景耀另一篇文章《介绍美国新监狱的建筑及现状》[1]，可惜未能查到原文。

之所以出现忽视严景耀监狱学研究的现象，也与犯罪学与监狱学的关系原本就十分密切有关。一般来说，可以把犯罪学看成是对犯罪现象及其原因、预防和矫正进行多学科研究的学科。或者可以表述为：犯罪学是研究犯罪现象、犯罪原因以及对犯罪的反应的综合性学科。[2]这是中外犯罪学界较为广泛接受的广义犯罪学观点。监狱学是"研究执行自由刑机关之原理原则，与组织目的运用方法之一种科学"[3]，实际可以归入广义的犯罪学之中。

严景耀将犯罪学与监狱学合二为一的研究视角，显然受到了他在燕京大学求学期间所选修的"犯罪学与刑罚学"这门课程的影响。这一课程的教授是当时监狱改进委员会的主席[4]，严景耀的恩师，当时司法部监狱司司长的王文豹教授。燕京大学是美国基督教会在近代中国所创办的著名大学，这所大学的教学方式和课程设置具有移植美国大学的特点。可以推断，"犯罪学与刑罚学"这门课程，无论是课程名称，还是教学内容均与美国大学类似。从出版于1935年的译著《犯罪学与刑罚学》中，可以管窥影响严景耀的这门课程的基本内容。查良鉴所翻译的美国犯罪学家约翰·列维斯·齐林的这部著作中，包括了"犯罪学"和"刑罚学"两部分内容。"前者是对于犯罪原因的搜求，后者是对于犯罪处置的确定。使人不但认识犯罪之有各种原因，并且发现科学上的种种处置方法。"[5]刑罚学是英文"penology"的中文译词之一，也被翻译为"监狱学"，实际上"中国的监狱学相当于或者就是英文中的penology"[6]。在严景耀写作于1957年的英文版《新中国的监狱制度》一文中也明确主张，"penology"是他的研究领域之一。[7]

一个有意思的发现是，在近代有关燕京大学所开始课程的记载和资料中，常将"犯罪学"与"监狱学"混同。例如，吕文浩注意到，关于严景耀在燕京大学所选修的这门课程名称，有不同的说法。《燕京大学社会学及社会服务

---

〔1〕　杨木高："严景耀监狱学思想初探"，载《犯罪与改造研究》2017年第2期。

〔2〕　吴宗宪：《西方犯罪学》，法律出版社1999年版，第1~2页。

〔3〕　孙雄编著：《监狱学》，商务印书馆2011年版，第5页。

〔4〕　严景耀：《中国的犯罪问题与社会变迁的关系》，吴桢译，北京大学出版社1986年版，第3页。

〔5〕　[美]约翰·列维斯·齐林：《犯罪学及刑罚学》，查良鉴译，中国政法大学出版社2003年版，译序。

〔6〕　吴宗宪：《西方监狱学》，法律出版社2005年版，第2页。

〔7〕　Yen Ching-yao, China's New Prison System, *China Reconstruction*, 1957 November, p. 21.

学系一九三三年至一九三四年度概况》[1]中说课程名称是"监狱学",但《社会学界》(第1卷)(1927年)的"社会学界消息"栏介绍课程名称是"犯罪学",严景耀本人回忆的课程名称是"犯罪学与刑罚学"。[2]笔者也注意到,在于恩德《燕京大学社会学系概况》[3]一文中也出现了不同的叙述。这篇文章说:"本系自民国十六年夏季即着手犯罪研究,当时司法部监狱司司长王文豹先生,担任本系监狱学……"也将"犯罪学与刑罚学"这门课程写成了"监狱学"。出现对课程名称不同表述方式的合理解释是,在当时的学者看来,犯罪学与监狱学原本就是一体两面的关系。

由此可见,严景耀既是犯罪学家,也是监狱学家。更准确地说,严景耀是从监狱学视角研究犯罪的犯罪学家,也是从犯罪学视角研究监狱的监狱学家。

二、研究方法:严景耀的监狱调查

严景耀是最早在中国运用实证研究方法研究监狱与犯罪的学者之一,其监狱调查不但在他那个时代就显得"惊世骇俗",即便在今天看来也难能可贵。

1. 监狱调查的起因

严景耀开展监狱调查的起因是在燕京大学期间选修了"犯罪学与刑罚学"这门课。这门课激起了他研究犯罪的兴趣,相关资料的匮乏则坚定了他亲自到监狱去找的决心:

那年的夏季,我选修了"犯罪学与刑罚学"的课,这门课介绍给我有关犯罪和感化教育犯人的问题。在图书馆里仅有20多本西方国家的犯罪学书籍,只有一本中国的刑罚学的小书,在这本小书里介绍了与犯人如何接触的问题。我对阅读美国的犯罪学书籍很感兴趣,但是我对中国的犯罪和犯人的情况却毫无概念。读完这门课后,我打算研究犯罪。开始时,我找不到中国的犯罪问题的资料,司法部的统计材料使我失去寻找我所需要的资料的勇气。

---

〔1〕 载《社会学界》(第8卷),1934年。
〔2〕 参见吕文浩:"严景耀——中国犯罪社会学的主要开创者",载《团结报》2017年8月24日。
〔3〕 于恩德:"燕京大学社会学系概况",载《社会学刊》(第4卷)1934年第2期。

最后，我决心自己到监狱中去找。[1]

从这段自述可见，严景耀决定"下狱"是因为不满于犯罪研究资料的匮乏，但严景耀决心开展监狱调查更是因为他研究中国问题、提出中国理论的强烈自觉意识，正如其本人所言：

我承王教授文豹指导，研究犯罪学与监狱学，除了王元增先生著的一本《监狱学》以外，其余的书籍都是舶来品，讲犯罪的现象是欧美的犯罪现象，谈犯罪的原因，是欧美人犯罪的原因，讨论救济与预防的方法，也是为欧美各国社会病所开的药方，绝对谈不到中国的问题……要医中国社会犯罪的病象和改良监狱的生活，先要能明白目前实情；要调查实情，非到监狱去不可。[2]

严景耀之所以能够决心并且成功"下狱"开展深入的监狱调查，也得益于其老师王文豹的鼓励和所提供的便利。王文豹早年留学日本，归国后曾任京师警察处长、内务部检事，1914 年至 1928 年期间任司法部监狱司司长，1924 年至 1926 年代理司法部总长，著有《京外改良各监狱报告录要》（司法部监狱司 1919 年印）等。[3]在时任燕京大学社会学系代理系主任许士廉的邀请下，王文豹在燕京大学开设和主讲"犯罪学与刑罚学"，许士廉将这门课程列为 13 门"基本教科"之一，每周上课时间至少 3 小时。[4]

严景耀的监狱调查最为后人所津津乐道的是，他在老师王文豹的安排下于 1927 年暑假作为"志愿犯人"甘愿入狱服刑，这一直到今天都令人敬佩的研究方法，其实只是严景耀开展监狱调查的一个侧面。

2. 主要监狱调查活动

从时代背景来看，严景耀的监狱调查可分为两个时期，一是在中华人民共和国成立前期的监狱调查，二是中华人民共和国成立后的监狱调查。从时

---

〔1〕严景耀：《中国的犯罪问题与社会变迁的关系》，吴桢译，北京大学出版社 1986 年版，第 209～210 页。

〔2〕民进中央宣传部编：《严景耀论文集》，开明出版社 1995 年版，第 2 页。

〔3〕王文豹生平介绍，参见 http://dictionnaire. sensagent. leparisien. fr/%E7%8E%8B%E6%96%87%E8%B1%B9/zh-zh/及 http://www. txhn. net/xrzs/201503/t20150325_383507. htm，访问日期：2019 年 5 月 29 日。

〔4〕吕文浩："严景耀——中国犯罪社会学的主要开创者"，载《团结报》2017 年 8 月 24 日。

间跨度看，始自 1927 年，约终于 1957 年，尽管期间断断续续，但持续长达 30 年。在这 30 年中，严景耀所开展的专门监狱调查主要有以下四次：

（1）1927 年的京师第一监狱调查。在王文豹亲自出面与京师第一监狱典狱长的协调下，严景耀在 1927 年暑假以"志愿犯人"的身份被送入了京师第一监狱，"与其他犯人同吃、同住、同干活，亲尝铁窗生活"[1]。不过，仅三个星期后，就因为典狱长"无微不至的照顾"而被犯人怀疑和发现了[2]，严景耀不得不改为以"客人"身份继续开展调查。此次入监调查持续了 3 个多月（其中半个月在北京感化学校调查儿童犯）[3]，暑假结束后，仍然一星期去两天，又持续了多月。根据这次监狱调查的资料，严景耀完成了《北京犯罪之社会分析》一文。

（2）1928 年的 8 省监狱调查。1928 年毕业后，严景耀继续在燕京大学攻读研究生并兼任助教。同年暑假，严景耀获得了进一步深入开展监狱调查的机会，此次监狱调查是受燕京大学委托进行的。与 1927 年主要"解剖"一所监狱的调查方式不同的是，这一次监狱调查具有了全国性，调查范围涵盖了河北省、陕西省、河南省、湖北省、江西省、安徽省、江苏省、浙江省的监狱。对于这一次全国性的监狱调查，严景耀是这样描述的：[4]

调查的方法，也是住在所调查的各监狱里，每日比犯人先起床，去看他们每日如何起身，起身后做什么事情……所欣幸的，各省监狱当局，能允许我随时随地随意考察和询问。我非独可以请问办事诸君，并且可以随意提问犯人的意见，所以每逢一件事情，一个问题，必可得到两方面的报告——监狱当局和犯人——并且于调查期内，能遇见的事实，一定亲自试验观察，以期不致有片面的夸张与护回而失实，来尽我调查者应尽的责任。

以 1927 年和 1928 年两次监狱调查的发现和所获资料为基础，严景耀完成了他的监狱学代表作《中国监狱问题》。

（3）1930 年的 4 省监狱调查。1929 年 6 月，严景耀顺利完成硕士论文后

---

〔1〕 许嘉璐："缅怀严景耀先生"，载《民主》2005 年第 7 期。

〔2〕 严景耀：《中国的犯罪问题与社会变迁的关系》，吴桢译，北京大学出版社 1986 年版，第 210 页。

〔3〕 民进中央宣传部编：《严景耀论文集》，开明出版社 1995 年版，第 2 页。

〔4〕 民进中央宣传部编：《严景耀论文集》，开明出版社 1995 年版，第 47 页。

留校担任助教，主讲犯罪学课程。[1]1930 年，严景耀获得了开展第三次监狱调查的机会。在于恩德《燕京大学社会学系概况》一文中，记载了严景耀的这次监狱调查：[2]

> 现国立中央研究院社会科学研究所，又与本系合作，请严先生担任陕西、河北、湖北、湖南四省[3]，又中央研究院本年在社会学系设立津贴四个，每个津贴三百元，现有学生三人得此津贴，帮助严先生到各省实地调查犯罪状况，大约六个月内即可完毕。

在 1928 年和 1930 年的两次全国性监狱调查中，严景耀及其学生去了 12 个省的 20 多个城市的监狱，积累了 300 多个个案资料和大量图表。[4]

（4）1957 年的新中国监狱调查。1957 年 5 月，严景耀以全国人大代表的身份，视察了上海提篮桥监狱和上海少年犯管教所[5]，以及他所代表的浙江省的监狱[6]。回到北京后写作了 China's New Prison System 一文，发表于英文版《中国建设》之上。从这篇文章中可以看到，严景耀延续了他的监狱调查中的观察与个别访谈法，这次监狱视察也让严景耀对新中国监狱制度的焕然一新大加赞叹。

3. 调查方法

从四次监狱调查来看，社会学专业背景的严景耀所采用的调查方法主要有以下几种：

（1）参与观察法。这一方法运用的典范无疑是严景耀隐藏真实身份到京师第一监狱"当一名志愿犯人，尝尝铁窗的风味"[7]的做法。志愿犯人的调查方法直到今天都仍然有些"惊世骇俗"，不过有些遗憾的是，这种调查方式的实践效果并不理想。严景耀发现，"没有机会研究犯人，只有机会去认识他

---

〔1〕 于恩德："燕京大学社会学系概况"，载《社会学刊》（第 4 卷）1934 年第 2 期。

〔2〕 于恩德："燕京大学社会学系概况"，载《社会学刊》（第 4 卷）1934 年第 2 期。

〔3〕 不通顺，原文如此。

〔4〕 参见陈策：《从犯罪学先驱到民主斗士——严景耀研究》，浙江大学出版社 2013 年版，第 13~14 页。

〔5〕 陈策：《从犯罪学先驱到民主斗士——严景耀研究》，浙江大学出版社 2013 年版，第 198 页。

〔6〕 Yen Ching-yao, China's New Prison System, *China Reconstruction*, 1957 November, p.21.

〔7〕 严景耀：《中国的犯罪问题与社会变迁的关系》，吴桢译，北京大学出版社 1986 年版，第 210 页。

们", 而且仅仅三周就露了馅。[1] 但不管怎么说, 当时尚为大学生的严景耀的研究精神值得肯定。

（2）问卷访谈法。严景耀采用的问卷访谈法是在入监之前即编印"与犯人谈话问题表", 在进入监狱后"按照设计的问卷问问题, 有些题外的谈话就另记下来"。[2] 但实施过程中很快发现"凭主观想象制成的问卷, 使得很多宝贵的材料都不能容纳进去", 因此严景耀放弃了这种按照预先设定的问卷问问题的研究方法, "改为和犯人个别谈话, 以一般问题为基础, 开放性地顺其自然地往下谈"。[3]

（3）个案研究法。严景耀采用的个案方法（case work method）, 是通过对个案的深入分析, 揭露犯罪的原因和规律, 每一个深入的个案都是一部丰富的犯罪人生活史。通过多次监狱调查, 严景耀总共编制了 300 多个犯罪人个案。这些个案也成为严景耀写作博士论文《中国的犯罪问题与社会变迁的关系》的主要资料基础, 并且在这篇论文中直接引用了近两百个。

就严景耀的监狱调查方法来看, 总体上属于社会人类学的方法范畴, 具有鲜明的实证研究特色。无可否认, 严景耀的监狱调查方法存在诸多需要改进的地方, 他本人也曾经反思"有两个明显的缺陷": 一是统计材料太不完全, 二是对个案研究不够详细。[4] 这些研究方法也不同于今天西方犯罪学研究中强调定量的实证研究方法, 但在那个时代已经十分可贵。正如青年学者于阳所评价的: "严景耀从事实证研究的基本方法是个案法、访谈法。这种方法在当今一些社会学家看来已经在普遍运用, 甚至被认为已经落伍, 但这种田野调查的方法, 即以定性为主的质性研究方法正是那个时代实证研究主要的方法。"[5]

知夫莫如妻, 严景耀先生的夫人雷洁琼指出: "他采用社会人类学实地调查方法, 将社会问题、文化环境与犯罪现象联系起来考察。他深入实际, 甘愿饱尝铁窗滋味来获得第一手资料, 治学态度严谨。"[6] 许嘉璐评价严景耀是

〔1〕 严景耀:《中国的犯罪问题与社会变迁的关系》, 吴桢译, 北京大学出版社 1986 年版, 第 210 页。
〔2〕 严景耀:《中国的犯罪问题与社会变迁的关系》, 吴桢译, 北京大学出版社 1986 年版, 第 211 页。
〔3〕 吕文浩:"严景耀——中国犯罪社会学的主要开创者", 载《团结报》2017 年 8 月 24 日。
〔4〕 严景耀:《中国的犯罪问题与社会变迁的关系》, 吴桢译, 北京大学出版社 1986 年版, 第 212 页。
〔5〕 于阳:"严景耀犯罪实证范式的一点思考", 载《青少年犯罪问题》2013 年第 6 期。
〔6〕 民进中央宣传部编:《严景耀论文集》, 开明出版社 1995 年版, 第 3 页。

"理论联系实际的典范"〔1〕，此言可谓中肯。

三、理论体系：严景耀的监狱学思想

在严景耀看来，"监学事务，是社会工作之一种，绝非法律知识所能包括的"，因此他主张"用社会学的观点讨论之"〔2〕，这与当代监狱学研究主要为监狱法学研究有着显著的区别。但是，如果因为严景耀主张用社会学（更准确地说是犯罪社会学）的方法和观点研究监狱，就否认其研究及著述的监狱学属性，甚至否认严景耀作为监狱学家的地位，则显然是一种误解。从严景耀的代表性监狱学著述来看，他不愧为中国监狱学研究的开拓者，他的监狱学思想也是丰富而系统的。

1. 关于监狱的地位与功能

严景耀对于监狱地位的观点，直到今天都发人深省。严景耀认为，"监狱有其独立地位，绝非司法机关之附属品"〔3〕，并且指出"目前所以为附属品的缘故，是少专门人才主持其事，不能打破中国旧式牢狱之传统思想"。〔4〕毋庸讳言的是，我国目前之监狱仍未能摆脱司法机关"附属品"的地位，严景耀在 90 年前的论述，仍值得重视和深思。

严景耀的监狱与刑罚观属于新派的立场，他主张监狱的功能首要在感化罪犯而非惩罚。在严景耀看来："犯罪是社会的疾病，犯人是社会的病者，而监狱当然是社会的医院，对于已犯罪的病者当然须极力设法医治，以免犯人出监的时候，遗毒尚未去尽，致有旧病复发，且广为传染的危险。"〔5〕严景耀的监狱学研究具有作为犯罪学研究之组成部分的特点，因此严景耀特别强调监狱对于犯罪预防和控制的重大意义："监狱处置不当，实也是习惯犯与职业犯增加的重大原因之一。"〔6〕

为了实现监狱改造罪犯的功能，严景耀主张"监内当设社会服务部"，在犯人进入监狱后，就采用个案的方法（case work method）研究其犯罪原因，

〔1〕 许嘉璐："缅怀严景耀先生"，载《民主》2005 年第 7 期。
〔2〕 民进中央宣传部编：《严景耀论文集》，开明出版社 1995 年版，第 46 页
〔3〕 民进中央宣传部编：《严景耀论文集》，开明出版社 1995 年版，第 76 页。
〔4〕 民进中央宣传部编：《严景耀论文集》，开明出版社 1995 年版，第 76 页。
〔5〕 民进中央宣传部编：《严景耀论文集》，开明出版社 1995 年版，第 41 页。
〔6〕 民进中央宣传部编：《严景耀论文集》，开明出版社 1995 年版，第 37 页。

观察其个人性格，探访其在社会上所处的环境，在切实明了之后，再加以争端，最后按诊断加以处理，利用监禁期间极力训练和补救。[1]

2. 关于监狱改良

严景耀对清末以来所开展的监狱改良成效总体上持批评态度。一方面，严景耀批评监狱改良进展缓慢，"综观新旧监狱书目比例，相差太远，可知中国监狱的改进，尚在幼稚时期"[2]。另一方面，严景耀批评"目前新式监狱，仍脱不了旧时的报复主义与刑罚主义"。[3]

严景耀主张从社会学的角度研究监狱，并寻求监狱改良的方法。其监狱改良的建议主要体现在《中国的监狱问题》一文之中。在这篇文章中，严景耀从监狱行政、监狱作业、监狱卫生、教诲及教育、犯人自治、犯人个别之处理等方面，对当时监狱所存在的问题进行了系统反思，并且提出了相应的改良方案。其结论性建议是"改良监狱非先培植专门人才不可，使以治狱为专门事业"，[4]"而社会对于监狱改良之信仰与援助，亦极重要，否则孤掌难鸣，不易成功。且全国监狱，非联合办理，一致进行不可"。[5]

3. 关于监狱官

在严景耀的监狱调查中，与监狱工作人员的直接接触较多，严景耀对这一群体的了解也十分深刻。他从历史的角度，对于监狱官的社会地位与专业性进行了深刻的反思："中国三代以后，直至清朝末年，皆以监狱事务委诸下吏贱卒之手"[6]，即便从清末开始即推行监狱改良，但是监狱官（包括看守、教诲师、典狱长等监狱领袖）的社会地位、专业化、职业化、职业保障等均存在严重的问题。严景耀批评："他们缺乏专门的训练，极少对于监狱事业视为终身职业的，他们不懂得监狱到底要如何改良。"[7]

在监狱调查中，严景耀发现"代表监狱行政与犯人发生直接关系是看守"，但是他们缺乏基本的职业保障，不但收入低而且薪水缺乏保障，"结果有专门才能的看守……都别谋生计去了，所剩下的，都是一无所知的，完全

---

〔1〕 民进中央宣传部编：《严景耀论文集》，开明出版社 1995 年版，第 41 页。
〔2〕 民进中央宣传部编：《严景耀论文集》，开明出版社 1995 年版，第 46 页。
〔3〕 民进中央宣传部编：《严景耀论文集》，开明出版社 1995 年版，第 76 页。
〔4〕 民进中央宣传部编：《严景耀论文集》，开明出版社 1995 年版，第 76 页。
〔5〕 民进中央宣传部编：《严景耀论文集》，开明出版社 1995 年版，第 76~77 页。
〔6〕 民进中央宣传部编：《严景耀论文集》，开明出版社 1995 年版，第 46 页。
〔7〕 民进中央宣传部编：《严景耀论文集》，开明出版社 1995 年版，第 76 页

不会负责任的，而无处可去的人才。有的连简短报告都写不清楚的，有的写自己的姓名都很费力的……如何能盼望'看守为犯人的模范而实行纪律'去管理和改化犯人呢"。[1]

关于教诲师，严景耀的调查发现，尽管当时的《监狱规则》明确规定"在监者一律施教诲"，但是不仅教诲师的配置不足而且还存在形式主义及造假的现象。很多"监狱连教诲师也没有，不要说教诲了"[2]，有教诲师的监狱，"教诲师对于犯人，高兴了每星期也不过说几句不关痛痒的训话，决不深究他们的病根，而施行切实解决的方法。自从去秋司法部严令注意教诲以后，总算每星期每个犯人能听到一小时的隔靴搔痒的训词（而司法部的月报里，却说'每犯于每星期受二十四小时以上教诲'），这种'教诲'在犯人方面是绝对不能发生什么影响的"[3]。

对于典狱长等监狱领袖人物，严景耀也直言不讳的批评："目前中国监狱界领袖人物，大多不懂得如何治狱，所懂得的就是如何做官"[4]，"他们的责任，就是犯人跑不了，不变死，就算了事，他们目前的成绩，就是'幽禁'，并非改化，所以目前所谓新式监狱，其实都是犯罪学校。"[5]

在给予了严厉批评的同时，严景耀也给出了对策建议："监狱人才，在消极方面……要除去'官僚化'，在积极方面应当职业化……没有专门训练的人，无论如何不能任治狱的重任。"[6]

4. 关于狱政建筑与监狱管理模式

对于监狱的建筑，严景耀主张要兼顾健康卫生和便于看守的原则。因此，他对于当时美国伊利诺伊州的圆形监狱十分推崇，认为"这是美国监狱建筑中最新式的……看守在中间可以看到每一个监房里的动静，这样的建筑，从卫生方面来看，是很完美的，而旧时戒护的观念，也很合宜"。[7]

严景耀主张，监狱的日常管理模式应当保护犯人的身心健康，以利于其感化和出监再入社会。对于监狱调查中发现的漠视犯人医疗、体罚虐待等情

---

〔1〕　民进中央宣传部编：《严景耀论文集》，开明出版社1995年版，第49页
〔2〕　民进中央宣传部编：《严景耀论文集》，开明出版社1995年版，第51页
〔3〕　民进中央宣传部编：《严景耀论文集》，开明出版社1995年版，第37~38页。
〔4〕　民进中央宣传部编：《严景耀论文集》，开明出版社1995年版，第50页
〔5〕　民进中央宣传部编：《严景耀论文集》，开明出版社1995年版，第76页
〔6〕　民进中央宣传部编：《严景耀论文集》，开明出版社1995年版，第52页
〔7〕　民进中央宣传部编：《严景耀论文集》，开明出版社1995年版，第62页

况，严景耀提出了严厉的批评。对于"静默制"管理模式，严景耀也认为是"残忍"[1]的。对于当时中国监狱界常用的军营式管理模式，严景耀认为对于监狱管理方面不无帮助，但是对于犯人方面则是弊大于利。因此，严景耀主张监狱对于犯人的日常管理模式可以实行"自治"模式，因为"犯罪行为，多由于缺乏自治的能力"，"故欲望其学习自治，必先使试行自治，使其负责任，启发其责任心……在监内既能自治，既能有常态的生活，他日出监再入社会，即不致无所适从，而再趋于犯罪之途"。[2]严景耀的犯人自治观点，在今天看来都可能过于超前，但却不乏启发意义。

5. 关于监狱作业与教诲、教育

严景耀认为，"我国旧监的犯人，只要在监一日，终是带着足镣手铐坐在监内一点事也不做，这种强迫的懒惰，实为失德之最大原因"[3]，因此他主张监狱应当开展生产作业，同时要保障犯人获得报酬的权利，"监狱对于所有能做工的囚犯应当给他们相当的工资"[4]。在严景耀看来，监狱作业不仅可以减轻国家负担，更重要的是有助于犯人的感化，并且习得一技之能，有利于其回归社会。

严景耀反复强调，监狱应当重视教诲和教育，并且认为两者之间既有区别又有联系，对于其区别与联系严景耀引用王元增的观点予以说明："教化德性（即专重修养精神者），谓之教诲。启发理性（即专重训练智能者），谓之教育。智育德育为教养之要素，一日不能相离。教诲与教育，其名虽异，而其实则有密切之关系，宜相辅而行"。[5]对于监狱忽视教诲或者教诲流于形式的状况，严景耀颇多批评，但囿于当时的时代和监狱运作的特点，似乎却又无可奈何。[6]为了提升教育的效果，严景耀主张个别教育方法："监内处理犯人，都用划一的方法，实是危险而毫无效果的工作……理想的目标，即是用个别的处理（individual treatment）"。[7]

［1］ 民进中央宣传部编：《严景耀论文集》，开明出版社 1995 年版，第 68 页。
［2］ 民进中央宣传部编：《严景耀论文集》，开明出版社 1995 年版，第 70 页。
［3］ 民进中央宣传部编：《严景耀论文集》，开明出版社 1995 年版，第 54~55 页。
［4］ 民进中央宣传部编：《严景耀论文集》，开明出版社 1995 年版，第 60 页。
［5］ 民进中央宣传部编：《严景耀论文集》，开明出版社 1995 年版，第 60 页。
［6］ 民进中央宣传部编：《严景耀论文集》，开明出版社 1995 年版，第 37~38 页。
［7］ 民进中央宣传部编：《严景耀论文集》，开明出版社 1995 年版，第 71 页。

6. 关于出监保护

严景耀主张要重视犯人出监后的保护，并且主张专设从事专门的出监保护机关："犯人出监，多遭社会之轻视与反感，故谋事非常困难。倘若任其在旧环境中冒险，势必重蹈覆辙，故当专设机关，加以保护与指导，循其所长而为之介绍职业，改变以前恶劣环境，至其能完全安居乐业而已。"[1]对于出监保护工作，严景耀还强调"须与监内之工作，互相联合……经营此种工作之人，非独需专门学识且必具深厚之热忱"。[2]

尽管严景耀强调罪犯出监保护工作，但在当时的时代背景下，这项工作的开展既不受重视，也十分困难。严景耀对此深感无奈："可惜我没有机会，更没有力量，去和全体出监人联络，助他们自新，因为这不是个人或少数人在短时间所能做的事情"[3]，监狱学家的济世情怀跃然纸上。

四、学以致用：严景耀的监狱管理实践

严景耀不仅仅是监狱学家，还是学以致用的监狱管理实践者。早在燕京大学读研究生并兼任助教期间，严景耀就曾经被选为河北监狱协会执行委员[4]，这可能是严景耀参与监狱管理实务工作的最早经历。1930年7月23日，严景耀还被司法院委派为第十次国际刑罚会议专门委员，代表中国赴捷克参会。[5]

1. 严景耀的提篮桥副典狱长经历

严景耀在燕京大学求学和任教期间的监狱调查与监狱学研究成果，为他日后在激烈竞争中获得提篮桥监狱的工作机会奠定了基础。1935年12月14日《申报》刊发一则《公共租界工部局聘任副典狱长》的招聘启事：[6]

公共租界工部局现拟聘用副典狱长一员，管理各监狱事宜。该员年龄须在二十八岁至四十岁之间，最好尚未结婚，并须具有陆海军、警务或狱务之

---

〔1〕 民进中央宣传部编：《严景耀论文集》，开明出版社1995年版，第41~42页。
〔2〕 民进中央宣传部编：《严景耀论文集》，开明出版社1995年版，第42页。
〔3〕 民进中央宣传部编：《严景耀论文集》，开明出版社1995年版，第42页。
〔4〕 吕文浩："严景耀——中国犯罪社会学的主要开创者"，载《团结报》2017年8月24日。
〔5〕 吕文浩："严景耀——中国犯罪社会学的主要开创者"，载《团结报》2017年8月24日。
〔6〕 转引自徐家俊："远东第一监狱的首位华籍典狱长"，载《世纪》2000年第5期。

经验。惟年龄已在二十五岁以上者，非有特别资格，毋庸陈请。按此缺地位崇高，原由西籍人员充任。现则不拘国籍，我国人士倘学识优长，具有上列之资格，并能操英语，自问能胜任愉快者，即可向该局陈请任用。欲知一切任用条件及服务详情者，可向福州路警务处代理处长询问一切，凡一切询问函件，亦可径致该代理处长云。

从这则招聘启事可见：①公共租界工部局拟聘用的副典狱长是地位崇高的职业，原来一直由西方人担任，这次是首次不限国籍招聘；②这一职位的任职要求很高，特别是必须有军警或狱务工作经验，并且有娴熟的英语能力。最终，时年 31 岁的严景耀在 74 位申请者中最终击败外国籍海军军官彼得，被录用为提篮桥监狱首位华籍副典狱长。从 1936 年 9 月任职，至 1943 年离职，严景耀在提篮桥监狱任职时间超过 5 年，主要分管少年犯的教育管理工作。[1] 在此期间，严景耀并未远离学术研究，他还同时兼任东吴大学法学院教授，并与赵朴初等人一起研究少年犯罪问题。[2]

提篮桥监狱是中国最早设置少年监的监狱，严景耀担任副典狱长后，推出了诸多改革措施，"少年犯的教育和习艺、职业训练更见进步"[3]：一是开展了设置监狱图书馆的探索。在严景耀的推动下，提篮桥监狱少年监开办了图书馆，增加了购书数量，并且把借阅书籍与行为表现挂钩，品行良好者可以多借书，被处罚者则停止借书。[4] 二是注重对少年犯的文化教育和职业教育。提篮桥监狱的这方面的做法和成效还被当时的《申报》报道："童犯之教育工作，全年始终进行不断，每月并举行考试一次，择其最优者给以小数奖金，以资鼓励。裁缝、匠工等项之职业教导亦均施行。"[5] 三是引入社会团体开展辅导教育和少年犯出监保护工作。例如，上海宗教团体救世军救助出狱囚犯部，每周日早晨到少年监的院中带领少年犯进行"礼拜"，对于刑满释放的华籍少年犯还提供回归社会的援助工作。[6] 从提篮桥监狱的这些创新

---

〔1〕 陈策：《从犯罪学先驱到民主斗士——严景耀研究》，浙江大学出版社 2013 年版，第 113 页。

〔2〕 徐家俊："远东第一监狱的首位华籍典狱长"，载《世纪》2000 年第 5 期。

〔3〕 徐家俊：《上海监狱的前世今生》，上海社会科学院出版社 2015 年版，第 28 页。

〔4〕 参见徐家俊："提篮桥监狱"，载中国监狱工作协会监狱史学专业委员会编、朱济民主编、徐家俊副主编：《旧监狱寻踪》，上海书店出版社 2014 年版，第 137~138 页。

〔5〕 转引自徐家俊：《上海监狱的前世今生》，上海社会科学院出版社 2015 年版，第 28~29 页。

〔6〕 转引自徐家俊：《上海监狱的前世今生》，上海社会科学院出版社 2015 年版，第 29 页。

性做法中可以看到，严景耀实际上在将其改良监狱的许多理论主张在提篮桥监狱少年监中予以试点和施行。

严景耀副典狱长的任职表现得到了广泛的认可。1946 年，当时的司法行政部部长提出希望严景耀担任监狱司司长，并去信委托上海地方法院院长郭云观动员严景耀赴任，严景耀以燕京大学请他教书在先为理由拒绝。不久，郭云观再次动员严景耀担任监狱司司长，并且拿出了生米煮成熟饭的理由："司法行政部部长又给我来信，南京政府与美国驻华大使司徒雷登商妥，司徒雷登答应让你不去燕京大学而去担任监狱司司长"[1]，严景耀再次严词拒绝。

2. 严景耀出任副典狱长的几点思考

值得注意的是，不仅仅是严景耀，事实上近代著名监狱学家多为有着丰富的监狱管理实践经验的典狱长出身，著名监狱学家转任监狱长也是常见的做法。例如近代著名监狱学家王元增，曾经留学日本，在日本警监学校主修监狱学，曾经担任北京监狱典狱长、江苏省政府司法厅监狱科科长、司法部监狱司司长等，著有《日本监狱实务》《监狱学》等。再如，另一位近代代表性监狱学家孙雄，就读于湖南公立法律学校监狱学两年制专科，1913 年毕业后在湖南看守所和长沙监狱工作，1916 年代理长沙典狱长，1922 年辗转江苏各监狱任职，著有《监狱学》《狱务大全》《犯罪学》等。[2]

在今天，犯罪学家或监狱学家没有监狱工作实践，不了解罪犯，甚至没有接触罪犯和监狱，是具有一定普遍性的问题。监狱长中是著名监狱学者的似乎还没有先例，著名学者屈身狱事的例子也闻所未闻。

监狱学似乎又成了"仁人所不乐言"的领域。从事监狱学的学者不但数量少，而且专注于监狱学的学者也不多。开设监狱学专业的大学罕见，即便少数开设监狱学的院校也难招到学生，招到学生也罕见专注此专业学习者，毕业还面临就业难或者专业不对口成为常态的问题。以史鉴今，这种状况应当引起重视和反思。

五、余　论

在"狱之为物不详，仁人所不乐言"的时代，严景耀的监狱调查与监狱

〔1〕　徐家俊：《上海监狱的前世今生》，上海社会科学院出版社 2015 年版，第 280 页。

〔2〕　孙雄编著：《监狱学》，商务印书馆 2011 年版，第 291~292 页。

学研究无疑具有开拓性。学科视角的差异，造成了严景耀学科归属的分歧，但不应因此忽视严景耀的监狱学贡献。严景耀是从监狱学视角研究犯罪的犯罪学家，也是从犯罪学视角研究监狱的监狱学家。无论是研究方法、主要观点，还是代表性著述，严景耀都可以说是近代中国当之无愧的代表性监狱学家。本章对严景耀监狱学研究方法、主要理论和监狱工作经历的研究，不只是为了纠正对严景耀监狱学成就的忽视，更是为了对于今天监狱学发展以及监狱改革提供历史的借鉴：

1. 监狱应当更进一步开放，狱务公开应当更加深入地推行。严景耀之所以能够成为监狱学家，并且能在监狱中以志愿犯人的方式开展监狱调查，离不开监狱的开放性。我国有着监狱神秘主义的传统，高墙电网是人们对监狱的通常印象。监狱的封闭性一方面不利于社会公众形成对监狱的正确观念，另一方面也不利于推进监狱学研究。近些年来，我国推行了狱务公开改革，但是总的来看监狱的开放性还有待加强，不仅应该更加便捷地向公众开放，也应该更加深入地向学界开放。

2. 监狱学研究应当更加注重实证研究。总的来看，我国目前的监狱学研究仍较多地偏重于规范和定性研究，实证研究在监狱学研究中还未受到应有的重视。这一方面与监狱的开放性有待加强有关，另一方面也与监狱学学者的实证研究方法的训练不足有关，加强监狱学的实证研究需要从这两个方面着手推动。

3. 更加重视监狱人才的培养，进一步推动狱务人员的专业化、职业化，同时提升监狱工作的职业尊荣。在严景耀看来，监狱官是监狱改良成败的关键，也是监狱能否发挥应有功能，改造罪犯的关键。严景耀在数十年前所批评的监狱官所存在的问题，直到今天仍有不同程度地存在。推进监狱工作者的专业化、职业化，特别是如何采取有效措施提升监狱职业的社会认同度和职业尊荣感，应当引起高度重视。

4. 注重监狱长队伍建设，推动监狱长的专家化。近代监狱学家多出自监狱长，或者监狱长多为监狱学大家，严景耀就是其中的代表。监狱长代表的是监狱的形象和监狱管理的水平，监狱长队伍的素质，特别是专业化至关重要。应当更加注重监狱长队伍建设，采取有效措施大力提升监狱长的学历、理论水平，进一步明确监狱长的职业标准，提高监狱长的选任条件。

5. 加强监狱学界与监狱实务部门的双向交流。顺畅的监狱学专家与监狱管理人员的交流、互动机制，能够有效地推动监狱学的发展和监狱工作的进步。以严景耀为代表的近代监狱学家与监狱长职业转换机制，值得今天借鉴。2013 年，教育部、中央政法委、最高人民法院、最高人民检察院、公安部、司法部联合推出了高等学校与法律实务部门人员互聘"双千计划"，但监狱系统似乎是被遗忘的角落。建议司法部借鉴司法体制改革从专家学者中选任法官、检察官的做法和成果，以及法、检系统从学者中选任挂职干部的做法，建立监狱系统与学术界的双向交流机制。

希望本章的研究能够对改变监狱学为"仁人所不乐言"、监狱工作者为"下吏贱卒"的传统观念能够有所裨益，也希望即将修订的监狱法能够从立法上对此作出必要的回应。

关于《监狱法》修改的几点思考*

　　《监狱法》是衡量一个国家司法文明、现代化程度的重要标尺，正如美国学者贝兹·卓辛格所言："评判一个国家的好坏不应看它如何对待自己最高等的公民，而是要看它如何对待其最低等的公民。"〔1〕

　　自 1994 年制定以来，我国《监狱法》除了在 2012 年为配合刑事诉讼法执行程序的修改配套进行了若干条文的修正外，迄今未作修改。随着监狱改革的不断深入以及与《监狱法》相关法律的不断修订完善，现行《监狱法》已无法满足现实的需求。令人欣慰的是，新近公布的《国务院 2019 年立法工作计划》正式将《监狱法》修订草案列入了拟提请全国人大常委会的法律案，司法部也正在抓紧推动《监狱法》的修改。然而，这部法律的修改仍然存在较多重大问题值得需要讨论和明晰。

一、关于《监狱法》的性质和地位

　　修订《监狱法》的一个前提性问题是正确认识这部法律的性质和地位，只有形成对《监狱法》性质和地位的科学认识，才能保证《监狱法》修改的成功。

　　关于《监狱法》性质的讨论主要集中于《监狱法》属于行政法还是刑事法的争议，对此我国学界主要形成了三种观点：第一种观点认为《监狱法》属于行政法，主要理由之一是 2008 年国务院新闻办公室发布的《中国的法治

---

　　* 本章系根据在司法部监狱法修订工作专家座谈会（2019 年 3 月 8 日）上的发言整理而成，载《中国监狱学刊》2019 年第 4 期。

　　〔1〕 ［美］贝兹·卓辛格：《把他们关起来，然后呢?》，陈岳辰译，中信出版社 2017 年版，第 5 页。

建设》白皮书中将监狱法划分为 79 部行政法的组成部分之一。[1]另一个重要理由是认为《监狱法》中当事人之间的法律地位不平等，即监狱机关和罪犯是管理者和被管理者的关系，故此应当属于行政法。[2]第二种观点认为《监狱法》属于刑事法，因为监狱的执行是刑事诉讼中的最后一个程序。[3]第三种观点认为《监狱法》具有双重属性，既有刑事法律关系，也有行政法律关系。[4]笔者主张《监狱法》属于刑事法，这是由于监狱的主要功能是刑罚执行，《监狱法》的立法目的是为了教育和改造罪犯，尽管《监狱法》中包含了行政法律关系，但对行政法律关系的调整也是为了保障刑罚的有效执行。如果将《监狱法》定位为行政法，则容易忽略《监狱法》制定的目的，同时也容易以偏概全地将《监狱法》中包含的行政法律关系作为《监狱法》的主要内容。

关于《监狱法》地位的争议在于如何认识《监狱法》与《刑法》和《刑事诉讼法》之间的关系。对此我国学界主要形成了三种观点：第一种观点认为《监狱法》是《刑法》和《刑事诉讼法》的下位法，原因是《刑法》和《刑事诉讼法》等都是由全国人民代表大会制定和修改的基本法律，而《监狱法》是由全国人大常委会制定和修改。[5]第二种观点认为《监狱法》与《刑法》和《刑事诉讼法》并列，都是我国刑事法律体系的基本组成部分。[6]笔者同意第二种观点，主张《监狱法》应当属于刑事基本法，与《刑法》和《刑事诉讼法》具有平等的法律地位。《监狱法》作为我国现行的唯一一部刑罚执行法应当具备刑事基本法的地位，《刑法》是实体法，《刑事诉讼法》是程序法，《监狱法》和正在制定中的《社区矫正法》则同属于刑事执行法。

将《监狱法》定位为刑事基本法，有助于明确修法的重点和方向，有利于协调其与《刑法》《刑事诉讼法》的关系，也有利于一些重大争议问题的解决。例如，有观点主张在修改《监狱法》时应增加法律责任章，这一观点主要是基于《监狱法》为行政法的定位，如果明确《监狱法》为刑事基本

---

[1] 韩述钦："《监狱法》修改应注重解决的若干问题"，载《河南司法警官职业学院学报》2013年第1期。

[2] 于世忠："监狱法是我国行政法律体系的组成部分"，载《行政与法》1996年第1期。

[3] 谢利苹："关于《监狱法》修改和完善的思考"，载《中国司法》2009年第2期。

[4] 于世忠："监狱法是我国行政法律体系的组成部分"，载《行政与法》1996年第1期。

[5] 吴宗宪："论《监狱法》的修改与完善"，载《中国社会科学院研究生院学报》2010年第1期。

[6] 王林平："《监狱法》的完善与刑事执行法的制定"，载《中国司法》2014年第9期。

法，则显然不宜增设法律责任章。

二、关于《监狱法》所存在的主要问题

目前，对于《监狱法》所存在问题的讨论主要集中于《监狱法》立法的缺陷、章节名称不符、期间界定模糊、监狱经费、监狱武装警戒规定不明、逃犯追捕、罪犯分押分管、罪犯申诉控告、罪犯会见、罪犯死亡和奖惩规定粗疏等问题，以及有待完善的监狱企业、罪犯危险性评估、外籍犯管理、教育改造模式、特赦、干警权益、安防等空白问题。[1] 上述关于在修订时应当关注的《监狱法》的不足，主要集中于具体条文之上。十九大正式宣布中国特色社会主义进入新时代，这是《监狱法》修改时需要着重考虑的时代背景。从这一背景出发，笔者认为修改《监狱法》时应当重点关注如下不足：

1.《监狱法》指导思想和体例的滞后性。十九大报告正式确立了习近平新时代中国特色社会主义思想，而《监狱法》制定于 20 世纪 90 年代必定存在滞后性。如何充分贯彻习近平新时代中国特色社会主义思想，是修改《监狱法》需要重视的首要问题。就《监狱法》的体例而言，目前由总则、监狱、刑罚的执行、狱政管理、对罪犯的教育改造和对未成年犯的教育改造六章组成的体例，也存在章节之间的逻辑关系需进行调整，条文内容亟待修改，章节名称与条文内容之间的关系亟待加强等问题。

2.《监狱法》未体现新时代五大改造新要求。我国监狱学界曾经所形成的共识是，监管改造（狱政管理）、教育改造和劳动改造是中国监狱罪犯改造的三大基本手段[2]，但这三大基本改造手段在《监狱法》中的规定都相对粗疏。同时，重新组建的司法部就监狱工作提出了"坚守安全底线，践行改造宗旨"的思路，并要求以政治改造为统领，统筹推进政治改造、监管改造、教育改造、文化改造、劳动改造，这些都有待于《监狱法》修改时贯彻。

---

〔1〕 详见吴宗宪："论《监狱法》的修改与完善"，载《中国社会科学院研究生院学报》2010年第1期；汪勇："完善《监狱法》的模式及修正理念——兼论《监狱法》修订应处理的若干关系"，载《云南大学学报（法学版）》2005 年第 6 期；吴宗宪、王虹："论《监狱法》文字表述的修改与完善"，载《法学杂志》2009 年第 9 期；梁然："关于《监狱法》修改有关的问题研究"，载《中国司法》2013 年第 4 期；王鹏飞："论我国《监狱法》的修改与完善"，载《上海政法学院学报（法治论丛）》2016 年第 3 期等。

〔2〕 贾洛川、王志亮主编：《新中国监狱学研究 20 年综述》，中国法制出版社 2015 年版，第 292 页。

3. 未能及时体现二十多年监狱改革的成果。二十多年来，我国监狱改革取得了重大进步，如监狱布局的调整、功能型监狱的出现、现代化文明监狱的创建、监狱体制改革、狱务公开的试点等。这些重大改革的主要成果，都有待于在《监狱法》中予以固定。

4.《监狱法》对罪犯权利保障的体现不足。二十多年来，我国对罪犯权利的保障形成了较为完善的体系，但是现行《监狱法》未能充分体现，同时还存在对罪犯的休息权、劳动报酬权、受教育权、申诉控告权和会见权等在法典中的规定分散、粗疏，没有具体的救济手段，存在有权利无救济等问题。

5.《监狱法》与相关法律的协调亟待梳理。二十多年来，相关国际规则与法律均有重大的修改。例如，2015年联合国大会决议修订了《囚犯待遇最低限度标准规则》，并将最新修订的这一规则简称为"曼德拉规则"[1]，我国《监狱法》存在如何与这一新规则衔接的问题。在国内法方面，《宪法》《刑法》《刑事诉讼法》《未成年人保护法》等均有重大修改，长期未修改的《监狱法》需要协调与这些法律的关系，特别是消除与这些法律的新规定不协调的地方。

三、关于《监狱法》修改的几个重点建议

《监狱法》的修改有大改、中改、小改三个修法思路，从《监狱法》二十多年的实施情况来看，这部法律总体上经受住了实践的考验，其立法的基本精神与内容为我国监狱法治提供了支持，没有必要推倒重来，但这部法律确实也存在滞后性、矛盾性等问题，小改也难以适应监狱法治的需要。基于上述判断，笔者主张中改的思路相对来说较为合理，即在坚持《监狱法》立法精神与制度的基础上重点进行以下几个方面的完善：

1.《监狱法》指导思想的完善

《监狱法》的修改应当全面贯彻习近平新时代中国特色社会主义思想，进一步完善中国特色社会主义监狱制度。需要特别指出的是，在《监狱法》修改过程中全面贯彻习近平新时代中国特色社会主义思想，要注意防止简单地在条文表述中照搬相关话语，而应当深入研究和准确把握习近平新时代中国

---

[1] 司绍寒："《曼德拉规则》与我国监狱法发展——评《联合国囚犯待遇最低限度标准规则》的最新修订"，载《犯罪与改造研究》2015年第11期。

特色社会主义思想的深刻内涵，研究监狱工作在新时代的新要求。最关键的是，一方面监狱工作应当坚持中国特色社会主义法治道路，以《宪法》和相关法律为指导方向，即监狱罪犯改造工作应该以惩罚犯罪、保障人权为基础。另一方面监狱工作应当重视对罪犯的矫正，努力将罪犯改造成守法公民，满足人民日益增长的安全需要。[1]

2.《监狱法》体例的调整

针对现行《监狱法》的体例所存在的问题，建议调整如下：总则、监狱工作者、罪犯、刑罚执行、狱政管理、改造活动、未成年犯、附则。总则章在现有规定内容的基础上，增加规定监狱布局、监狱分级分类、监狱管理体制（党委领导下的监狱长负责制、与武警部队的关系、监企分开、狱务公开等）、完善监狱保障等内容，将原第二章监狱中有关监狱设置、监狱长及内设机构等的相关条款移入本章中。建议新增监狱工作者章，重点规定监狱人民警察的职责、执法权限、职业规范、职业保障，以及监狱技术人员、监狱辅助人员等管理人员分类的内容。建议单设罪犯章，重点规定罪犯分类、罪犯的权利、义务、行为规范等内容。刑罚执行章重点衔接好与《刑法》《刑事诉讼法》的关系，以及将二十多年刑罚执行的主要经验予以固定。狱政管理章的完善重点是回应目前实践的难题，例如，为制服性警械的适用提供法律依据等。建议将"对罪犯的教育改造"章改为"改造活动"章，重点规定五大改造的具体内容。未成年犯章的修改重点在于对接《刑法》《刑事诉讼法》《未成年人保护法》和《预防未成年人犯罪法》有关未成年犯教育、感化、挽救的特殊规定。

3."五大改造"的入法

2018年6月全国监狱工作会议提出了"五大改造"要求，"五大改造"是习近平新时代中国特色社会主义思想在监狱工作中的体现必然结果，也是刑罚理念演进变迁的结果。[2]修订《监狱法》宜在《监狱法》中设专章规定五大改造方式：一是重点增加政治改造，明确政治改造的基本内涵是"五个认同"（认同党的领导、伟大祖国、中华民族、中华文化、中国特色社会主义道路）和"五个树立"（树立正确的历史观、民族观、国家观、文化观、宗

---

〔1〕 姚建龙、刘悦："监狱工作'五大改造'的学理分析"，载《犯罪与改造研究》2019年第4期。
〔2〕 姚建龙、刘悦："监狱工作'五大改造'的学理分析"，载《犯罪与改造研究》2019年第4期。

教观）。二是增加文化改造，弘扬社会主义核心价值观，将中华优秀传统文化、党的革命文化和社会主义先进文化等内容在《监狱法》中予以规定，发挥文化改造的教化功能。三是进一步细化和完善监管改造、教育改造、劳动改造的内容。

4.《监狱法》与相关法律的协调

二十多年来，与《监狱法》相关法律的制定或者修订进展很大，《监狱法》存在很多滞后、不协调甚至矛盾的内容，与相关法律的配套衔接应当成为《监狱法》修订的重点内容：一是在与我国《宪法》和《囚犯待遇最低限度标准规则》的衔接上，应着重强化罪犯权利保障的内容。加强罪犯权利保障是2015年修订的《囚犯待遇最低限度标准规则》的重要内容，二十多年来我国多次修订了《宪法》，特别是2004年《宪法》修正案明确规定"国家尊重和保障人权"。《监狱法》属于一个国家人权法的重要组成部分，修订《监狱法》应当注重体现二十多年来我国人权保障进步的成果。二是在与《刑法》《刑事诉讼法》的衔接上，应着重消除存在矛盾冲突的内容，特别是有关罪犯再犯、缓刑、减刑、假释、暂予监外执行等方面不协调的内容，并且明确《监狱法》区别于《刑法》《刑事诉讼法》的立法重心。三是《监狱法》应依据即将修订的《未成年人保护法》和《预防未成年犯罪法》，完善对未成年犯保护与教育的方针原则，增加对未成年犯身份信息保密、犯罪记录封存、义务教育等内容。

四、结　语

中国近代刑事法治的进步起源于监狱改良，正如小河滋次郎所言："监狱较立法、裁判为重，而改良亦以监狱为先"。[1] 值得反思的是，近些年来，我国刑事立法侧重刑法、刑事诉讼法而忽视监狱法，每一次修改《刑法》《刑事诉讼法》后，监狱系统都存在被动适应的问题。笔者一直主张应当以历史为借鉴，重拾刑事法治进步"以监狱为先"的传统。对于《监狱法》修改的意义，应当从这个角度和高度去认识。

---

〔1〕［日］小河滋次郎口述，熊元翰编：《监狱学》，上海人民出版社2013年版，第4页。

监狱工作"五大改造"的学理分析*

在习近平新时代中国特色社会主义思想尤其是政法思想的指导下，2018年6月全国监狱工作会议提出了"五大改造"。监狱工作提出的"五大改造"是习近平新时代中国特色社会主义思想，尤其是政法思想在监狱工作中的体现必然结果，也是刑罚理念演进变迁的结果，但作为新近提炼的监狱工作理念和要求，"五大改造"的丰富内涵等相关内容也亟待论证释明。

一、刑罚理念的变迁与监狱工作的进化

1. 刑罚理念的变迁

刑罚理念决定监狱工作和罪犯改造的基本手段。最具代表性的刑罚理念主要有报应刑、目的刑、教育刑和折中论四种，这四种刑罚理念深刻地影响着监狱工作方式和改造犯罪的手段。

报应刑是刑事古典学派的刑罚主张，认为刑罚是对犯罪的报应和惩罚，通过剥夺犯罪的生命、自由、财产等方式对犯罪行为进行报应，让罪犯感受刑罚之苦。报应刑最早可追溯到《圣经》中"以牙还牙，以眼还眼"的同态复仇。之后随着人文主义的不断发展要求罪刑相适应，即"惩罚应有程度之分，按罪大小，定惩罚轻重"[1]，即依据犯罪行为的危害程度给予等价处罚。

随着人文主义理念的兴起，刑罚理念亦不断发展，目的刑逐步取代古典学派的报应学说。目的刑主张监禁罪犯的目的在于使罪犯改过迁善，使之以

---

* 本章系在2018年12月8日"监狱工作五大改造研讨会"（司法部监狱管理局和预防犯罪研究所主办）上的发言，由刘悦整理，载《犯罪与改造研究》2019年第1期。

〔1〕［法］孟德斯鸠：《波斯人信札》，梁守锵译，商务印书馆2010年版，第141页。

合格的公民身份重归社会，而不是对他们进行报复性的惩罚。从行刑目的主义出发，提出了对罪犯进行"教诲""矫正"的问题，强调行刑时对罪犯的教育改造作用。[1]

在目的刑的基础上，教育刑被作为独立的刑罚理念提出。教育刑关于监狱矫正的核心理念在于特殊预防。教育刑中的特殊预防主张刑罚的目的在于改造教育犯罪人，对具有矫正可能性和必要性的罪犯通过矫正使其早日回归社会。教育刑对监狱矫正方式手段的革新起到了巨大的推动作用，是现代监狱矫正制度的基石，体现刑罚从对罪犯行为从单纯的报应走向对犯罪人的教育矫正回归的社会防卫。

折中论则综合报应刑、目的刑和教育刑的理念，主张刑罚不仅是对犯罪的报应和惩罚的回应，也有预防犯罪的社会防卫功效，即主张刑罚不仅有惩罚功能，还更应当重视特殊预防和一般预防的功能。

我国监狱学界曾经的共识是，监管改造（狱政管理）、教育改造和劳动改造是中国监狱罪犯改造的三大基本手段。[2]从刑罚理念的角度看，我国监狱立法与改造工作的实践具有折中论色彩。一方面，通过监管改造等方式对罪犯进行人身自由的限制，体现对犯罪行为的惩罚性，即实现刑罚报应的目的。另一方面，通过教育改造和劳动改造等方式矫正罪犯的思想行为和提高其相关技能以避免其再次犯罪，顺利回归社会。

2. 习近平新时代中国特色社会主义思想与监狱工作的革新

十九大报告正式形成了习近平新时代中国特色社会主义思想，习近平新时代中国特色社会主义思想明确提出全面推进依法治国。依法治国要求新时期监狱工作要以法律基础，建设中国特色社会主义法治体系要求监狱工作，尤其是监狱矫正工作建立完整的制度体系。

从政法工作，尤其是监狱工作的角度看，政治性、法治性、人民性是习近平新时代中国特色社会主义思想具有的特点。政治性强调依法治国要坚持党对政法工作的绝对领导，监狱作为政法机关应当在政治立场、方向、道路上都与党中央保持一致。法治性体现在新时期的政法工作要以法治作为基本方式，监狱作为罪犯改造的场所，应当完善矫正运行机制，改进矫正方式，

---

〔1〕 吴宗宪：《中国现代化文明监狱研究》，警官教育出版社1996年版，第404页。

〔2〕 贾洛川、王志亮主编：《新中国监狱学研究20年综述》，中国法制出版社2015年版，第292页。

提升矫治工作的法治化。人民性指的是新时代中国特色社会主义思想及政法思想要求政法工作将人民作为中心，这要求监狱机关确立罪犯教育改造的主体地位，通过有效的手段防止罪犯再犯罪，从而维护社会稳定、保障人民安居乐业。

习近平总书记在十九大报告中指出，中国特色社会主义进入新时代的标志是我国社会主要矛盾已经从"人民日益增长的物质文化需要同落后的社会生产之间的矛盾"转化为"人民日益增长的美好生活需要和不平衡不充分的发展之间的矛盾"。[1]其中关于"人民日益增长的美好生活需要"体现在人民对法治需求的增长和人民对安全环境需求的增长。监狱改造工作应当以解决我国社会主要矛盾为导向，即监狱改造工作应当以法治和安全为目标。具体来说，一方面监狱罪犯改造工作应当坚持中国特色社会主义法治道路，以宪法和相关法律为指导方向，即监狱罪犯改造工作应该以惩罚犯罪、保障人权为基础，另一方面监狱改造工作应当重视对罪犯的矫正，努力将罪犯改造成守法公民，满足人民日益增长的安全需要。

在新时代背景下，我国曾经所形成的监管改造、教育改造和劳动改造三大罪犯改造基本手段具有如下三个方面的不足，迫切需要根据新时代的要求进一步完善：

（1）改造宗旨不鲜明。改造宗旨应当反映改造罪犯的根本目的和意图，依据我国《监狱法》的规定，监狱工作是为了预防和减少犯罪，将罪犯改造成为守法公民。因此，监狱应当以改造罪犯，确保罪犯能够回归社会后不再重犯为宗旨，但传统三大改造方法并没有完全体现这一点。进一步而言，传统三大改造基本手段没有完全体现根本性改造的宗旨。"不重犯"这一表象性宗旨服务于维护党的长期执政、维护中国特色社会主义，维护社会和谐稳定、人民安居乐业这一实质性宗旨，也即"政治性"这一根本性宗旨。

（2）三大改造基本手段之间缺乏位阶关系，同时未能反映我国罪犯改造基本手段的新发展，总体属于平行关系。监管改造、劳动改造和教育改造作为监狱改造罪犯的基本方式，尽管存在一定的逻辑性，但在改造罪犯这一维度上总体缺乏位阶关系，尤其是任何一种改造基本手段都不具有统领性。同

---

〔1〕 邓纯东："习近平新时代中国特色社会主义思想的本质特征"，载《马克思主义研究》2018年第8期。

时，这三大基本改造手段也未能反映近些年来罪犯改造基本手段发展的成果。例如，在监狱文化建设新的历史背景下，文化改造已经逐步发展成为改造罪犯的基本手段。[1]在习近平总书记将"三个自信"拓展发展为"四个自信"，即增加了"文化自信"的背景下，文化改造的地位与重要性也应凸显出来。

（3）三大改造基本手段与监狱工作之间的关系不清晰。根据《监狱法》第2条和第3条的规定，改造罪犯是监狱的基本职能与重心工作，但传统三大改造基本手段仅仅是从"罪犯改造"的角度对监狱理论和实践的概括，缺乏从整个"监狱工作"的战略性高度来看待罪犯改造的格局。监管改造、劳动改造和教育改造，也仅仅是对罪犯改造工作主要内容的提炼和概括，缺乏统领性。

二、坚持政治改造的统领性

政治改造的统领性是五大改造最鲜明的特点，体现了新时代监狱工作的本质特征。

1. 重视政治改造是我国监狱工作的传统

政治改造的核心是罪犯思想的改造，重点是意识形态的重塑。我国历来重视对罪犯思想的重塑。《周礼·秋官·大司寇》记载的"以圜土聚教罢民"意指集中对集合在圜土中的罪犯进行教化，使其为善。儒家思想要求"明德慎罚"，强调要重视罪犯的道德改造，谨慎适用刑罚。[2]唐朝主张"维礼护法，礼刑结合，宽严相济，德主刑辅"的狱政思想。清代著名学者沈家本在《监狱访问录序》中集中申明的思想就是感化论，他指出，"展卷再思，因得一言以蔽之曰：监狱者，感化人而非苦人、辱人者也。"他进而引述中国古代的狱政思想。说明"古人设狱之宗旨。非以苦人辱人，将以感化人也"。[3]

中华人民共和国成立后，早在1954年《劳动改造条例》（已失效）第4条

---

〔1〕　参见刘光国："文化改造罪犯论纲"，载《中国监狱学刊》2003年第5期；陈光明："文化改造：改造罪犯的第五大基本手段"，载《安徽警官职业学院学报》（第7卷）2018年第6期。

〔2〕　吴宗宪：《罪犯改造论——罪犯改造的犯因性差异理论初探》，中国人民公安大学出版社2007年版，第17页

〔3〕　白焕然等：《中国古代监狱制度》，新华出版社2007年版，第488页。

就规定对劳改犯要进行政治教育。[1] 1965年毛泽东在接见几内亚外宾时也特别提及："要把犯罪的人当作人，对他有点希望，对他有所帮助，当然也要批评。比如劳改工厂、劳改农场，就不能以生产为第一，就要以政治改造为第一。要做人的工作，就要在政治上启发人的觉悟，发挥他们的积极性，劳改工厂、劳改农场就会办得更好。"[2]

邓小平理论、"三个代表"重要思想和科学发展观都在不同时期强调政治改造的重要性。例如，邓小平理论强调思想政治工作和思想政治队伍决不能削弱，对思想上的不正确倾向要以说服教育为主等思想体现其对政治改造的重视。"三个代表"要求要以德治国，科学发展观的核心是以人为本，即是要求以改造罪犯为本，要求把罪犯改造质量的提高作为一切工作的出发点和落脚点。[3]

2. 新时代政治改造的新内涵

传统观点认为，政治改造依据其内容和范围不同可以分为广义和狭义的政治改造。广义的政治改造是国家司法机关依据国家刑罚制度和法律规定，教化罪犯，使其从根本上改变旧的犯罪行为和理念，培养新的、适应当代社会需求的思想和行为的各项活动的总称。狭义的政治改造特指思想改造，指我国监狱部门对罪犯进行政治常识、法制、政策、道德伦理等思想转变的活动。但在新时代，政治改造被赋予了新的内涵，如果仅仅从罪犯改造方法与内容的角度理解政治改造，显然是过于狭隘的。

政治改造的内涵、特征、手段和方式使得政治改造效果的高低成为衡量监狱工作效果标尺和社会文明程度的标志。各级监狱要不折不扣地践行习近平新时代中国特色社会主义思想，确保党的基本路线和党中央决策部署的落实。

政治改造具有阶级性、统领性、政治性和理念性等基本特征。

（1）阶级性。阶级性是政治改造的本质属性，统治阶级通过将威胁阶级统治的行为规定为犯罪，通过有序追诉并处以刑罚的方式维护统治。

（2）统领性。指政治改造位阶，政治改造的内容、方向指导其他改造方

---

[1] 1954年《劳动改造条例》第4条：劳动改造机关对于一切反革命犯和其他刑事犯，所施行的劳动改造，应当贯彻惩罚管制与思想改造相结合、劳动生产与政治教育相结合的方针。

[2] 詹景歧：《往事如歌——一位老公安工作者的札记》，群众出版社2002年版，第303页。

[3] 黎赵雄主编：《文化监狱》，中国民主法制出版社2007年版，第63页。

式实施。

（3）政治性。政治改造要求坚持将习近平新时代中国特色社会主义思想贯穿于监狱工作的始终，贯穿于罪犯改造的全过程。

（4）理念性。政治改造强调通过价值观和道德观的思想改造以实现行为变化，强调罪犯对犯罪思想和行为的悔过自新。

政治改造重视对罪犯加强政治常识的学习和意识形态的重塑。罪犯通常文化程度不高，没有基本的政治常识，故此应该集中对罪犯进行必要的政治常识教育。政治常识应当包括马克思主义、毛泽东思想、邓小平理论和习近平新时代中国特色社会主义思想等相关政治基本理论。

此外，罪犯改造还应当学习中国共产党党史和儒家文化为代表的中国历史和传统文化等。罪犯应当每周至少参加 6 小时政治常识的课程学习，并对课程学习进行记录，必要时进行考试检测。培养爱国主义思想，组织观看爱国主义教育电影、电视剧，写观后感进行爱国主义教育，培养正确的人生观、价值观和世界观。对学习完成情况进行记录。学习相关法律常识，培养社会主义法治观，学习如宪法、刑法等部门法知识，认识了解犯罪构成，提升守法意识，避免再犯。应当要求监狱工作人员对以上三类政治改造活动予以记录，并制作政治学习档案，作为今后罪犯假释或者监外执行的参考依据，以此提升罪犯参加政治改造活动的积极性。

3. 政治改造的重大意义

政治改造在"五大改造"中居于统领地位，在内容、形式和标准上全面统领其他四大改造。要把政治改造作为根本性改造，强调监狱机关坚持政治引领是落实政治改造的根本前提和基础，要对新时代如何坚定监狱工作的正确政治方向、怎样坚持中国特色社会主义监狱制度给予明确回答。监管改造要以政治改造为指导原则，完善梯度管理模式和差异化的罪犯改造激励约束机制。[1]

教育改造应以政治改造的内容为核心，重视并强化社会主义核心价值观、习近平新时代中国社会主义思想在教育改造中的贯彻。在文化改造上宣传政治改造的内容，并从理念、行为、视觉、听觉等多个层面创新文化改造形式。在劳动改造上重在教化罪犯，围绕凸显劳动改造功能，不断优化完善劳动项

〔1〕　胡方锐："以新理念新格局推进新时代监狱工作发展"，载《中国司法》2018 年第 10 期。

目结构、生产管理体系和劳动技能培训机制，发挥劳动改造人的功能作用。[1]

政治改造是监狱工作"五大改造"的本质特征，也是衡量建设状况的标尺。政治改造反应了新时期监狱工作的重心，是监狱工作系统化、体系化的标准，政治改造凭借其丰富的新时代内涵特征及功能构建了监狱工作的格局，形成了五位一体的构造，其他四大改造的内容、特征和方式本质上来说是实现政治改造的重要手段。

三、统筹推进监管改造、教育改造、文化改造、劳动改造

1. 文化改造地位提升

文化改造首次确立为我国改造罪犯的基本手段并极大地丰富和完善了我国监狱工作，尤其是改造罪犯工作的理论与实践体系。

广义的文化改造包含罪犯在执行刑罚过程中物质文化和精神文化改造两个方面。物质文化应包括服刑人员创造的物质产品，包含服刑人员的生产工具、劳动对象和创造物质产品的技术技能三个方面。精神文化改造是指服刑人员从事改造活动过程中对其的精神意识的改造。狭义的文化改造仅指精神文化改造，具体而言指监狱在服刑人员执行刑罚的过程中，提高罪犯文化科技知识，培养劳动观念、劳动技能和社会适应能力等各项文化改造能力的总和。[2]

文化改造具有从属性、政治性和包容交叉性等特征。文化改造的从属性是指一方面文化改造为实现政治改造服务，是实现政治改造的重要手段和方法，另一方面文化改造从根本来讲强调是对罪犯意识形态的改造，而政治改造中的意识形态决定文化改造的内容和方向，文化改造反映政治改造。文化改造的政治性体现在文化改造中的各项观念、技能和能力都具有政治属性，反映统治阶级对罪犯实施刑罚的理念。文化改造的包容交叉性主要体现在文化改造与教育改造和劳动改造具有包容交叉的关系。狭义的文化改造等于教育改造，广义的文化改造包含教育改造，在文化改造中培养劳动观念、劳动

---

〔1〕 许晓刚："全面构建'五大改造'新格局"，载《法制日报》2018年6月30日。

〔2〕 陈光明："文化改造：改造罪犯的第五大基本手段"，载《安徽警官职业学院学报》2008年第6期。

技能是劳动改造的组成部分。

文化改造按内容可分为政治文化、法治文化、传统文化、民俗节日文化和职业技能等多个方面，按类型分包括了思想道德文化和行为技能文化。

文化改造具有教化的功能。文化改造具有普遍约束力的作用，规范引导罪犯的行为。如果罪犯的行为明显背离其生活的文化环境，其在监狱的生存就会陷入困境。文化改造的实现需要向罪犯传授我国传统文化的精华，正如习近平总书记所说："中国文化现代化要坚持古为今用、以古鉴今，坚持有鉴别的对待、有扬弃的继承……实现传统文化的创造性转化和发展，使传统文化与现实文化相融相通，共同服务以文化人的时代任务。"[1]

尽管我国监狱系统早已经有文化改造的实践，但五大改造中的文化改造被赋予了新的内涵——主要体现在习近平新时代中国特色社会主义思想在监狱文化中的全面体现。事实上，文化改造的提出也是文化自信在监狱工作中的生动体现。文化自信来源于中国民族五千多年文明历史所孕育的中华优秀传统文化，根植于中国特色社会主义伟大实践。[2]因此，监狱工作的文化改造要以中华优秀传统文化、党的革命文化、社会先进文化和中国特色社会主义实践为内容，加强罪犯对这些文化改造新内涵的学习。

2. 三大改造的新内涵与新发展

传统三大改造是新中国罪犯改造理论与实践经验的结晶，五大改造不仅是对三大改造的继承，也对改造的方式方法形成新的发展和赋予新的内涵。

监管改造指我国监狱矫正机关依法对被判处剥夺自由刑罪犯实施监管和矫正的刑事司法活动。监管改造不仅是刑罚的基础，亦是刑罚报应和改造的体现：一方面通过剥夺罪犯的自由给罪犯带来痛苦，另一方面监管是对罪犯进行改造的基本方式之一。监管改造应当从建立完善安全监管常态长效机制、推进罪犯分类分级管理和健全执法标准化体系三个方面进行完善和强化[3]，强化监管改造的功能作用。

教育改造指监狱系统对罪犯实施的以思想转变、消除犯罪意识、矫正犯

---

〔1〕　李维武："传统文化的创造性转化与创新性发展——对习近平文化观的思考"，载《武汉大学学报（哲学社会科学版）》2018 年第 3 期。

〔2〕　中共中央宣传部：《习近平新时代中国特色社会主义思想三十讲》，学习出版社 2018 年版，第 195 页。

〔3〕　王立军："统筹推进山东监狱五大改造新格局"，载《中国司法》2018 年第 8 期。

罪恶习、培养知识和技能能为核心宗旨，结合思想、文化、科技发展而进行的有目的、有计划的系统性矫正活动。[1]从传统角度来讲，我国的教育改造是大教育观，思想教育、文化教育和职业教育等内容都属于教育改造之中，此次"五大改造"将政治改造和文化改造剥离出教育改造，形成了一个有机整体。教育改造同样具备从属性、政治性、交叉性的特征。教育改造的内容为政治改造服务，以政治改造为导向。教育改造强调政治性，主要是针对精神文化改造，强调对罪犯罪错行为的思想矫正等方式方法进行矫正。教育改造的交叉性体现在其教学内容包含文化改造和政治改造的内容。教育改造的内容包含思想、文化、技术等方面。[2]教育改造的方式方法多种多样，如何创新教育改造的方式、提升教育改造的效果，始终是监狱工作所需要认真对待的议题。

劳动改造指被依法判处有期徒刑、无期徒刑、死刑缓期二年执行的罪犯，在刑罚执行场所，主要是监狱内，依据监狱法及其他有关法规，在监狱等刑罚执行机关的组织安排下从事的劳动活动。[3]马克思主义罪犯改造观始终坚持认为，生产劳动是罪犯悔过自新的手段，离开生产劳动这一人们认知的基本源泉，犯罪意识的消除、守法意识的树立、良好行为习惯的形成都是不可能的。[4]在新的历史条件下，劳动改造的内涵也获得了新的发展。我国监狱法规定了罪犯的劳动义务，强调劳动在罪犯改造中的重要作用。监狱法也规定了罪犯享有报酬和保险的权利。在新时代，应当继续坚持劳动改造在罪犯改造中的积极作用，同时也应当避免劳动改造脱离罪犯改造这一中心目的。具体而言，可以从构建和完善服刑人员劳动能力分级分类制度、劳动现场监督管理制度、劳动技能培训制度、劳动考核制度、劳动奖惩制度和劳动保护制度等方面发展和完善劳动改造[5]，更好地发挥劳动改造在罪犯改造中的法定功能。

〔1〕 姚建龙等：《矫正学导论：监狱学的发展与矫正制度的重构》，北京大学出版社 2016 年版，第 180 页。

〔2〕 吴宗宪：《中国现代化文明监狱研究》，警官教育出版社 1996 年版，第 403 页。

〔3〕 姚建龙等：《矫正学导论：监狱学的发展与矫正制度的重构》，北京大学出版社 2016 年版，第 191 页。

〔4〕 邵名正主编：《中国劳改法学理论研究综述》，中国政法大学出版社 1992 年版，第 7 页。

〔5〕 黄勇峰等："新体制下罪犯劳动改造制度问题研究——基于完善监狱法规的维度"，载《中国司法》2011 年第 6 期。

四、结　语

统筹推进以政治改造为统领的"五大改造"是监狱系统贯彻习近平新时代中国特色社会主义思想，尤其是政法思想的体现和必然结果，也是我国监狱工作进入新时代的重要标志和体现。政治改造的统领性是监狱工作"五大改造"的本质特征，也是衡量"五大改造"建设状况的标尺。文化改造的正式提出是文化自信在监狱工作中的体现，如何丰富其内涵与实践，也成为新时期监狱工作的重要使命。作为对罪犯改造三大传统基本手段的吸收，五大改造中的监管改造、教育改造、劳动改造亦有着丰富的新内涵。

根据监狱法的规定，作为刑罚执行机关的监狱，其法定主责、主业是罪犯改造。监狱工作"五大改造"的提出有其时代背景，有其深刻的历史必然性，"五大改造"不仅是监狱工作主责、主业的体现，更是新时代监狱工作推进的必然要求。在监狱工作"五大改造"中，政治改造的上位统领地位与监管改造、教育改造、文化改造和劳动改造的统筹推进层次分明，具有明显的阶层模式的特点，文化改造、教育改造、监管改造和劳动改造也相互交叉、相互影响。践行改造宗旨，政治改造的明确提出及其统领性地位是题中应有之义。政治改造不是鼓励的，其统领性也非空洞的，而是应渗透于文化改造、教育改造、监管改造和劳动改造之中。

论狱务公开的深化与完善*

一般认为，狱务公开是指监狱在刑罚执行过程中，将监狱执法的主要内容、程序和结果，通过一定的形式向罪犯及其亲友和社会公布并接受监督的活动。[1]随着狱务公开的深化发展，狱务公开的内容、对象等均有逐步扩大的发展倾向。

狱务公开既是政务公开的组成部分，也是司法公开的重要组成部分。尽管监狱工作有其特殊性，但现代监狱制度已经走出了神秘主义的阶段，而同样强调公开与透明。某种程度上可以说，狱务公开的发展状况是衡量一个国家监狱法治化、文明程度的重要标尺。

一、狱务公开的提出与发展

在我国，狱务公开并非新的话题，而是已有十余年的实践基础，甚至在形式上早已经在监狱系统"全面推行"。

狱务公开的正式提出与实践大体始于 20 世纪 90 年代末。早在 1999 年，司法部即下发了《监狱系统在执行刑罚过程中实行"两公开一监督"的规定（试行）》的通知，要求监狱系统在严格遵守各项法律法规、规章制度的同时，公开执法依据、程序，公开结果；主动接受有关部门及社会各界的广泛监督。在两年多实践探索经验的基础上，司法部进一步于 2001 年提出了《关于在监狱系统推行狱务公开的实施意见》。这一意见对狱务公开的指导思想和

＊ 本章主要以参与南汇监狱狱务公开改革的思考为基础撰写，与刘昊合作，发表于《河南司法警官职业学院学报》2015 年第 4 期。

〔1〕 刘武俊："监狱问题的法理透视——以狱务公开为解析背景"，载《东南学术》2002 年第 4 期。

原则、公开的主要内容和公开方式、监督途径和组织领导做了明确而具体的规定与要求。

2014 年 4 月，司法部根据党的十八届三中、四中全会和习近平总书记系列重要讲话精神，再次"重启"狱务公开改革，并印发了《关于在部分省（市）开展深化狱务公开试点工作的通知》。这一通知选定了山西省等 9 个省（市）的 11 所监狱开展深化狱务公开试点工作，并对深化狱务公开的内容、方式方法、制度提出了进一步明确的要求。新一轮的狱务公开试点强调要通过积极推进狱务公开工作，以公开促公正、保廉洁，确保司法公正，进一步提高监狱部门执法公信力。

2014 年 10 月，十八届四中全会研究并通过了《中共中央关于全面推进依法治国若干重大问题的决定》，这一决定强调要保证公正司法，提高司法公信力，保障人民群众参与司法，并提出"构建开放、动态、透明、便民的阳光司法机制，推进审判公开、检务公开、警务公开、狱务公开，依法及时公开执法司法依据、程序、流程、结果和生效法律文书，杜绝暗箱操作。"这一决定将狱务公开与审判公开、检务公开、警务公开并列为阳光司法机制的重要组成部分，也对狱务公开提出了新的、更高的要求。

在总结试点工作经验的基础上，司法部于 2015 年 4 月 1 日公布了《关于进一步深化狱务公开的意见》（以下简称《意见》）。这一意见明确了进一步深化狱务公开的指导思想，指出要按照公开为常态，不公开为例外原则，增强主动公开、主动接受监督意识。并通过完善具体工作制度（包括落实罪犯权利义务告知制度、强化公示制度、健全完善执法监督员制度、建立完善门户网站和执法办案平台工作制度）促使狱务公开固定化、规范化、常态化，避免"走过场""一阵风"现象，强化公开原则的可操作性，以达到"应公开尽公开"目的。

需要肯定的是，狱务公开 1999 年推行以来，已经过多年的发展，实践中探索了不少经验，狱务公开的内容在不断深化，途径与方法在不断地拓宽与创新，经验与做法也在逐步地制度化、规范化。不过狱务公开的已有实践与制度还不能完全适应全面推进依法治国的需要，而 2014 年以来的新一轮狱务公开改革既是对多年来狱务公开实践工作的深化，也在某种程度上是对传统狱务公开工作并不能有效解决监狱工作中所暴露出的一些严重问题甚至是恶性事件的回应。

二、狱务公开的观念与法理

已经"全面推行"的狱务公开工作为何不能有效遏制监狱恶性事件的发生是一个值得反思的问题，而对狱务公开认识的不到位可能是一个主要的原因。制度进步的前提是观念的更新，监狱系统对狱务公开的认识能否深化在某种程度上决定了本轮狱务公开工作的成败。针对实践中对狱务公开的典型误区，建议从以下几个方面进一步深化对狱务公开工作的认识：

1. 狱务公开首先要克服监狱是保密机构的滞后观念

在过去，我国的监狱及管理部门始终存在着一种神秘主义观念，认为监狱是保密单位，狱务信息不应也不需要向社会公开。直到今天，地图、导航上仍不会标注监狱的具体地址信息。然而，在大力推行依法治国的进程中，这样的监狱保密主义观念显然已经与时代不相符合。在深入推行狱务公开的过程中，首先就应破除监狱是保密单位的传统滞后观念。

没有公开监督的地方，权力滥用、擅断、暗箱操作、权钱交易就容易滋生蔓延，所谓阳光是最好的防腐剂，防止司法腐败的阳光就是接受监督，而只有公开才谈得上监督。高墙电网、岗哨围栏是人们对监狱的第一印象，监狱作为国家的刑罚执行机关，是执行监禁刑的主要场所，因其性质和所担负的职能所决定，监狱必然是一个相对封闭而隔离的场所。诚然，从安全防范的要求与物理的技术性角度来看，这是必要的，但物理意义上的封闭与隔绝，绝不应成为阻碍阳光司法的理由。在这样一个不为人所熟知，与社会有着天然"隔阂"的高墙之内，更需要狱务公开的"阳光"。

基于监狱环境的特殊性，狱务公开相对于其他形式的司法公开在必要性上有着更加迫切的需求。正如国际刑罚改革协会在针对联合国《囚犯待遇最低限度标准规则》所编著的解释性和辅助性工具手册——《让标准发挥作用——监狱实务国际手册》中所指出的："公开成为保护被监禁人员人权的基本原则，即监狱和其他拘留场所应对外公开并接受独立的监督，并且被拘禁人员应有接触外界的机会。"[1]

然而，在少数监狱工作人员观念中还固守旧有的思维方式，不习惯狱务

---

[1] 国际刑罚改革协会编著：《让标准发挥作用——监狱实务国际手册》，法律出版社 2009 年版，第 7 页。

公开对监狱工作的新要求。认为狱务公开实施起来麻烦，增加监狱管理的成本，降低监狱管理的效率，带来不可预知的风险，因而常常以所谓监狱工作的特殊性，尤其是所谓监狱管理具有保密性的要求来抵制狱务公开的实质推行，也因此导致很多监狱的狱务公开徒有其形。深化狱务公开改革，必须进一步克服监狱是保密机构的传统滞后观念，充分认识到狱务公开与审判公开、检务公开、警务公开一样是建设阳光司法机制的不可或缺的重要组成部分。

2. 狱务公开是程序参与原则的要求和体现，也是监狱司法属性的要求

在现代刑事司法制度中，程序参与原则被视为应当贯穿于刑事诉讼始终的基本原则，具有特殊重要的作用。[1]程序参与原则包含了深刻的价值蕴含，这一原则要求在事关当事人权益的事项上，应当充分保证当事人的参与权。在我国刑事司法制度的改革过程中（尤其是两次《刑事诉讼法》的修改），程序参与原则日益被强调和体现：从立案、侦查、起诉、审判等刑事诉讼程序的各个环节，都竭力贯穿渗透着程序参与的精神与要求。但是，一个令人费解的现象是，在审判程序完成以后，一旦被告人被判决有罪确定了罪犯的身份，尤其是被判处监禁刑进入监狱服刑，程序参与原则的体现则似乎戛然而止。罪犯在"监狱化"的过程中，更多的是要求其对监狱管理规定的遵守及对管教民警的服从，罪犯的参与虽然也会被提及，但并没有受到应有的重视。

在传统观念与监狱管理中，监狱被过度强调其作为监管改造机构的属性，而监狱行刑活动的"司法属性"并没有受到应有的重视。必须注意的是，监狱行刑活动也是司法活动，也应当遵守司法规律与司法原则，包括程序参与原则。考虑到监狱的行刑环境及罪犯所处法律地位的特殊性等原因，罪犯参与权的行使受到一定的限制是无可厚非的，但基于监狱行刑的司法属性要求，保障罪犯对于事关其权益事项的知情与参与权，对于防止监狱腐败、提高监狱公信力，均有着特殊的意义。

狱务公开是程序参与的前提，只有将事关罪犯重大权益的事项和监狱执法工作情况及时全面地公开给罪犯及其近亲属等相关利益相关者，才可能让他们真正参与到监狱执法活动中来，才可能发挥出罪犯等相关利益相关者对于监狱工作的特殊监督功能。在传统的狱务公开工作中，不同程度上忽视了

---

〔1〕　宋英辉：《刑事诉讼原理导读》，法律出版社 2003 年版，第 115 页。

从监狱行刑的司法属性角度认识罪犯等利益相关者对于狱务的知情权与参与权。狱务公开的深化，既是程序参与原则的要求，也有助于监狱"司法属性"的回归。

3. 狱务公开有助于建立良好的信任关系，塑造监狱公信力

监狱担负着惩罚与改造罪犯、正确执行刑罚的职能。由于该职能所决定，在监狱内部环境中，监狱人民警察与服刑人员之间更多地表现出一种管理与被管理的关系。在这种背景下的警囚关系很容易呈现出紧张冲突的态势，而这一方面会影响服刑人员自身的改造，另一方面也会给监管安全带来潜在的风险。

通过落实罪犯权利义务告知制度，使罪犯在入监时就清楚地知道其所享有的正当权利和应履行的义务，可以使罪犯较为顺利地适应监狱的环境，尊重监狱的管理制度，同时也为其自身权益的保障提供了依据。通过公示制度，严格依法及时将关乎罪犯重大权益的计分考评、分级处遇、行政奖惩、立功表现、提请减刑、假释和办理暂予监外执行等信息进行公示，可以让罪犯亲身感受到监狱执法的公正与透明，消除误解和偏见。通过狱务公开建立起有效的异议反馈机制及权利救济机制，可以使服刑人员的诉求与意见得以充分表达，让服刑人员感受到自己参与到了事关自身权益的事项中而不仅仅是被动接受，这也有利于矛盾的及时化解。实践证明，狱务公开有助于促进监狱执法的公正，及时消除沟通不畅而导致的罪犯对监狱机关及干警的不信任甚至敌视心理，有助于和谐警囚关系的建立，进而有助于监狱公信力的塑造。

监狱与外界的关系问题过去一直不被重视，只是近些年来才有所好转。一般而言，监狱与外界的关系大致包括监狱与罪犯亲属、媒体及社会公众的关系。罪犯亲属是最关心狱内服刑人员生活与改造情况和监狱执法情况的群体。近些年来很多地方省市均曝出了罪犯亲属"滋事""闹访"等情况，这都或多或少反映出了监狱在处理与罪犯亲属关系上的尴尬。罪犯亲属对于服刑人员在监狱内的生活健康状况、改造表现情况以及监狱民警的执法情况有着比较强烈的了解诉求。透明、常态化的公开制度，是监狱与罪犯亲友建立良好关系的前提与基础。

监狱起到了社会减压阀的作用，社会上存在的各种问题也无时无刻不在影响着监狱，监狱是一个小社会，是外界社会的一个缩影。随着互联网与新媒体对整个社会进行的深刻变革，监狱也不得不融入社会的大脉动之中。在

这个信息化的时代下，监狱的高墙已经挡不住外界对监狱的了解，而神秘主义形象反而会给监狱形象带来更加不利的影响。一旦监狱发生某一事件，由于公众、媒体对监狱的陌生，加之一直以来监狱有意无意所保持的神秘形象，首先会使得公众和媒体对监狱事件呈现出令人惊讶的高关注度；其次，由于狱方的信息发布常常不及时、不完整，监狱舆情应对工作落后，常易使得事件在媒体、网络上被过度放大；最后，若加上一些恶性的炒作并随着互联网快速与广泛地传播，往往造成监狱方面在事件处置中的角色十分被动。

因此，监狱在平时的工作中就应当通过狱务公开，主动掀开自己神秘的面纱，增进与外界的沟通。《意见》对此也特别强调"对社会公众公开，可以通过门户网站、政务微博、微信公众平台等新兴媒体，增强狱务公开的影响力和舆论引导力"，使外界能够便捷、全面地了解到他们所关心的狱务信息，有助于消除社会对监狱工作的偏见和误解，赢得理解与支持。监狱应主动与外界建立良好的关系，使社会公众能够便捷、及时、充分了解监狱工作的情况，这可以在很大程度上避免因沟通不畅，信息不对称而带来的不必要矛盾与误解，改善监狱的社会形象和提高社会公信力。

4. 狱务公开是监狱工作自信的体现也是法治教育的生动形式

相对于审判公开、检务公开和警务公开，狱务公开无论在形式、内容和对象上，均还存在一定的差距。一个关键的原因是，监狱系统缺乏公开的自信。实际上，这种不自信在很大程度上是由于传统监狱管理模式的惯性影响。新时期的监狱工作早已不是高压震慑与威严恐吓，现代监狱制度也已经走出了神秘主义阶段而同样强调公开与透明。无可否认，在监狱环境中需要营造一定的威严，需要对罪犯进行严格管理，这既有利于监狱对罪犯有效地开展教育改造活动，也利于罪犯自身的行为养成。但在今天，无论是社会对监狱工作所提出的要求，还是监狱自身工作所已经达到的科学与规范化水平，这种威严早已不是"法不可知"的威严与恐惧，而是科学有效的安全防范措施和文明规范的执法活动所带来的威严。这种威严是自信的、可控的威严，而不是莫不可测、不稳定的威严。

随着现代化文明监狱建设的推进以及近些年监狱体制改革的基本完成，我国的监狱工作已逐步迈向科学化、规范化、文明化。仍固守旧有的神秘主义威严观念，不是惰性使然就是不够自信，而不自信多半是因为自身工作做得还不够规范到位。如果监狱的各项工作都依规范做到位，自然就不担心公开，也能坦然接受监督。在全面推进依法治国建设社会主义法治国家的背景下，监狱系统应当有充分的自信深入推进狱务公开工作。

十八届四中全会提出了"谁执法，谁普法"原则，狱务公开也是法治教育的生动方式。一方面在对服刑人员公开狱务信息时，可以让服刑人员了解相关的政策法规，加强其法律意识。另一方面在对社会公开时，也是对社会公众进行普法的有益方式，例如监狱的开放日活动，对于入监参观的人员也同时是一次生动的警示教育。

三、《意见》对狱务公开的深化

尽管狱务公开自 1999 年以来就开始在监狱系统推行，但是监狱系统仍然存在着诸多问题。例如，近些年来"保而不医""提前出狱""变相越狱"等事件频频见诸报端，监狱乱象屡禁不绝，甚至社会上流传着"花钱请律师辩护，不如留着将来花到监狱里去"的说法。

以前的狱务公开实践何以失灵？这是一个值得深入探讨的话题。除了观念的滞后外，狱务公开在实践中的运作的确还存在不少值得改进的地方，概括而言主要体现在以下三方面：

（1）狱务公开的内容不全面且未予细致分类。从以前各省市曾经推行的狱务公开举措来看，具有在内容上不全面且不具体区分公开对象的特点。很多监狱部门在推行狱务公开时并没有完全兼顾不同主体对狱务公开内容的不同需求。同时，以前的狱务公开多是针对狱内服刑人员的公开，而针对罪犯亲属的公开较少、对媒体以及社会公众的公开则更少。这种不分对象的公开以及忽视一些重要群体对狱务信息需求的公开，很可能出现这样的情况，即某些群体的需求无法得到满足，而同时另一部分群体则对公开内容又没有很高的关注，导致通常所说的"公开的群众不关注，群众关注的不公开"。这样的公开很难做到有效的公开，甚至可以说是一种走样的公开。

（2）狱务公开的方式传统而缺乏针对性。以前的狱务公开在公开方式上大多仍囿于传统方式，如发放《狱务公开手册》、公布咨询举报电话或信箱、聘请执法监督员等，这些公开方式所面对的对象群体相对较为单一、覆盖面不广，在信息时代的背景下，其便捷性、灵活性等也较差。由于各地要求的不统一和地方做法的差异，很多有效的公开途径并未建立起来，或者仍只是针对小部分群体。比如，很多监狱都已做到在狱内公共位置设置狱务公开专栏、通过电子显示屏、狱内广播等方式向服刑人员及时公开其计分考评、行政奖惩、刑罚变更等重要信息。而对罪犯亲属的公开方式则相对较少，大多是通过向罪犯亲属发放《狱务公开手册》的办法，并且手册的印发也很难保证全覆盖，一般只是发放到来监探视的亲属。对社会公众的公开方式则相对更少，很多监狱只是通过设立"监狱开放日"的方式让普通社会公众了解监狱，可这一方式并未考虑到日常公开的需要。在门户网站的建设方面仍旧十分落后，具体表现在网站上所挂出的公开信息十分有限，不能做到及时更新，没有咨询与个性化信息查询功能等。

（3）对狱务公开缺乏有效的监督与考评机制。以前去的狱务公开工作中，监督环节非常薄弱甚至形同虚设。导致了"公开与不公开一个样，公开多少一个样"。这一方面是因为狱务公开制度在各地的具体落实中缺乏统一的标准，另一方面则是因为欠缺对不公开的监督与考评机制。

值得肯定的是，司法部于2015年颁布的《意见》针对传统狱务公开工作作了进一步的深化要求。具体体现在三个方面：

（1）在公开的内容上强调要兼顾不同对象的不同需求。《意见》提出应当根据社会公众、罪犯近亲属和罪犯等公开对象的不同需求，继续深化狱务公开的内容，并采取了分类公开、逐步扩大公开内容的方法。即对社会公众，主要公开监狱执法、管理过程中的条件和程序，以及罪犯减刑、假释、暂予监外执行结果等23项社会关注度较高的、监狱执法领域的重点、热点内容。对罪犯近亲属，除向社会公众公开的内容外，还应依法公开监狱对罪犯实行分级处遇、考评、奖惩等10项具体涉及罪犯权利义务的个人服刑信息。对罪犯，除向社会公众和罪犯近亲属公开的内容外，还应以监区或分监区为单位，向罪犯依法公开监狱执行刑罚和管理过程中的法律依据、程序、结果，以及对结果不服或者有异议的处理方式等执法、管理信息。

（2）在公开的方式方法上强调要"与时俱进"，并充分考虑不同对象的特点。《意见》明确提出要在继续坚持和完善传统公开方式的同时，积极运用现代信息技术手段，创新方式方法，拓宽公开渠道，同时要求针对不同对象而采用不同的、有效的公开方式。例如针对罪犯的公开，可以通过狱务公开专栏、监狱报刊、狱内广播、闭路电视、电子显示屏、罪犯教育网等方式，在罪犯学习、生活、劳动区域及时公布狱务公开的相关信息；还可以通过在狱内设置狱务公开信息查询终端,实现罪犯自主实时查询。对罪犯近亲属公开,可以通过在会见场所设置电子显示屏、狱务公开信息查询终端,也可以通过设立狱务公开服务热线,以及通过运用手机短信、微信等现代信息手段。对社会公众公开,可以通过门户网站、政务微博、微信公众平台等新兴媒体,还可以通过召开执法情况通报会等方式,主动向社会人士、执法监督员介绍监狱执法管理及保障罪犯合法权益的情况,听取意见和建议。这种考虑到不同公开对象可获取信息方式的做法,使得狱务公开的落实更具可操作性,也体现了监狱及管理部门的诚意与担当。

(3)将狱务公开作为更加明确的制度性要求。《意见》将散见于各类法律法规与规范性文件中对于狱务公开的要求进行了梳理,将狱务公开进行了制度化的要求,确立了"公开为常态,不公开为例外原则"。同时要求各地监狱管理局、监狱明确狱务公开工作的工作程序和相关部门职责,建立健全狱务公开工作的考评机制,定期组织专项督导检查,把狱务公开工作实际效果作为评价工作绩效的重要标准。

四、深化狱务公开的几点建议

针对我国目前狱务公开实践所存在的问题,笔者建议应注意从以下几个方面作进一步的完善:

(1)进一步明确狱务公开的责任。当前狱务信息主要是由监狱及监狱管理机关主动向服刑人员及其亲属、社会公众进行公开。为确保狱务公开工作能够持续健康发展并不断深化,首先有必要将监狱及监狱管理机关明确作为狱务公开的主体,并且明确追责机制,即对于应当公开的信息,监狱或监狱管理机关因为种种原因未公开的,应当追究责任主体的责任,以确保监狱及监狱管理机关能够及时依法向社会公众、罪犯及其近亲属等公开相关狱务信息。

(2)进一步区分狱务公开的对象。《意见》将狱务公开的对象分为社会公众、罪犯近亲属、罪犯,并且根据公开对象的不同需求分类、逐层扩大公开内容,这种区分公开对象的思路是值得肯定的,但还宜作进一步的完善。

狱务公开从其对象来看,大体可分为内部公开和外部公开。所谓内部公开是指对监狱内服刑人员的公开和对监狱上级管理部门的公开。外部公开包括对特定对象的公开，如罪犯亲朋群体以及人大代表、政协委员、执法监督员等监督者；还包括对社区的公开，直至对不特定社会公众的公开。概括来说，狱务公开的对象应当包括具体利益的相关者、法定的执法监督者以及任何可能对公开狱务信息感兴趣的普通公众。只有明确区分了狱务公开的对象，才能了解不同对象的不同需求，这样依据需求的信息公开才可能是有效的公开。

（3）进一步完善狱务公开的载体与方式。《意见》指出，狱务公开"应当以便于公众知晓的方式予以公开"，且根据不同公开对象的实际情况采取切实可行的公开方式方法，这一要求非常具有针对性。推行狱务公开应当在公开渠道及方式上注重多元性与便捷性，充分考虑到各个主体的参与习惯进行制度安排。

在内部公开方式上，可加强信息化建设，以科技载体为依托，拓宽公开渠道，例如，上海市南汇监狱所建立起的服刑人员一卡通系统就颇值推广。南汇监狱的服刑人员一卡通系统包括基本信息、点名巡更、医疗卫生、大账消费、狱务公开、人员定位等10个模块，可以确保每一名罪犯既能实时知晓个人考核、奖励、狱内消费等情况，也可随时了解监狱、监区的公示信息。

在外部公开上，监狱网络信息公开平台的建设应当有所加强，相关信息应及时上传互联网，以供监督员、社会媒体等查询。网络平台建设一直是我国大部分监狱建设中有所欠缺的一项工作。监狱系统应当在狱务公开的推进过程中分发挥网络平台和新兴媒体的作用，让信息获取更加便捷，让狱务公开适应网络时代的要求。

除此之外，还应当注重狱务公开方式的灵活性与及时性。监狱系统应当建立起完备的新闻发言人、记者招待会、新闻发布会等制度，在面对监狱突发事件、重大舆情应对上，应当有充分的准备，以便能够及时对相关信息予以主动公开，让社会公众能够了解事件情况，避免因拖延、信息闭塞而带来的不必要误解与矛盾。

（4）进一步扩大公开的内容与程度。在确定狱务信息公开内容及程度时，首先应当明确哪些信息可以公开、应当公开，哪些信息不能公开。监狱的执法管理活动、罪犯的生活状况、劳动状况等信息能公开的应当尽量公开，但涉及服刑人员隐私的内容依法不得公开，应当充分尊重并保障罪犯应享有的权利。

在逐步扩大公开内容的基础上，可以引入对话、参与机制，即在事前尽量搜集、了解不同群体的不同需求，使不同诉求得以表达，在各方的沟通、参与下，最终共同确定公开的范围内容。当然这一过程要保证各方主体的平等性，保证所有参与主体的话语权，充分尊重其意见，这样才有利于了解和把握公开的需求。经过沟通之后的公开是更有针对性的公开，也是更有效、有意义的公开，是应需求而提供信息的公开，也能达到最好的公开效果。

十八大和十八届三中、四中全会均对完善司法公开、推进狱务公开提出了明确要求，狱务公开的意义已并不局限于监狱系统内部，而是被列入深化国家司法体制改革的重要任务。对于监狱系统而言，这既是改革发展难得的契机，也是重大的挑战。监狱系统应当充分认识到此项工作的特殊重要性，积极探索和深入推进狱务公开。

涉毒罪犯的心理特征及其心理矫治 *

毒品早已经成为世界公认的三大公害之一，它对于吸毒者的生理、心理和正常的社会生活产生极大的危害，不仅严重摧残吸毒者的身心健康，而且严重危害社会健康。根据我国 2005 年发布的《中国的禁毒》白皮书中记载：我国登记在册的吸毒人员已达 105.3 万名，全年共强制戒毒 22 万多人次、劳教戒毒 6 万多人。2003 全年共破获毒品犯罪案件 9.39 万件，抓获毒品犯罪嫌疑人 6.37 万名，缴获海洛因 9535.8 千克、鸦片 905.4 千克、冰毒 5827.5 千克、摇头丸 40.9 万粒，缴获易制毒化学品 72.8 吨。[1]从上述数据不难看出，我国的禁毒斗争形势非常严峻。毒品犯罪案件近年来急剧上升，涉毒罪犯在监比例不断上升，令人十分担忧。根据我国台湾地区对各监狱实际收容情形的统计资料显示，在全台湾地区各监狱约 30 000 名受刑人中，毒品犯约占 60%，已成为犯罪人口之主流。[2]如何减少吸毒者，减少毒品犯罪已成为社会关注的热点，同时涉毒罪犯的增加也给监狱涉毒犯的管理和矫正工作带来了严峻的挑战，针对涉毒罪犯寻求何种合适的处遇对策尤其是寻求合适的心理矫治已经成为各国面临的共同难题。

一、我国罪犯心理矫治的现状

我国的罪犯改造工作，取得了很大的成就，已经形成了包括狱政管理、

---

* 本章为在华东政法大学工作期间与宝山监狱合作完成课题成果，文章署名为姚建龙、倪献文、成苏南、赵平、周颖，载《犯罪研究》2005 年第 5 期。

〔1〕 引自国务院发布的《2003 年中国禁毒报告》。

〔2〕 林茂荣、杨士隆：《监狱学——犯罪矫正原理与实务》，五南图书出版股份有限公司 1993 年版。

教育改造、劳动改造三大传统改造方式为主的工作体系。随着中国的心理学科的发展以及中西文化交流的加强，源于西方国家的心理矫治技术受到了广泛的关注。司法部颁布了《监狱教育改造工作规定》，明确阐述监狱应当开展对罪犯的心理矫治工作。[1]开展心理矫治已成为我国罪犯改造工作深化改革中一项重要举措，成为监狱迈向现代化、文明化、科学化的重要标志之一。

心理矫正制度最早来源于西方国家，19世纪末20世纪初西方国家受到犯罪浪潮的严重困扰，重新犯罪率居高不下，在矫正人格理论的影响下，一些人尝试用新兴起的心理学的方法矫治犯罪人。许多心理学家、精神病学家在这方面进行了大量的探索。

20世纪80年代以来，中国的监管改造工作在政策和方法上作了重大调整，逐步推行了累进处遇、分押分管分教、百分考核等一系列新措施。1994年《中华人民共和国监狱法》颁布实施，其中蕴含着对罪犯心理矫治工作的内在要求。2003年8月1日正式实施的《监狱教育改造工作规定》对此作出了明确规定。当前，罪犯心理矫治作为我国监狱深化矫治工作、提高罪犯矫正质量的主要内容之一，得到了迅速发展。中国已有六成以上的监狱开展了心理咨询工作，在北京、上海、浙江等地的一些监狱还专门设立了心理宣泄室、情感疏导室。上海市已逐步推行心理矫治工作、民警持证上岗制度和对新收罪犯的心理测量制度，这对于罪犯理矫治工作的规范化、专业化具有重要意义。

西方刑法的近代学派认为人格缺陷是犯罪的根源。对人的刑罚如同对病人的治疗，必须消除其病根，使低下的人格改善为良好的人格。恩里科·菲利（Enrico Ferri）指出"同样的犯罪，从人类学和社会学方面说，由于犯罪的原因不同，对各种人格的罪犯则需要采取不同的治疗方案。"[2]根据研究结果显示涉毒罪犯矫治成功率偏低，累（再犯）率居高不下。涉毒罪犯和其他类型的罪犯相比具有自己的特点，对罪犯进行分类处遇是心理矫治的趋势，涉毒罪犯矫治一直以来就是令理论界和实践部门困惑的难题。

---

[1] 2003年8月1日正式实施的《监狱教育改造工作规定》，其中许多条文都涉及心理矫治的内容，还专门设立了"第七章《心理矫治》"。

[2] [意]恩里科·菲利：《实证派犯罪学》，郭建安译，中国政法大学出版社1987年版，第40页。

二、涉毒犯的调查结果及分析

在 2005 年 2 月份至 4 月份，笔者对宝山监狱所有的在押 415 男性涉毒罪犯进行了一项简单的调查工作，并考虑实际工作情况采用了自制调查表的形式。调查的内容主要包括三个部分：①涉毒罪犯的社会人口学调查。②涉毒犯的监狱心理状况。③涉毒犯的气质类型测量。

根据反馈的调查表，笔者择其重点，得出以下的统计结果：

表 8-1　涉毒罪犯基本情况

性别	民族	年龄	籍贯	婚姻状况	文化程度	入狱前职业
全部为男性（共 415 名）	汉族占绝大多数 98%	25 至 30 周岁为多数，占 89%；25 周岁以下 6%	上海本地籍 34%；其次为江苏浙江省共占 39%；其他为 27%	已婚 37%；未婚 43%；离婚 20%	初中以下占 81%；中专以上占 19%；普遍文化程度偏低	待业和无业人员占 70%；农民个体 16% 其他 14%
吸毒者比例	**毒资来源**	**吸毒龄**	**戒毒经历**	**和家人关系**	**判决刑期**	**犯罪经历**
47%	以贩养吸占 49%；合法毒资 29%；其他非法收入 22%	2 年以上61%；2 年以下短期为 39%	无的占 30%；一次占 58%；多次占 12%	很好的占 58%；一般的 34%；没有感情 5%；没有家人的占 4%	3 年以下占 22%；3 年以上至 10 年占 62%；10 年以上占 16%	初犯占 50%；曾被劳教占 18%；累犯占 32%

1. 从上述表格可以得出以下一些结论

（1）在宝山监狱在押的涉毒罪犯中，很大一部分罪犯同时又是吸毒者，比例高达 47%，由于涉毒罪犯中吸毒罪犯和不吸毒罪犯的心理特征有很大的不同，因此有必要在矫正方案的制定时予以细分。

（2）涉毒罪犯的婚姻状况较不稳定，这一情况对于心理矫治过程中要注意予以疏导。但在和父母等亲人的关系上，感觉与亲属关系一般、很好的涉毒犯占到 92%，这和我们通常认为涉毒罪犯亲情淡漠，冷酷绝情的认知存在差别。根据监狱的记录，涉毒罪犯与家属接见较为准时，也印证了这一调查结果。

（3）据统计，涉毒罪犯本地籍贯和附近周边省份籍贯者居多，加之普遍与亲人关系较好的特点，可以在心理矫治的过程中，考虑如何充分利用家属的辅助作用进行矫治。

（4）涉毒罪犯的文化程度普遍偏低，家庭经济状况也都比较差，入狱前的就业率很低，毒资的来源绝大部分是非法途径，为筹集毒资而贩毒或进行其他犯罪活动在其中占有一定的比例。这说明在涉毒犯矫治过程中，戒除生理、心理上的毒瘾对于预防涉毒犯再犯具有非常重要的意义，同时针对涉毒罪犯的矫正中要特别注意其职业技能的培训，这有助于重犯率的降低。

（5）在涉毒犯中，要进一步进行分类处遇。探讨细化的分类，对于制定适合的矫治方案具有重要意义。可以做如下分类：①按初犯、累犯进行分类；②按性别进行分类；③将涉毒罪犯按吸毒、不吸毒进行分类；④由于入监狱后，罪犯的心理会有一个变化的过程，还可以按入狱时间进行分类；⑤按罪犯年龄进行分类；⑥按刑期进行分类，分为短期、中期和长期；⑦按吸毒者毒龄进行分类，从调查来看毒龄2年以上的为大多数，由于吸毒者的吸毒阶段不同，生理心理毒瘾也有很大的不同，所以在矫治时也要进行区分。

表8-2　气质类型统计结果

胆汁质	多血质	粘液质	抑郁质
14人	48人	34人	13人
胆汁质—多血质	多血质—粘液质	粘液质—抑郁质	胆汁质—抑郁质
6人	73人	9人	3人
胆汁质—多血质—粘液质	多血质—粘液质—抑郁质	胆汁质—粘液质	胆汁质—粘液质—抑郁质
45人	28人	34人	21人
胆汁质—多血质—粘液质—抑郁质	多血质—抑郁质	胆汁质—多血质—抑郁质	
46人	19人	22人	

2. 从气质类型的统计来看

单纯的气质类型，胆汁质14人（3%），多血质48人（12%），粘液质者34人（8%），抑郁质13人（3%）。混合型者306人（74%）。

3. 另外通过其他的一些资料和记录可以得出以下结论

涉毒罪犯总体上情绪与控制力较差；对管教的敌对心理和其他类型的罪犯相比明显强烈；对待正常劳动态度比较消极，由于身体状况较差，不能完成正常指标的比率比其他罪犯要高。

三、涉毒罪犯心理行为特征分析

涉毒罪犯和其他类型罪犯相比具有自己独特的心理行为特征，只有在分析了其心理特征的基础上，才可以有针对性地选择运用合适的矫治技术，提出适当的矫治方案。下面将结合此次涉毒罪犯调查的结果和其他一些专家的成果分析如下：

（1）行为生活方面：生活技能差；文化程度低；好吃懒做；好逸恶劳；生活懒散；缺乏意志力。

（2）个性方面：道德观念低落；欠缺廉耻心；善于掩饰并且容易撒谎；阴险狡猾；疑心重；善用心计。不在乎他人之感受、以自我为中心。情绪不稳定、认为世界是沉闷的、例行性的、缺乏刺激。

（3）身体状况方面：由于吸食毒品原因，身体健康及性能力普遍较差，据调查涉毒罪犯中有传染病的比例要较其他类型罪犯高。

（4）监狱改造态度方面：敌对情绪较重，对与劳动改造的态度也较其他罪犯差，欺善怕恶。

此外，根据个别化处遇原则、分类处遇原则，要求在犯人调查基础上，针对各类犯人的不同情况分别关押并给予不同待遇。前面我们提到很多种对涉毒罪犯进行细分的方法，下面就几种进行详细分析：

1. 将涉毒罪犯分吸毒和不吸毒是最基本的一种分类方法

由于根据宝山监狱的统计结果显示，涉毒罪犯同时吸毒的占到其中人数的47%，"一日为毒品犯，终身为毒品犯"（Once a dope fiend，always a dope fiend）[1]可见毒品矫治的困难。在矫治过程中，从涉毒罪犯的犯罪动机及犯罪原因来看，如何戒治毒瘾无疑是矫治的主要任务之一。本章主要针对吸毒的涉毒罪犯心理矫治进行探讨。戒毒的成功率低的原因很多，其中包括毒品本身的易成瘾性，吸毒者的个人素质，吸毒者的人格特征、生活环境及生

---

[1] 狱政专家约翰欧文（John Irwin，1970年）总结涉毒罪犯特征时提到。

活中的严重问题等。矫治吸毒者不仅仅包括戒除生理毒瘾也包括心理毒瘾，生理依赖可以在短时间内得以解决，但吸毒者对于毒品的心理依赖很长时间都会存在。有学者认为心瘾实际上是某种心理变态，而且是一种慢性变态，是吸食者难以摆脱毒品的最主要原因之一。因此对吸毒者心理治疗就更显得举足轻重了。

2. 根据吸毒罪犯的吸毒年限分成初期、中期、晚期，各阶段特点如下[1]

初期：盲目好奇，追求刺激；逃避现实，寻求解脱；意志薄弱、难拒诱惑；贪图享乐，炫耀富有；随波逐流，盲目从众；相对中晚期，心理毒瘾较小，容易戒治。

中期：矛盾及侥幸心理。想摆脱毒品但经不起诱惑，逐步沉溺不能自拔。

晚期：心理上形成了对毒品的强烈依赖人格发生变异，意志薄弱，自制力极差，自暴自弃，心灰意冷，脾气暴躁，回避矛盾，逃避现实。到此阶段的吸毒者即使经过强制戒毒，回归社会后仍会很快复吸。因此对晚期的人员进行药物生理治疗的同时，必须施行心理干预和心理康复，以矫治其变异的人格。

四、涉毒罪犯心理矫治及其思考

在传统方法上，涉毒犯和其他罪犯一样，矫治的内容主要包括生活指导、职业、教育训练、宗教教诲等，目前世界各国的矫正机构均在大力开展各种辅导技术、心理治疗技术的探索，并且取得了一定的成就。犯罪矫正辅导，心理治疗技术的种类很多，包括个别心理治疗、心理剧、团体咨询辅导与治疗、行为疗法、沟通分析法、现实疗法、认知处遇法、内观法等。

下面就简单介绍国内外公认在涉毒罪犯矫正中比较成功的两种心理矫治方法：

1. 现实疗法

在对吸毒成瘾者的心理治疗中应用比较广泛，由美国心理学家威廉·格拉瑟（William Glasser）于20世纪60年代所创，强调当事人不应缅怀过去，

---

[1] 章恩友主编：《罪犯心理矫治技术》，中国物价出版社2002版。作者在书中专门针对几类症状罪犯的心理治疗进行了分析，其中专门一节介绍了毒品成瘾的治疗，分析了吸毒者心理演变的三个阶段。梅传强的《犯罪心理学》、狄小华的《罪犯心理矫治导论》中也按吸毒者的心理演变，分为初期、中期、晚期三个阶段。

应面对事实、认清自己，对自己行为负责的指导性治疗法，其目标为引导其矫治对象成长，学习接纳个人责任及做自我价值判断，并面对现实，从错误中记取教训，走向自主成功。目前，这一疗法在美国精神病院、犯罪矫正机构及少年矫正部门中甚为风行，在其他各国犯罪矫正实务亦有被逐步扩大采用之趋势。[1]

2. 行为疗法

基本上指用认知与行动之控制原理，协助矫治对象改变偏差行为并学习崭新行为之处遇技术。阿尔伯特·班杜拉（Albert Bandura）、沃尔普（Joseph Wolpe）等对行为疗法之发展贡献卓越。目前，行为疗法已充分发展至认知、学习层面，并且采用系统性评量以考验成效，在成年犯罪矫正实务上应用较普遍。具体包括代币法（用替代性强化物来调节人的行为的一种行为疗法常用于矫正不良行为）、行为契约法、系统脱敏法、厌恶法（常用于摆脱某些具体行为障碍，如吸烟、酗酒、吸毒、赌博等不良行为）。

在实际运用特定的心理矫治技术进行心理矫治过程中，我们的体会可以归结如下：

（1）在心理矫治的过程上，吸毒成瘾的心理矫治，其中重要的一点是消除吸毒者的人格偏差，纠正其不正确的意识与行为，以致最终戒除毒瘾，我们应该认识到这是一个漫长的过程，需要分阶段进行。制定分目标有利于更深入地分析各个阶段矫治工作的进展情况以及矫治对象于特定时期下的心理状况。有专家认为，在实践中可分成三个阶段，即心理诊断阶段、帮助和改变阶段及结束阶段。在第一阶段中，主要是分析戒毒者的困扰原因进行确认，以便针对问题，制定治疗目标；第二阶段就是帮助戒毒者改变对毒品、毒瘾和戒毒等问题的认识，并帮助改变他们在戒毒过程中的情绪或行为；第三阶段，要帮助戒毒者巩固治疗成果，使之适应结束阶段情况。

（2）在心理矫治的内容上，应当体系化、综合化开展，不能仅就行为、思维、认知、情感、人格等某一个单独的方面进行治疗。吸毒者产生的心理依赖，并不是单纯的某一思想或某一行动上发生偏差，这种变化偏差甚至已经渗透到行为、认知甚至人格结构。因此切实有效的戒毒方法应该包括医学、心理学、社会学的知识及技术，建立一个包括行为—认知—人格的心理治疗

---

〔1〕　林茂荣、杨士隆：《监狱学——犯罪矫正原理与实务》，五南图书出版股份有限公司1993年版。

系统，由吸毒行为本身到吸毒者的认知结构、人格特征进行全方位的矫正治疗，形成心理治疗内部的综合矫正体系。涉毒罪犯的心理特征主要是以自我为中心、猜疑心重、社会关系欠佳，在心理矫治中要重点考虑，如何促使其敞开心扉，走出自我封闭的世界。

（3）在心理矫治的时机上，自然是愈早愈好，在涉毒犯入狱之初就应当进行心理调查、立档开展相应的心理矫治工作，以便及早克服监狱亚文化的不良影响。同时，由于涉毒罪犯缺乏毅力，自我控制力差，针对涉毒罪犯的心理矫治工作应该是长期、持续性的。甚至在出狱后，我们还应当做相应的追踪调查，巩固矫治成果。

（4）在心理矫治的技术考虑上，研究表明，对于具有正常家庭与亲情关系的吸毒罪犯，如何协助其维系、拓展家庭关系，为戒除毒品的重要决定因素。根据笔者在宝山监狱的调查，发现此狱中的涉毒并吸毒罪犯家庭关系较好，具有罪犯和亲人接见有较为准时的特点，这也充分显示，监狱在利用罪犯家属帮助心理矫治上还有很大的空间，值得深入探索。

（5）在心理矫治调查量表运用上，进行正确的心理分析是治疗的前提，而心理分析离不开量表的运用。大部分量表来源于外国，我国的社会文化与外国比较有很大的不同，我们应当注意量表的本土化工作。总的来说，经过较长期的探索而形成的《中国罪犯心理测试个性分测验（COPA-PI）》（试用版），在 2000 年推广使用。这应该说是比较适合于我国罪犯个性心理研究的量表，当然在某些细节问题上还有待进一步改善。例如，量表在实际测验时的名称应体现心理测量学的原则等。

（6）在心理矫治的配套工作方面，罪犯心理矫治的组织机构和规章制度已初步建立，但很多方面仍需进一步完善；医疗人员和专职心理工作人员队伍素质有待加强。目前可以看到，我国在这方面已经有了一定的探索，正在尝试专业心理咨询治疗人员的培养工作。

（7）在具体心理矫治工作中，要积极探索，对涉毒犯要加强特殊行为管理，作到科学组合、分类管理，强化行为养成训练；要加强教育，帮助涉毒犯重塑正确的人生观和道德观，增强其责任感和适应能力；对涉毒犯罪进行综合整治，降低涉毒犯复吸率，减少毒品犯罪。

随着行为科学的进步，人们开始对罪犯的处遇进行了更多的理性思考和积极的实践探索。针对罪犯的心理矫治技术已在许多国家广泛开展。在大力开展心理矫治的过程中，也应认识到心理治疗技术并非万能，其中也有很多不能控制的因素，对于它的效果分析评价仍待论证。但不可否认的是心理矫治对罪犯的矫正具有不可替代的积极作用。正如有学者指出，犯罪矫正处遇技术的多元化与丰富化是一国犯罪矫正文明程度的指标之一，而充分给予犯罪人自我改善之机会亦为现代刑事政策之重点工作。[1]随着社会、经济条件的变化，矫正工作必将继续变化发展，展望我国矫治工作的前景，期待心理矫治理论、实践的进一步完善能够为步履艰难的涉毒罪犯矫治工作带来新的春天。

---

〔1〕 林茂荣、杨士隆：《监狱学——犯罪矫正原理与实务》，五南图书出版股份有限公司1993年版。

论社区矫正的社会支持系统[*]

监禁刑，特别是短期监禁刑的负面性早已多有诟病。概括而言，监禁刑的弊端主要包括①对改善犯罪人的效果不大；②使"坏人"变得更"坏"；③不符合人道精神；④行刑成本很高；⑤与现代刑罚目的不符；⑥对被害人无益，等等。[1]正是鉴于监禁刑的诸多弊端，尽量寻求替代性的非监禁矫治措施已经成为世界各国矫正制度改革共同的追求。

但是，非监禁化改革也面临着可能违背一般公众善恶相报的朴素正义观念、增加犯罪人再次危害社会的可能性等风险。作为一种折中性的选择，各国大都把人身危险性与社会危害性相对较小的轻刑犯作为采用非监禁化的主要对象。对于何谓轻刑犯，存在诸多争议。根据中国法律制度特点，结合当前的社区矫正改革，兼顾西方非监禁矫治措施的适用状况，笔者主张将以下两类犯罪人界定为轻刑犯：①普通轻刑犯，即宣告刑低于或等于3年以下有期徒刑的犯罪人；②转化轻刑犯，即宣告刑虽然超过有期徒刑3年，但符合假释、暂予监外执行条件的犯罪人。就这一界定必须指出的一点是，轻刑犯不能等同于轻罪犯。

一、社区矫正的兴起

从我国《刑法》的规定来看，对轻刑犯的非监禁矫治措施主要包括缓刑、假释、暂予监外执行、管制、罚金、没收财产、剥夺政治权利等。2003年7

＊ 发表于《中国监狱学刊》2007年第5期。

[1] 吴宗宪等：《非监禁刑研究》，中国人民公安大学出版社2003年版，第83~101页。

月，最高人民法院等发布了《关于开展社区矫正试点工作的通知》，确定了京、津、沪、江、浙、鲁为全国社区矫正的试点省市，正式把我国对轻刑犯的非监禁矫治措施统一为社区矫正，并将社区矫正提升到"与监禁矫正相对"的高度，这预示着我国刑罚制度与矫正体制即将开始重大的变革。

从发达国家和地区矫正体制的现状来看，社区矫正大都处于核心的地位，或者至少取得了与监禁矫正并驾齐驱的地位，监禁矫正一统天下的传统矫正体制格局已经被打破。早在 1868 年，美国就制定了假释法。在此后的一百多年里，各国先后仿行假释制度，到 20 世纪 20 年代之后，假释制度在欧美得到了广泛的发展。1930 年，美国国会决定成立全国假释委员会到 1944 年，美国联邦政府和各州均确立了假释制度，在一些主要的工业州，80%的重罪犯人通过假释的途径走出监狱大门。在 1997 年，美国的假释人数为 52.7 万，占监狱在押犯的 45%，澳大利亚服刑人员假释率为 42.2%，新西兰超过 30%。[1] 在加拿大，社区矫正大约监督着监狱和社区中的省级成年犯中的 80%。社区矫正不再被认为只是监禁刑的一个附属品或替代物，而是在可能和恰当的时候要优于直接的监禁刑，而监禁刑已经被视为是"最后的选择"（last option）。[2]

在我国，非监禁矫治措施实际上仍处于监禁刑的附属性地位，这不仅体现于有关法律规定上，更体现于非监禁矫治措施的实际运用上。近二十年来管制刑的适用率极低，据粗略统计，在审判实践中真正适用管制的案件很少，有的法院自刑法颁行以来就从未适用过这一刑种，在某省的抽样调查中，管制刑的适用率仅为 2%。[3] 缓刑的适用率也较低，一般都在 20%以下。以浙江省为例，该省判处缓刑的人数占判有期徒刑、拘役人数的比例 1997 年为 12.18%，1998 年为 13.88%，1999 年为 14.26%，2000 年为 17.10%，虽然逐年有所上升，但与发达国家或地区相比仍有一定的差距。从暂予监外执行的适用情况来看，自 2002 年 1 月到 2004 年 1 月，全国监狱系统暂予监外执行的

---

〔1〕　陈志新："关于借鉴外国经验改革完善我国假释制度和社区矫正的思考"，载北大法律信息网 2003 年 8 月 21 日。

〔2〕　王增铎等主编，中国监狱学会、加拿大刑法改革与刑事政策国际中心合作编著：《中加矫正制度比较研究》，法律出版社 2001 年版，第 134 页。

〔3〕　王利荣："也谈管制刑适用的法律调整"，载《中国刑事法杂志》2000 年第 4 期。

案件仅约 13 522 人。[1] 假释的适用率则更低，据有关统计资料，全国监所每年假释比例平均为 1%~2%，不仅大大低于其他国家，而且也低于国内司法部门规定的 3%的指标。[2] 因此，尽管就形式上来看，《关于开展社区矫正试点工作的通知》（2003 年）已经把社区矫正提升到与监禁矫正相对的高度，但是社区矫正要发展成为与监禁矫正相当的地位，发展成为我国罪犯矫正体制的支柱之一，甚至优先于监禁矫正，还有很长的路要走。

二、社会支持体系的意义

对轻刑犯采用非监禁矫治措施的必然结果是，大量本应封闭于监狱系统中的犯罪人将流入社会。这会带来两大挑战：一是如何防止这些轻刑犯在与社会公众"亲密接触"的自由环境中不再危害社会？二是如何在强制力弱化、诱惑诸多的自由环境下对轻刑犯进行矫正？在传统监禁措施下，一方面罪犯被隔离于社会之外，可以有效地防止他们危害社会；另一方面在罪犯被监禁期间，监禁机构可以集中地、强制性地运用各种措施矫正罪犯。更为关键的是，罪犯是否矫正好了，一般要在他们回归社会后才能真正得到检验。因此，对于传统监禁体制而言，防止罪犯危害社会与矫正罪犯的挑战并不会成为特别棘手的问题。但是，在非监禁矫治措施下，失去封闭式监禁体制的支撑、处在自由环境下的罪犯与社会亲密接触，这两个挑战将变得极为突出。社区矫正的推行，必须建立能够在防止再犯与矫正罪犯方面替代传统监禁体制功能的机制。

尽管在外国已经出现了私营监狱，但是传统的监禁矫正体制基本上属于国家性质的。从监狱的设置、管理人员、保安人员等各方面来看，均属于"国家"的范畴，这在我国更为明显。例如，监狱由国家建造属于国家所有、

---

〔1〕 根据司法部在 2004 年 11 月 10 日召开的深入开展"文明执法树形象"活动及减刑、假释、保外就医专项检查活动电视电话会上公布的数据推算。参见"司法部：我国监狱系统严查减刑假释等中的违法违纪行为"，载 www. xinhuanet. com，2004 年 11 月 10 日。这篇报道披露，自 2002 年 1 月到 2004 年 4 月，全国监狱系统共办理减刑、假释、保外就医案件近 110 万件。通过检查认定，在办理的减刑案件中，存在各种问题的有 1086 件，占减刑案件总数的 0.11%。在办理的假释案件中，存在各种问题的有 39 件，占假释案件总数的 0.07%。在办理保外就医过程中，存在各种问题的有 311 件，占保外就医总数的 2.3%。

〔2〕 周国强："假释制度的发展趋势与我国假释制度的完善"，载《学海》2001 年第 3 期。

监狱警察属于公务员、监狱警察对罪犯的改造被视作一种执法行为、保安工作由武警负责，等等。也就是说，国家公权力深入监禁矫正体制的方方面面。虽然我国监狱系统有利用社会力量参与罪犯改造的优良传统，但是社会的力量在监禁矫正体制中的作用、影响力均是十分有限和微弱的。

　　然而，在社区矫正体制下，罪犯与社会亲密接触，对他们的矫正工作，也是在开放的社区中进行的。国家公权力实际上不可能（也没有必要）像在监禁矫正体制中渗透于各个环节。社区矫正体制的运作需要更多地依赖社会的力量，甚至主要倚靠社会的力量。正是在这个意义上，笔者认为与监禁矫正相比较，社区矫正的特征并不应仅仅体现为矫正活动在开放的社区中进行，更应体现于社会力量对罪犯矫正活动的广泛参与之上。防止罪犯危害社会及矫正罪犯的挑战，要由国家机关与社会力量共同应对。

　　我国目前正在进行的社区矫正改革，已经意识到了这一点。例如，在《关于开展社区矫正试点工作的通知》（2003 年）中，将社区矫正界定为："将符合社区矫正条件的罪犯置于社区内，由专门的国家机关在相关社会团体和民间组织以及社会志愿者的协助下，在判决、裁定或决定确定的期限内，矫正其犯罪心理和行为恶习，并促进其顺利回归社会的非监禁刑罚执行活动。"强调了国家机关之外的社会团体和民间组织以及社会志愿者的协助。我们把这种国家机关之外的社会团体、民间组织、社会志愿者等社会力量统称为社会支持系统。

　　《关于开展社区矫正试点工作的通知》（2003 年）将社会支持系统在社区矫正中的地位，定位为"协助"专门的国家机关。严格意义上说，社区矫正是一种刑罚执行活动，是一种执法活动，执法的主体只能是国家机关，[1]这是必须首先明确的一个前提。因此，《关于开展社区矫正试点工作的通知》

---

　　[1]　根据我国现行的法律规定，就承担了社区矫正职能的国家机关而言，涉及面较广泛，包括公、检、法、司等机关，甚至社会保障、民政、工商等部门。根据我国目前刑法等法律规定，被判处管制的犯罪分子，由公安机关执行（《刑法》第38条）；暂予监外执行的罪犯也是由公安机关执行；假释的罪犯在考验期限内，由公安机关予以监督（《刑法》第85条）；缓刑的罪犯在缓刑考验期限内，由公安机关考察（《刑法》第76条）。可见，《关于开展社区矫正试点工作的通知》（2003 年）中所规定的社区矫正专门机关似乎应为公安机关。但显然，公安机关并非主要的刑罚执行机关与矫正机关，其主要职能定位与社区矫正的性质是存在冲突的。上海早在试点之初即确定了以司法行政机关为工作主体，其他部门配合的社区矫正工作架构，试点效果显著。笔者认为这一工作架构应当在今后的社区矫正立法中予以确认。

（2003年）对于社会支持系统的角色定位是准确的。但需要强调的一点是，尽管社会支持系统在社区矫正中的角色定位是"协助"，但是决不能因此而降低其重要性。由于在开放的社区环境中国家公权力不可能（也没有必要）深入于社区矫正的各个环节，因此从某种程度上说，社会支持系统的发育状况决定了社区矫正改革的深度和广度，甚至成败。

三、社会支持体系的建构

目前，我国正处于社会转型加速时期。加快社会支持系统的培育，建立完善的社会支持系统是我国当前进行社区矫正改革必须高度重视的课题。社会支持系统的培育必须充分认识到这一本土化特色，采取渐进式的培育方式。

有着数千年封建传统的中国，报应刑观念根深蒂固。普通公众对于非监禁矫治措施容易误解为关系案、人情案，认为是放纵罪犯，从而引起对司法机关的不信任。这种观念的存在将大大制约社区矫正的适用及其效果。因此，培育社会支持系统必须首先加强宣传、教育，让普通公众（尤其是社区矫正人员所在社区、单位的公众）理解社区矫正的积极意义。

最早进行社区矫正试点工作且经济基础较好的上海市，采用政府推动、扶助的方式，产生了专门从事社区矫正工作的社团，并采取"政府购买服务"的方式，把社区矫正具体工作的开展主要交由社工来实施，这是一种值得赞赏的思路。专业化矫正社工能够发挥类似于监狱一线管教干警的作用，也类似于发达国家或地区的"观护员"。社区矫正社会支持系统的健全，离不开专业化矫正社工的支撑。当前，应当大力加强专业化矫正社工培育工作，扩大社工队伍，提升其专业化程度和矫正能力，同时要避免社工的行政化。专业化社工及团结于其周围的志愿者成为核心力量，是社区矫正社会支持系统培育的基本方向。

轻刑犯的家庭应当作为社区矫正社会支持系统中一支重要的力量。一般来说轻刑犯家庭成员对于非监禁矫治措施是欢迎和支持的，但是也并不排除有的轻刑犯家庭成员不愿意参与对非监禁轻刑犯的矫治和再犯防止工作，或者缺乏这方面的能力。因此，规定某些重要家庭成员负有配合矫治社区矫正罪犯和防止其再犯的责任是必要的，对于严重不履行这一责任的还可以规定必要的法律责任。另一方面，有关部门、组织（例如司法行政机关、社工组织等）还应当注意开展对社区矫正罪犯家庭成员的培训工作，提高他们在矫治非监禁轻刑犯和防止其再犯的能力。

按照中国目前的法律及规章制度，罪犯一般会被所在单位、学校开除，流入社区，但是，在传统的、计划经济体制下的社区解体，而适合于市场经济社会的社区发育尚不成熟的转型时期，不完善的社区很难支持非监禁矫治措施的运作。因此，至少在现代社区尚未形成时期，应当修改、制定有关法律，规定采用社区矫治措施的轻刑犯，原所在单位、学校不得开除或变相开除，并且应当在非监禁矫治措施社会支持系统中充当积极的角色。

轻刑犯采用非监禁矫治措施后将流入社区，防止再犯及矫正工作都将主要在社区进行。社工、轻刑犯所在家庭、单位、学校等其他社会支持力量开展矫治工作，也主要依托于社区进行，因此健全的社区是轻刑犯非监禁矫治工作的基础。中国正处于社会转型时期，转型时期的社区容纳和矫正轻刑犯的能力是有限的，这是我们必须承认的现实。加强社区建设是一个长期的过程，在过渡时期，社区建设宜逐步实现从政府主导模式向政府指导、规划与社区自治混合模式的过渡。

司法行政部门作为社区矫正的专门机关要注意在社会支持系统的整合与培育中发挥积极的作用。有必要着重指出的一点是，社区矫正的社会支持力量是一个系统，虽然专业社团与社工应当成为这一系统中的核心力量，但并非全部力量，决不能忽视其他社会力量的培育与整合。同时，司法行政部门应当注意协调社会支持系统中各个组成部分的关系，使其能够协调运转。

四、结　语

社区矫正是现代矫正制度发展的基本方向，其必然结果是使大量犯罪人流入社会。在自由环境中，国家公权力不可能（也没有必要）像在监禁矫正体制中那样深入于各个环节，社区矫正需要更多地依赖社会的力量进行运作。从某种程度上说，社会支持系统的发育状况决定了社区矫正改革的深度与广度，甚至成败。处于社会转型时期的中国，社会发育还很不成熟，适合于现代市场经济的社会支持系统尚未形成，这是制约中国社区矫正改革的关键因素。当前，在充分发挥国家机关（主要是司法行政机关）作用的同时，必须高度重视社区矫正社会支持系统的培育。

体育运动介入戒毒：一种新戒毒方法展望*

多年来，寻求有效戒除毒瘾的方法都是各国政府和国际社会的一项重要任务，每年各国都要为此付出巨额的支出。然而能够有效而彻底戒除毒瘾的方法却难以寻觅，毒品复吸率一直居高不下。体育运动作为一种以身体练习为基本手段，以增强人的体质、促进人的全面发展为主要目标的对人进行培育和塑造的过程，为戒除毒瘾提供了新的视野，一些研究已经为体育运动介入戒毒提供了值得期待的希望。本章主要运用文献资料法、比较分析法等方法详细介绍了体育运动介入戒毒的假设、理论基础，并对已有的实验研究证据进行了阐述，旨在为戒毒方法的探索提供新的视角。

一、当前的戒毒方法

近年来，戒毒已经成为我国社会面临的一项重要工作，而如何有效的戒毒，使毒品成瘾者彻底戒除毒瘾已经成为我国乃至整个国际社会的一大难题。到目前为止，虽然经过多年的努力，已经发明了一些戒毒方法，但毒品的复吸率一直居高不下，仍然没有一种方法能够行之有效地彻底根除毒瘾。目前我国在戒毒工作中主要使用的方法有药物戒毒法和非药物戒毒法两大类。药物戒毒主要是利用药物减轻戒断症状，逐渐消除毒瘾。常见的药物戒毒方法有递减法、替代法、亚冬眠疗法、中医疗法和中西医结合法。[1]药物戒毒法

---

* 本章与姜熙合作，载上海市禁毒委员会办公室编：《禁毒理论与实践研究》（第4辑），上海科学普及出版社2013年版。

〔1〕 苗翠英："论我国戒毒方法之优劣"，载《中国人民公安大学学报（自然科学版）》2005年第1期。

的原理主要是药物替代。目前国内外主要采用替代药物剂量递减法来戒毒，此法适用于各种程度的毒品成瘾者，一般替代药物有美沙酮、菲士通、丁丙诺啡，以及其他一些中药。[1]药物戒毒虽然对毒瘾的戒除有重要的作用，但是仅仅使用药物戒除毒瘾的复发率较高，药物剂量的控制以及不良反应等问题也值得关注。非药物戒毒法是指不使用任何药物或使用针灸、手术等方法使吸毒患者消除毒瘾的戒毒方法，常见的有冷火鸡法、针灸法和手术戒毒法。所谓冷火鸡法，又称冻火鸡法、硬脱法，就是强制性的停掉毒品，戒毒过程中仅给予一些对症处理和身体、心理支持治疗，是一种原始的脱毒方法。该法并不适于那些毒瘾深重、年老体弱的吸毒者，他们可能难以熬过戒断反应期，并且会不堪承受毒瘾的折磨而发生自残、自伤行为，有时甚至还会危及生命安全。针灸疗法是一种由中国科学家独创的中医针灸学与现代神经科学相结合的非药物戒毒新方法。针灸疗法具有恢复快、不成瘾等特点，但刺激分泌不等同分泌功能的恢复，况且身体其他受损害的机能仍未得到改善，因此其戒毒效果短暂，且对患有某些基础疾病的吸毒者不宜使用。[2]手术戒毒，也称"微创开颅戒毒术"，作为一项新的科学技术，国内外对手术戒毒还存在争议。一是治疗效果。一些学者认为手术戒毒见效快，且可以彻底根除毒瘾；但也有学者认为手术戒毒效果不明显，因为造成吸毒者精神依赖的脑细胞并不是集中在一个点上，因此即使做了手术，也很难彻底戒毒。[3]此外，手术可能存在后遗症。一些学者认为术后有短期昏睡的副作用；但另有部分学者认为手术戒毒术后后遗症非常明显，患者的性格及智商可能发生较大改变。综上所述，虽然目前以及存在一些戒毒方法，但都有其缺点，仍然还没有一种最为有效的方法可以完全根除毒瘾。

二、毒品成瘾是一种脑部疾病吗？

当前流行的毒品成瘾比较主流的观点是，脑部紊乱和神经病学上的障碍，

---

[1]　徐帅等："戒毒治疗方法应用比较"，载《中国公共卫生》2009 年第 7 期。
[2]　金磊等："中医药戒毒研究的思路与方法"，载《中华中医药杂志》2009 年第 6 期。
[3]　高国栋等："药物成瘾机制与手术戒毒研究进展"，载《医学与哲学（临床决策论坛版）》2007 年第 12 期。

比如多巴胺的活动。[1]运用现代先进的科学技术，科学家们已经得出结论，药物或者毒品成瘾者在脑部的化学、解剖学和功能上都有着明显的变化。比如，下图就是丹尼尔·阿门（Amen）2001 年对脑部局部血流的 SPECT 图，图中显示健康状态和疾病状态下脑部的血流量明显存在差异，而且不同的病人之间也存在差异。[2]从图中可知，在海洛因成瘾者的脑部扫描图中，脑部成多重分裂，这些都暗示着脑部血液循环出了问题，脑部活动异常，这些都会引起成瘾者在认知、判断等方面的功能紊乱。所以，毒品成瘾也被视为一种脑部疾病。

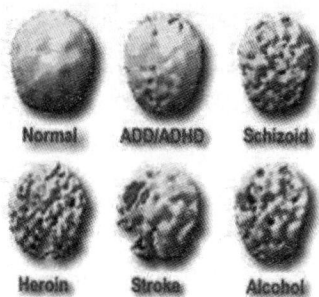

三、体育运动介入戒毒的假设与理论基础

1. 运动与毒品成瘾的奖赏通路

艾弗森（Iversen）在 1993 年，贝尔克（Belke）在 1997 年和 2000 年，贝尔克（Belke）和邓巴（Dunbar）在 2001 年的实验研究发现，运动可以作为一种积极的强化剂（reinforcer）。[3]尽管运动产生强化剂影响的神经解剖学轨

[1] Ian I. Leshner, "Addiction Is a Brain Disease, and It Matters", *Science*, 278 (1997), 45~47. Alan I. Leshner and George F. Koob, "Drugs of Abuse and the Brain", *Proceedings of the Association of American Physicians*, 111 (1999), 99~108.

[2] Daniel G. Amen, "Why don't Psychiatrists Look at the Brain? The Case for Greater Use of SPECT Imaging in Neuropsychiatry", *Neuropsychiatry Reviews*, 2 (2001), 1~11.

[3] Iver H. Iversen, "Techniques for Establishing Schedules with Wheel Running as Reinforcement in Rats", *Journal of The Experimental Analysis of Behavior*, 60 (1993), 219~238. Terry W. Belke, "Running and Responding Reinforced by the Opportunity to Run: Effect of Reinforcer Duration", *Journal of The Experimental Analysis of Behavior*, 67 (1997), 337~351. Terry W. Belke and Michelle J. Dunbar, "Effects of Cocaine on Fixed-interval Responding Reinforced by the Opportunity to Run", *Journal of The Experimental Analysis of Behavior*, 75 (2001), 77~91.

迹还没有得到解释，但是神经化学物质的数据表明，运动可以激活与毒品成瘾同样的奖赏通路（reward pathways）。比如，海耶斯（Heyes）在1988年，哈托里（Hattori）在1994年，梅森（Meeusen）在1997年，佩辛格（Petzinger）在2007年分别研究发现，剧烈运动可以增加中枢多巴胺（dopamine）的浓度。[1]吉列姆（Gilliam）等在1984年和麦克雷（MacRae）等在1987年以及费希尔（Fisher）等在2004年研究发现，长期的体育运动可以维持多巴胺浓度的增加以及多巴胺结合蛋白的代偿性变化。[2]戈德斯（Goeders）和史密斯（Smith）在1983年和凯恩（Caine）、科布（Koob）在1994年，怀思（Wise）在1995年、皮耶希（Pich）在1997年研究证明，成瘾性毒品就是对中脑缘和中脑皮层通路多巴胺转移产生这种正强化剂影响[3]。

流行病学的研究也已经证明，有规律的参与有氧运动的人群不太可能使用或滥用违禁毒品。但目前学术界去探索体育运动与毒品滥用之间的这种关联性影响的研究还不多。当然，体育运动对于减少人体毒品的摄入或滥用是

〔1〕 M. P. Heyes, E. S. Garnett and G. Coates, "Nigrostriatal Dopaminergic Activity is Increased During Exhaustive Exercise Stress in Rats", *Life Sciences*, 42 (1998), 1537~1542. Satoshi Hattori, Makoto Naoi and Hitoo Nishino, "Striatal Dopamine Turnover During Treadmill Running in the Rat: Relation to the Speed of Running", *Brain Research Bulletin*, 35 (1994), 41~49. R. Meeusen, I. Smolders, S. Sarre, K. DE Meirleir, H. Keizer, M. Serneels, G. Ebinger and Y. Michotte, "Endurance Training Effects on Neurotransmitter Release in Rat Striatum: an in Vivo Microdialysis Study", *Acta Physiol Scand*, 159 (1997), 335~341. Giselle M. Petzinger, John P. Walsh, Garnik Akopian, Elizabeth Hogg, Avery Abernathy, Pablo Arevalo, Patty Turnquist, Marta Vuckovic, Beth E. Fisher, Daniel M. Togasaki and Michael W. Jakowec, "Effects of Treadmill Exercise on Dopaminergic Transmission in the 1-Methyl-4-Phenyl-1, 2, 3, 6-Tetrahydropyridine-Lesioned Mouse Model of Basal Ganglia Injury", *The Journal of Neuroscience*, 27 (2007), 5291~5300.

〔2〕 P. E. Gilliam, W. W. Spirduso, T. P. Martin, T. J. Walters, R. E. Wilcox and R. P. Farrar, "The Effects of Exercise Training on [3H] -Spiperone Binding in Rat Striatum", *Pharmacology Biochemistry and Behavior*, 20 (1984), 863~867. P. G. MacRae, W. W. Spirduso, T. J. Waiters, R. P. Farrar and R. E. Wilcox, "Endurance Training Effects on Striatal D2 Dopamine Receptor Binding and Striatal Dopamine Metabolites in Presenescent Older Rats", *Psychopharmacology*, 92 (1987), 236~240. Beth E. Fisher, Giselle M. Petzinger, Kerry Nixon, Elizabeth Hogg, Samuel Bremmer, Charles K. Meshul and Michael W. Jakowec, "Exercise-Induced Behavioral Recovery and Neuroplasticity in the 1-Methyl-4-Phenyl1, 2, 3, 6-Tetrahydropyridine-Lesioned Mouse Basal Ganglia", *Journal of Neuroscience Research*, 77 (2004), 378~390.

〔3〕 Nick E. Goeders and James E. Smith, "Cortical Dopaminergic Involvement in Cocaine Reinforcement", *Science*, 221 (1983), 773~775. S. Barak Caine and George F. Koob, "Effects of Mesolimbic Dopamine Depletion on Responding Maintained by Cocaine and Food", *Journal of The Experimental Analysis of Behavior*, 61 (1994), 213~221. Roy A. Wise, Paola Leone, Robert Rivest and Kira Leeb, "Elevations of Nucleus Accumbens Dopamine and DOPAC Levels During Intravenous Heroin Self-Administration", *Synapse*, 21 (1995), 140~148.

否有效还需要进一步的研究。在近几年的一些临床研究中，通过动物实验已经揭示了体育运动可以减少毒品的依赖。也有一些研究揭示一些运动对减轻毒瘾行为在神经生物学上的证据。这些研究为以运动介入为基础的降低毒品摄入的戒毒方法提供了可信的证据。临床和风险人群的流行病学研究得出了一致的研究结果，有氧体育运动与药物滥用之间呈负相关关系。[1]其原因主要是运动可以作为一种毒品的替代物、非药物的增强剂或者运动产生了一种功能性的神经适应，这种神经适应将影响个体对药物的依赖。这为我们设计以运动为基础的干预降低毒品滥用的方法提供了理论基础。

2. 运动对毒品成瘾者所产生的心理影响

运动对于人的心理会产生较大的影响。摩根（Morgan）在 1982 年和瓦德（Waade）在 2004 年就先后研究表明，长期的体育运动是提高自尊感的有效方法；[2]诺里斯（Norris）等在 1990 年和马勒（Muller）等在 2006 年就研究认为，运动可以提高幸福感；[3]威尔（Veale）等在 1992 年和邓恩（Dunn）等在 2005 年则研究表明，运动可以降低人的抑郁。[4]安图内斯（Antunes）等在 2005 年，以及曼格（Manger）、莫塔（Motta）在 2005 年则研究表明，运动对降低焦虑有着积极的影响。[5]同时也有研究发现有氧运动对毒品成瘾者

〔1〕 Mark A. Smith, Karl T. Schmidt, Jordan C. Iordanou and Martina L. Mustroph, "Aerobic Exercise Decreases the Positive-Reinforcing Effects of Cocaine", *Drug and Alcohol Dependence*, 98 (2008), 129~135.

〔2〕 William P. Morgan, "Psychological Effects of Exercise", *Behavioral Medicine Update*, 4 (1982), 25~30. Nina Riis Waade, "Exercise Improves Self-esteem in Children and Young People", *Australian Journal of Physiotherapy*, 50 (2004), 117.

〔3〕 Richard Norris, Douglas Carroll and Raymond Cochrane, "The Effects of Aerobic and Anaerobic Training on Fitness, Blood Pressure, and Psychological Stress and Well-being", *Journal of Psychosomatic Research*, 34 (1990), 367~375. Susan M. Muller, Dixie L. Dennis and Teena Gorrow, "Emotional Well-being of College Students in Health Courses with and without an Exercise Component", *Perceptual and Motor Skills*, 103 (2006), 717~725.

〔4〕 D. Veale, K. Le Fevre, C. Pantelis, V. De Souza, A. Mann and A. Sargeant, "Aerobic Exercise in the Adjunctive Treatment of Depression: a Randomized Controlled Trial", *Journal of the Royal Society of Medicine*, 85 (1992), 541~544. Andrea L. Dunn, Madhukar H. Trivedi, James B. Kampert, Camillia G. Clark and Heather O. Chambliss, "Exercise Treatment for Depression: Efficacy and Dose Response", *American Journal of Preventive Medicine*, 28 (2005), 1~8.

〔5〕 Hanna Karen Moreira Antunes, Sérgio Garcia Stella, Ruth Ferreira Santos, Orlando Francisco Amodeu Bueno and Marco Túlio de Mello, "Depression, Anxiety and Quality of Life Scores in Seniors after an Endurance Exercise Program", Brazilian Journal of Psychiatry, 27 (2005), 266~271. Theresa A. Manger and Robert W. Motta, "The Impact of an Exercise Program on Posttraumatic Stress Disorder, Anxiety and Depression", *International Journal of Emergency Mental Health*, 7 (2005), 49~57.

也可以产生这一系列的心理影响，这些心理影响与毒品成瘾之间呈负相关关系。此外，一些以人体或动物为研究对象的实验发现，运动将产生内感受性影响，这种内感受性的影响与毒品成瘾所产生的影响是相似的，如诺利斯（Nowlis）和格林伯格（Greenberg）在 1979 年、贾纳尔（Janal）在 1984 年、纳贝塔尼（Nabetani）和托库纳加（Tokunaga）在 2001 年的研究就表明，一次剧烈的运动可以增加实验对象欢乐、愉悦、幸福的主观评分。[1]所以，从理论上讲，运动对毒品成瘾者的心理状态也会产生积极的影响，对戒除毒瘾可以起到重要作用，也是我们开展以运动介入戒毒方法研究的理论基础。

3. 体育运动——让成瘾者形成新的生活方式

目前的很多研究已经表明，仅仅使用药物等单一的手段戒除毒瘾的复发

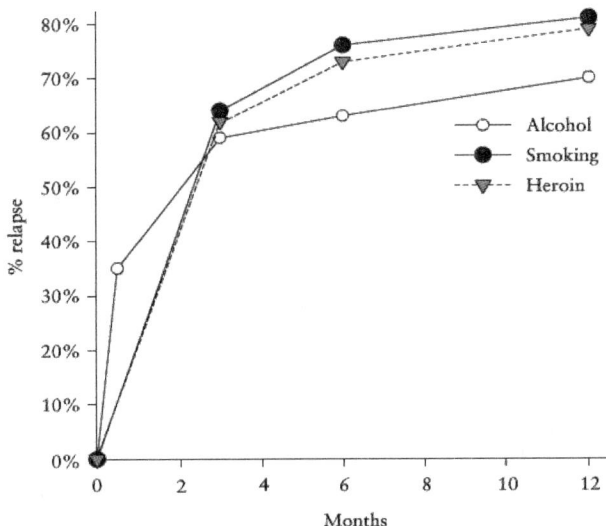

图 10-1　酒精、海洛因、香烟复发率时间演进图

来源：Hunt 1971

---

[1] David P. Nowlis and Nathan Greenberg, "Empirical Description of Effects of Exercise on Mood", *Perceptual and Motor Skills*, 49（1979），1001~1002. Malvin N. Janal, Edward W. D. Colta, W. Crawford Clark and Murray Glusman, "Pain Sensitivity, Mood and Plasma Endocrine Levels in Man Following Long-distance Running: Effects of Naloxone", *Pain*, 19（1984），13~25. Teru Nabetani and Mikio Tokunaga, "The Effect of Short-Term (10- and 15-min) Running at Self-Selected Intensity on Mood Alteration", *Journal of Physiological Anthropology and Applied Human Science*, 20（2001），233~239.

率较高。如图 1 所示，X 轴是表示康复后开始的时间，Y 轴表示复吸病人的百分比。由图可见，尽管已经康复，但是随着时间的推移，越来越多的人又开始复吸，无论是酒精还是香烟或是海洛因，都存在较高复发率。布雷彻（Brecher）等的研究也得出了类似的结论。其中成瘾复发的一个主要原因是成瘾者重新接触到容易导致成瘾的环境。有研究表明，一个吸毒者，康复后重新又回到容易获得毒品的生活环境、与吸食毒品的人接触、工作压力的增加或者经济上大的改善都会导致毒品成瘾者再次陷入毒品的泥潭中。也就是说，复发率与成瘾者的生活环境和生活方式有着密切的关系。体育运动作为一种有益的文化和身体活动则可以有效地改变人们的生活方式，可以将毒品成瘾者带入到一种健康并充满活力的环境之中，让成瘾康复者远离毒品。所以，体育运动可以作为一种改变生活方式的手段，对彻底戒除毒瘾有着重要的意义。

四、体育介入戒毒的已有的实验研究证据

虽然将运动作为一种介入戒毒的方法进行研究的学者还不多，但也已经有几个重要的研究为这一领域提供了可期望的前景。2008 年，马克·史密斯（Mark A. Smith）等用雌性大鼠为研究对象，测试长期运动与不运动大鼠之间对可卡因的敏感性。结果显示，长期自愿运动可以降低雌性大鼠对可卡因强化影响的敏感性[1]。皮特（Pitts）和布尔（Bull）在 1977 年的研究报告也指出，进行运动的大鼠的体重较久坐不动的大鼠体重更轻，脂肪组织更少，肝脏更小，这些可能可以改变可卡因的生物药效率[2]。卡纳雷克（Kanarek）在 1995 年以 SD 大鼠为研究对象进行研究，发现运动可以作为一种替代性方法有效的降低大鼠对安非他命的摄入量[3]。

科斯格罗夫（Cosgrove）在 2002 年的研究同样认为，体育运动可以作为

〔1〕 Mark A. Smith, Karl T. Schmidt, Jordan C. Iordanou and Martina L. Mustroph, "Aerobic Exercise Decreases the Positive-Reinforcing Effects of Cocaine", *Drug and Alcohol Dependence*, 98（2008），129~135.

〔2〕 G. C. Pitts and L. S. Bull, "Exercise, Dietary Obesity and Growth in the Rat", *Integrative and Comparative Physiology*, 232（1977），R. 38~R. 44.

〔3〕 Robin B. Kanarek, Robin Marks-Kaufman, Kristen E. D'Anci and Jeanne Przypek, "Exercise Attenuates Oral Intake of Amphetamine in Rats", *Pharmacology Biochemistry and Behavior*, 51（1995），725~729.

一种降低可卡因依赖度的非药物的替代性方法[1]。而菲尔德（Field）在2001年和柯克卡尔迪（Kirkcaldy）等在2002年的流行病学的研究则显示，经常参与运动可以在降低未成年人群在吸烟成瘾和药物滥用成瘾方面有着积极的作用[2]。丹尼尔·恩贝尔（Daniel Engber）在2011年报道，伊朗科学家用大鼠探索了运动与毒瘾戒毒之间的关系。他们为雄性大鼠制定了一个严格的运动计划，发现运动的大鼠对吗啡的依赖程度明显降低。美国塔夫茨（Tufts）大学的卡纳雷克（Kanarek）研究发现，运动可以很大程度上地降低尼古丁、吗啡和安非他命的影响，而且经常运动的大鼠对酒精习惯性的依赖也会大大降低，对可卡因的需求量也会减少。2002年李明（Ming Li）和陈凯文（Kevin Chen）用中国传统气功对86个海洛因男性成瘾者进行了干预戒毒实验，该项研究主要是为证明气功在戒毒过程中从脱毒到康复过程中的整体影响。结果表明，气功的练习可以加速海洛因成瘾者的脱毒过程。而李·D.风（L. D. Feng）等的研究或许可以为气功的这种作用提供一种解释，气功练习可以增加脑部的血流量，增加身体的氧代谢，增加脑部的生物电流。[3]脑电图观察也显示，在气功状态下，大脑的深层兴奋的脑细胞会产生比较强的生物电流。这就有了一个合理的假设，这些脑部出现的这些电流和增加的新陈代谢对药物成瘾引起的脑部障碍产生影响，可以重新恢复正常的神经功能。当然这种机制目前还不明确。此外通过气功练习可以增加氧代谢和获得额外的生命物质，可以为身体脱毒提供能源物质，排除体内的有毒物质，消除成瘾物质所引起的功能失调影响。当然这种假设需要进一步的科学研究来获得证据支持。李明（Ming Li）等的研究还显示，气功的练习可以加速海洛因成瘾者的脱毒过程，而大多数药物只能抑制或减轻戒断症状；气功可以使脱毒和康复过程很好地结合起来，因为气功疗法可以使患者学到一种有效的自我

---

〔1〕 Kelly P. Cosgrove, Robb G. Hunter and Marilyn E. Carroll, "Wheel-running Attenuates Intravenous Cocaine Self-administration in Rats Sex Differences", *Pharmacology Biochemistry and Behavior*, 73（2002），663~671.

〔2〕 Tiffany Field, Miguel Diego and Christopher E. Sanders, "Exercise is Positively Related to Adolescents' Relationships and Academics", *Adolescence*, 36（2001），105. B. D. Kirkcaldy, R. J. Shephard and R. G. Siefen, "The Relationship Between Physical Activity and Self-image and Problem Behaviour among Adolescents", *Social Psychiatry and Psychiatric Epidemiology*, 37（2002），544~550.

〔3〕 L. D. Feng, *Modern Qigong Science*, Beijing, China: Economic Science Publishers, 1994. Yan Xin, "Exploring the Mechanisms of Qigong Healing", Available at: http://www. qigong. net.

康复技术，而这种技术可以增强他们的免疫能力，提高他们的氧代谢，如果他们坚持练习，还可以他们的生活得到休闲。此外，根据保罗·盖尔德洛斯（Gelderloos Paul）等和克莱门茨（Clements G.）等人对静坐冥想的研究表明，冥思静坐对预防和治疗药物滥用和成瘾是有效的。[1]因为这些活动可以使人产生一种稳定的安宁状态，自然的消除对毒品的渴望，而成为毒品的可替代物。

五、展　望

尽管已有的一些研究成果对于体育运动介入戒毒的方法研究来说是振奋人心的，但是目前还缺乏足够的临床和实验研究来揭示体育运动与戒除毒瘾之间的因果关系。体育运动介入戒毒的具体运动处方（包含运动项目、运动时间、运动强度、运动频率等）、体育运动对不同毒品或成瘾类药物的不同效果、体育运动对不同人群的戒毒效果、体育运动与其他戒毒手段如何结合，这些问题都还缺乏系统的研究。缺乏这类研究的主要原因是由于临床研究时间和费用的缺乏，但这一领域的研究已经在国外开始起步，并有着良好的预期。体育运动介入戒毒将可能成为一种有效戒除毒瘾的"绿色"方法，我国必须足够重视这一领域的研究，积极开展以体育运动介入戒毒的具体运动处方的研究。

---

〔1〕 Paul Gelderloos, Kenneth G. Walton, David W. Orme-Johnson and Charles N. Alexander, "Effectiveness of the Transcendental Meditation Program in Preventing and Treating Substance Misuse: A Review", *The International Journal of the Addictions*, 26（1991）, 293～325. G. Clements, L. Krenner and W. Molk, "The Use of the Transcendental Meditation Programme in the Prevention of Drug Abuse and in the Treatment of Drug-addicted Persons", 40（1988）, 51～56.

劳教制度未尽的改革：强制隔离戒毒 *

劳教制度的废止是一个"突然"的过程。直到 2011 年，中央政法委仍推出了在全国试点劳教制度改革的项目，试点截止时间是 2012 年 12 月。从这一试点的内容来看，并无废止劳教制度的意图。《禁毒法》在将劳教戒毒与强制戒毒整合为"强制隔离戒毒"时，也基本没有任何实质性的改革，而大体只是进行了形式上的"更名"。

一、劳教制度的争议与废止

劳动教养发轫于 1955 年，确定于 1957 年，当时主要是为了强制教育改造那些从内部清查出来的一批不追究刑事责任的反革命分子和其他坏分子，以及社会上违法乱纪、扰乱社会秩序的人，其目的是把他们改造成为遵纪守法、自食其力的新人。当时的劳动教养既是一种强制性教育改造措施，也是一种安置就业的方法。[1] 其后劳动教养的性质几经演变。20 世纪 80 年代初，劳动教养的性质被确定为一种强制性教育改造的行政措施和处理人民内部矛盾的一种方法。[2] 这种提法放弃了安置就业的提法，明确了劳动教养行政措施的性质。20 世纪 90 年代初，提出对劳动教养人员按照"教育、感化、挽救"的工作方针，实行强制性教育改造。[3] 1991 年国务院发布的《中国的人权状况》提出"劳动教养不是刑事处罚，而是行政处罚"。此后国务院又认

---

* 载刘志伟、王秀梅主编：《时代变迁与刑法发展》，法律出版社 2015 年版。

〔1〕 参见《国务院关于劳动教养问题的决定》（1957 年）第 2 条。

〔2〕 参见《劳动教养试行办法》（1982 年）第 2 条。

〔3〕 参见《劳动教养管理工作执法细则》（1992 年）第 2 条。

定劳动教养所是国家治安行政处罚的执行机关[1]，实际上又确认劳动教养是一种治安行政处罚措施。

法律上对劳动教养的表述直接影响到理论界对劳动教养性质的认识，理论界对劳动教养性质的观点曾经形成了如下几种主要观点：[2]①"教育挽救（改造）措施说"，这种观点认为，劳动教养不是一种处罚，而是对违法犯罪者进行教育挽救的措施。尽管这种措施带有强制性，但其实质是为了教育，而不是为了惩罚。因此，劳动教养是对被劳动教养的人实行强制性教育挽救的措施，是处理人民内部矛盾的一种方法。②"行政处罚措施说"，这种观点认为劳动教养是对被劳动教养者进行强制性教育改造的行政处罚措施。此说又可分为"最高行政处罚说""最高治安行政处罚措施说""治安管理处罚说"等几种观点。③"变相刑事处罚说"，这种观点认为，尽管现行立法把劳动教养规定为"强制性教育改造的行政措施"，但事实上他已演变为一种刑事处罚。其严厉性毫不亚于管制、拘役甚至有期徒刑。④"保安措施说"，此说认为劳动教养实际上是我国的一种保安处分措施。⑤"综合说"，此说认为劳动教养是集行政处罚、刑事处罚、保安处分于一体的一种处罚。

概括而言，针对劳教制度的批评主要集中在以下三个方面：

（1）没有法律依据。合法性欠缺是劳教制度长期备受诟病的硬伤，尤其是 2000 年《立法法》明确规定剥夺或者限制人身自由的措施必须通过法律才能设置，劳动教养没有合法性成了一个不需要辨析的结论。2004 年《宪法》对国家尊重和保障人权的强调，更使劳教制度及其相关规定背负了"恶法"的名声。

（2）欠缺正当法律程序，劳教措施的适用缺乏必要的监督与制约。尽管在形式上劳动教养是以劳动教养委员会的名义决定的，但实际上劳教权高度集中于公安机关。从劳动教养的决定、到劳动教养的变更等，均大体属于一种封闭的行政自决系统，缺乏必要的制约。

（3）严厉性失衡，劳动教养成了一种"怪异的存在"。劳动教养立法体系，同刑事法律、其他行政法律界限尚不明晰，劳动教养、治安管理处罚、

---

〔1〕 参见《国务院关于进一步加强监狱管理和劳动教养工作的通知》（1995 年）第 1 条。

〔2〕 参见马克昌主编：《刑罚通论》（第 2 版），武汉大学出版社 1999 年版，第 766 页；常弓："起草劳教法过程中讨论的主要问题及观点综述"，载《犯罪与改造研究》1993 年第 9 期。

刑罚之间的衔接还不紧密，三者的严厉性尤其是劳动教养与刑罚失衡。劳改与劳教究竟有何区别即便是劳教工作人员甚至理论工作者也不易说清。司法部原副部长金鉴就曾坦言劳动教养"除了没有高墙、电网外，和劳改没有多大的区别"。[1]

关于劳教制度的命运，自20世纪80年代以来就已经有争议，也形成了废除论和改良论两种基本观点。无论是废除论还是改良论，在对于劳教制度存在重大弊端这一点上的认识是一致的，只不过两者的政策建议存在差别而已。由于劳教制度曾经对于社会秩序维护的特殊重要性、劳教制度长期存在的制度惯性、劳教制度废除对于部门利益格局的冲击等原因，劳教制度改良论一度成为决策部门所试图采用的观点，这主要表现为希望通过劳动教养立法——即制定《违法行为矫治法》来改良劳教制度的努力。早在20世纪80年代，劳动教养立法就已经提上议事日程，但是其立法过程却异常曲折。1987年司法部即组成劳教法起草小组，开始进行劳教法的起草工作，这大约与监狱法的制定工作同时起步，但是《监狱法》早已在1994年颁布，而劳教法一直停留在草案阶段。此后，劳教法又被《违法行为矫治法》所替代。2003年十届全国人大将劳动教养立法（《违法行为矫治法》）列入五年立法规划，且为应在任期内审议的一类法律，但直到任期结束，这部法律仍未审议。此后，2008年十一届全国人大再次将《违法行为矫治法》列为立法规划，但直到劳教制度废止，这部法律也没有出台。

2013年11月15日，中共中央《关于全面深化改革若干重大问题的决定》（以下简称《决定》）提出废止劳动教养制度，完善对违法犯罪行为的惩治和矫正法律，健全社区矫正制度。2013年12月28日闭幕的全国人大常委会通过了《关于废止有关劳动教养法律规定的决定》，至此，劳教制度在法律上被宣布正式废止。

劳教制度如何能被废止，这是一个颇为有意思的问题。正如《中国司法改革年度报告（2013年）》所言："2012年，废除劳教还是个敏感词；2013年上半年，许多人还在强调劳教发挥过重要作用，不少官员甚至法学家仍然认为劳教制度只宜改不宜废"。但2013年11月25日，十八届三中全会明确

---

[1]　转引自程锡奎："建设具有劳动教养特色的管理工作模式之浅析"，载李增辉、翁鑫水主编：《中国劳动教养特色的理论与实践文集》，中国人民公安大学出版社1993年版，第248页。

"废止劳动教养制度"。

在《决定》提出废止劳教制度后,中央司法体制改革领导小组办公室负责人曾就劳教制度及其废止原因作出了权威且官方的评论和解释。[1]从这一权威解释来看,中央对于劳教制度原本就采取的是废止论,而非改良论的立场。

二、劳教制度的"主体"延续

在劳教制度尚未被废止时,一部法律的出台曾经引起了劳教制度是否被率先废止的争议,也引起了一些人的"兴奋"以及另一些人的"担忧"。这部法律就是 2007 年 12 月 29 日由十届全国人大常委会第三十一次会议通过的《禁毒法》。这部法律的出台曾经被解读为率先废除了劳动教养制度,这显然是一种一厢情愿的解读。[2]

尽管《禁毒法》并没有率先废除劳教制度,但是这部法律的出台却为劳教制度的废止提供了可能性——只不过,废止的是没有被《禁毒法》"暗度陈仓"的普通劳教制度部分。

对劳教制度之所以能够被废止,可以有多种角度的解读。不过按照官方的事后正式解释,其废止是"我国法制逐步完备的结果对劳动教养适用的违法行为,依照现行法律,实体上基本都能予以相应处罚矫治,程序上更加严格规范"。具体来说,有三项改革基本分流了劳教对象,"架空"了劳教制度:一是 2007 年公布的《禁毒法》,将约占被劳教人员一半(实际可能超过 2/3)的吸毒成瘾人员实行社区戒毒和强制隔离戒毒,不再适用劳动教养。二是 2006 年施行的《治安管理处罚法》(已被修改),对尚不够刑事处罚的违法行为规定了治安管理处罚措施。三是近年来陆续出台的刑法修正案,将入室盗窃、携带凶器盗窃、扒窃、多次敲诈勒索等直接侵害公民合法权益的严重违法行为规定为犯罪行为。[3]

按照官方的上述事后解读,架空劳教制度的首要改革是《禁毒法》的出

---

[1] "中央司法体制改革领导小组办公室负责人就司法改革问题答记者问 积极稳妥推进深化司法体制改革各项任务",载 http://www.zznews.cn/news/system/2013/12/02/010178839_01.shtml.

[2] 姚建龙:《禁毒法》的颁行与我国劳教制度的走向",载《法学》2008 年第 9 期。

[3] "中央司法体制改革领导小组办公室负责人就司法改革问题答记者问 积极稳妥推进深化司法体制改革各项任务",载 http://www.zznews.cn/news/system/2013/12/02/010178839_01.shtml.

台，这一判断基本上是符合事实的。只不过《禁毒法》所分流的劳教对象应当远不止一半。实际上，在《禁毒法》将劳教戒毒人员更名为强制隔离戒毒人员，很多省市的劳教对象中，劳教戒毒人员的比例已经达到80%甚至超过90%。

根据司法部劳动教养工作管理局（戒毒管理局）于2012年6月25日披露的数据，全国已经有22个省级司法行政机关成立了戒毒管理局，全国建有强制隔离戒毒所248个，累计收治强制隔离戒毒人员36万余人，当时在册强制隔离戒毒人员近15万人。同时，司法行政系统已在26个省（区、市）建成68个戒毒康复场所（区域），配备管理人员1216人，累计收治、安置戒毒康复人员45 561人，仍在所人员4449人。[1] 2013年6月统计，自2008年以来司法行政系统强制隔离戒毒所累计收治强制隔离戒毒人员达到47万余人，正处在强制隔离戒毒中的戒毒人员近16万人。[2]

这意味着，即便劳教制度被正式宣布废除，原劳教场所、权力架构、工作人员并不会受到"伤筋动骨"的影响，而是可以基本保持完整。或者说，原来的劳教场所只需要更名、换牌即可应对劳教制度的"废止"。由此可见，《禁毒法》在延续劳教制度的同时，实际上也为劳教制度的废止扫除了最大的制度内障碍。

在劳教制度正式宣布废止后，原有劳教管理机关与劳教场所的改革基本按照如下模式展开：

司法部及各省市的劳教局（劳教管理机关）翻牌为戒毒管理局，大部分劳教场所（劳教执行机关）相应翻牌为"强制隔离戒毒所"。一些吸毒人员不多，劳教场所有富余的省市，则采取了两种转型方式：一是将劳教场所整体移交给公安机关，改建为看守所；二是整体移交给监狱部门，改建为轻刑犯监狱。

就劳教人民警察的转型而言，也大体上采取了以下出路：一是大部分随劳教场所翻牌为强制隔离戒毒所而转型为强制隔离戒毒人民警察；二是随劳教场所改建为看守所或轻刑犯监狱而转型为公安民警或监狱人民警察；三是转型为社区矫正人民警察和社区戒毒人民警察。另有的省市向司法所或者司

---

〔1〕 参见周斌："全国累计收治强制隔离戒毒人员逾36万"，载《法制日报》2012年6月26日。

〔2〕 "司法部：2008年来累计收治强制隔离戒毒人员47万"，载 http://www.chinanews.com/gn/2013/06-25/4965296.shtml.

法行政部门的其他机关分流了部分劳教人民警察。

以上海市为例，原劳教制度的转向是整体向戒毒制度转型，对于富余机构与人员则采取了多种分流方式。在《禁毒法》颁布后，上海市劳教局于2009年10月加挂了戒毒管理局牌子。全市原有8个正处级劳教所，1个戒毒康复中心，1个教育培训中心。在劳教制度被正式废止后，地处苏北的两所劳教所整体移交监狱管理局，转制为轻刑犯监狱，1个劳教所（四所）移交给公安机关转制为看守所，另外5个劳教场所则全部翻牌为强制隔离戒毒所。

上海市戒毒管理局在主要负责强制隔离戒毒业务的同时，也从2014年开始推动涉足社区戒毒与社区康复工作，体现了探索戒毒管理一体化的思路。例如，2014年2月20日，经过为期3周108课时岗前培训，首批近50名民警正式转型为社区戒毒民警进入浦东新区、普陀区、长宁区、奉贤区街道司法所履行社区戒毒、社区康复工作职责。

其他省市的改革也基本类似。例如，海南省劳教所从2009年开始，其关押人员中90%以上已经是戒毒人员，在劳教制度被宣布废止前，劳教所已经翻牌为强制隔离戒毒所。再如，陕西省在2013年初已不再接收劳教人员，从2009年9月开始，劳教部门重点工作已向强制隔离戒毒方向转变。

从劳教制度被正式废止后原劳教资源的转型来看，所谓劳教废止将对原劳教场所和人员造成重大冲击的担心，总体来看并未发生。事实上，在正式被宣布废止以前，劳教制度已经成功的通过《禁毒法》而在基本未予以改革的情况下，保留了主体部分：包括管理体系、主要场所、主要人员，还有工作机制。

尽管在劳教制度向强制隔离戒毒制度转型过程中，一些省市出现了劳教场所与民警等资源分流的现象，但是大多数省市在总体上并未出现这样的情况。在我国毒品问题日益严重，吸毒人数不断增长的背景下，更名为"戒毒"的原劳教制度主体部分，还有可能面临扩大和发展的机遇。事实上，在劳教制度被正式宣布废止后，的确有不少省市的劳教场所（强制隔离戒毒所）不但没有分流反而增加了。

三、治疗还是惩罚：强制隔离戒毒措施的性质

一个值得思考的问题是，原劳教制度向戒毒制度的"主体"转型基本上

可以称为"更名式"改革，那么，仅仅因为对象是"吸毒成瘾人员"，对其劳教（强制隔离戒毒）是否就具有了合法性与合理性呢？

劳教制度的废止被普遍视为我国法治建设的重大进步，但这种废止采取的是由其他法律分解处理原劳教对象的方式。分解式改革是否可以剔除劳教制度所存在的弊端，这是一个并未深入探究的问题。就《治安管理处罚法》与《刑法》所分解的劳教对象而言，由于这两部法律是全国人大制定，其中治安管理处罚较轻且多不涉及对人身自由的剥夺，而刑罚具有严格适用的法律程序，因此"总体上看"属于行政处罚圈与犯罪圈的正当调整。[1]

此外，公安机关还存在对吸毒人员的"动态管控"机制。根据公安部《吸毒人员登记办法》（2009年）的规定，公安机关对所登记的吸毒人员建立了专门的工作台账和专门的全国禁毒信息系统"吸毒人员数据库"，对吸毒人员实行动态管控。被纳入动态管控系统的吸毒人员，实际上将会被公安机关作为重点监控对象，在日常生活、社会活动、旅行住宿等各个环节均会受到"重点关注"。只有符合"戒断3年未复吸的"（《戒毒条例》第7条）标准，才会不再实行动态管控。也就是说，戒毒人员可能被剥夺或限制人身自由可达12年，如果戒毒人员不能保持戒断3年的操守，则将可能因为"成瘾性"而反复被强制性戒毒。

在《禁毒法》颁布后，国家禁毒委员会曾经对强制隔离戒毒与劳教戒毒区别做了如下解释：

> 强制隔离戒毒《禁毒法》从整合戒毒资源、提高戒毒效果考虑，将强制戒毒和劳动教养戒毒统一规定为强制隔离戒毒。这不仅仅是名称和期限的改变，更主要的是赋予强制隔离戒毒新的内涵，强制隔离戒毒不是行政处罚措施，而是以戒毒人员为对象的强制性教育医疗措施。从《禁毒法》的立法本意看，戒毒制度的本质属性不是惩罚，而是立足于彻底挽救吸毒人员。如《禁毒法》规定，强制隔离戒毒所应对戒毒人员进行生理、心理治疗和身体康复训练，还应对戒毒人员进行职业技能培训等。较之以前的强制性戒毒制度，这些规定更充分地体现了戒毒理念和社会文明的进步。

---

〔1〕　当然，也有学者认为治安管理处罚也具有违反正当法律程序的特点——尤其是拘留措施，因此也应当进行司法化改革，譬如在法院设立治安法庭作为治安处罚的决定主体。

按照这一解释，在性质上强制隔离戒毒并不被认为是行政处罚措施，而是"强制性教育医疗措施"，本质属性"不是惩罚"。这种解释与曾经对劳动教养的解释有着异曲同工之处。劳动教养也曾经被认为不是行政处罚措施，而是一种教育矫治措施，甚至是安置就业的方法。

从同样被认为不具有惩罚性的强制隔离戒毒的实际执行来看，这种"医疗措施"并非由卫生部门设置与管理的医疗机构来执行，而是由公安机关和司法行政机关设置的强制隔离戒毒所来执行，强制隔离戒毒所的工作人员穿的不是"白大褂"而是"警服"。而所谓强制隔离戒毒所事实上为原公安机关设置的强制戒毒所以及司法行政机关所设置的劳教戒毒所"换牌"与"更名"而来，管理人员与执行场所实际完全一致。那么，在执行与管理方式上是否可以产生与劳动教养的性质差异呢？从《禁毒法》《戒毒条例》以及相关部门规章的规定来看，这种区别几乎是无法辨析的。例如，《公安机关强制隔离戒毒所管理办法》（2011 年）基本为原《强制戒毒所管理办法》（2000年，已失效）的翻版，《司法行政机关强制隔离戒毒工作规定》（2013 年）也基本是原《劳动教养戒毒工作规定》（2003 年，已失效）的变通与微调。

就强制隔离戒毒所的实际运作来看，也很难说有重大区别。例如，重庆市劳教戒毒所（现名重庆市嘉陵强制隔离戒毒所）作为经验介绍的对新入所强制隔离戒毒人员"六个三训练法"。剪三长：头发长、胡须长、指甲长；正三相：站相、坐相、走相；响三声：歌声、番号声、读书声；纠三手：背手、袖手、插手；习三规：《禁毒法》《强制隔离戒毒人员守则》《强制隔离戒毒人员行为规范》；树三心：决心、信心、恒心。[1] 这六个训练法仍是以"规训"为中心，而非治疗为中心。在"八个训练法"之下的戒毒人员似乎很难发现与原劳教戒毒人员之间的差异。

再以某省市制定的《强制隔离戒毒工作运行指导意见》为例，这一指导意见明确提出了"去劳教化"的目标，虽然也强调受害者和病人身份，但仍然将"违法者"作为吸毒成瘾人员的首要身份。"以戒毒文化为导向，诊断评估为依据，分期管理为基础，分级流转为主线，循证矫治为重点，综合戒治为手段，无毒环境为保障，社会联动为补充"的这一工作机制，也很难与

---

〔1〕 陈一峰、余文华："重庆市劳教戒毒所注重加强强制隔离戒毒人员入所养成教育"，载 http://www.12371.gov.cn/html/zgpd/zqsljjds/2012/03/21/162742157851.html.

"医疗"联系在一起，而与"劳教"运作机制差异不明显。

而在笔者对国内多省市强制隔离戒毒所的实际调研来看，强制隔离戒毒所的运作模式与更名前的劳教所之间实际几乎并没有区别。强制隔离戒毒所仍然以"生产"和"安全"为主要追求目标，所谓"戒毒"仍然主要体现于机构的名称上。正如笔者在调研中，某强制隔离戒毒所负责人所言："在长期的劳教工作中，干警使用的是一套管教劳教学员的方法、模式，无论是教育生产，还是管理，都形成了思维定式。首先是求稳定不出事，其次是抓生产出效益，最后是轻教育走形式"，这一管理思路与思维定式普遍实际延续于强制隔离戒毒所的管理。

2015 年 1 月 29 日由最高人民检察院检委会通过的《关于强制隔离戒毒所工作人员能否成为虐待被监管人罪主体问题的批复》指出："根据有关法律规定，强制隔离戒毒所是对符合特定条件的吸毒成瘾人员限制人身自由，进行强制隔离戒毒的监管机构，其履行职责的工作人员属于刑法第二百四十八条规定的监管人员。"可见，最高人民检察院也基于客观事实而承认了强制隔离戒毒所的"真实面孔"。

如果承认强制隔离戒毒的监管机构与惩罚性特征，那么另一个无法回避的问题是：一事二罚这样一种有悖于基本法理现象的客观存在，在劳教制度废止后却被合法确立了下来。根据《戒毒条例》的规定，强制隔离戒毒（也包括社区戒毒）与治安管理处罚可以并用，即在决定强制隔离戒毒或者社区戒毒的同时，仍可予以治安管理处罚，其执行方式是先执行治安处罚再予以强制隔离戒毒或者社区戒毒。例如某市关于行政处罚与强制隔离戒毒的衔接规定如下：

县级以上公安机关对吸毒成瘾或者吸毒成瘾严重的人员在作出强制隔离戒毒决定之前，应当依法对其吸毒违法行为予以行政处罚。

吸毒成瘾或者吸毒成瘾严重人员被依法予以行政拘留和决定强制隔离戒毒，且拘留所不具备戒毒治疗条件的，公安机关可以凭盖有拘留所章的执行行政拘留通知书复印件，将其送市公安机关设立的强制隔离戒毒场所代为执行，并由强制隔离戒毒场所给予必要的戒毒治疗。行政拘留执行期满时，由作出行政拘留的公安机关凭解除拘留证明书和强制隔离戒毒决定书，宣布解除行政拘留和执行强制隔离戒毒决定。

也就是说，按《戒毒条例》与地方省市的具体操作性规定，行为人将因为吸毒一个行为而遭受治安管理行政处罚与强制隔离戒毒双重处罚。

此外，吸毒行为还会导致"禁驾"的后果。按照 2012 年 7 月公安部《关于加强吸毒人员驾驶机动车管理的通知》的规定，吸毒成瘾未戒除人员（即正在执行社区戒毒、强制隔离戒毒和社区康复措施的人员，实践中则以操守保持三年未复吸为认定标准）申领驾驶证将不予核准，如果持有机动车驾驶证也将被强制注销驾驶证。近些年来，因为毒驾导致重大加通事故的现象日益突出，禁止吸毒人员驾驶机动车具有维护社会安全的目的，对吸毒人员一律禁驾是否合理不论，但其对吸毒人员的影响也是十分重大的，客观上也具有处罚的效果。事实上，禁驾在一些国家属于资格刑的范畴。因此某种程度上可以说，吸毒将导致治安行政处罚、强制性戒毒与剥夺驾驶人资格三重处罚。

同时，与原劳动教养不同的是，强制隔离戒毒期限不可以折抵刑期，而是并列关系。在强制隔离戒毒期间被发现漏罪或者犯新罪而判处刑罚的，如果强制隔离戒毒期限尚未执行完毕，则在刑罚执行完毕后仍然要执行剩余的强制隔离期。

从这个角度看，强制性戒毒措施对禁止双重处罚原则的违反，较之劳动教养更加严重。

四、重新认识吸毒者：强制隔离戒毒的合法性与合理性

在我国，吸毒者有着被界定为违法者甚至犯罪者的传统。[1]例如，流行的观点认为吸毒既有害于自身健康，也会诱发性病等传染疾病蔓延以及诱发违法犯罪行为，因此吸毒本身虽然不是刑事犯罪而是违法行为，但被普遍视"罪恶"的行为。尽管《禁毒法》承认了吸毒者的病人身份，但这样一种观念仍然实际上发挥着主导作用。

然而在社会学看来，吸毒的社会危害性有被夸大的可能，对吸毒者的惩罚不完全具有合理性。例如，美国社会学者认为，相对于毒品而言"合法麻醉品更危险，杀死的人也更多"，"大多数使用非法麻醉品的人仅仅是抱着尝

---

〔1〕 在历史上，吸毒曾经被界定为犯罪行为，在清代甚至可以处以绞刑。

试的、偶尔使用的或适度使用的态度，不会发展到无法遏抑、不能自已的滥用程度"，"吸食毒品不一定会导致犯罪，因为大多数已有犯罪前科的吸毒者在吸毒前已经开始犯罪了"。[1]

关于人为什么吸毒，存在三大理论解释：生物学解释、心理学解释、社会学解释。根据生物学解释，毒品上瘾的原因在于生物因素，如对毒品有天生的承受力，或因新陈代谢紊乱导致的对毒品的渴望，就像糖尿病患者对胰岛素的渴望一样。根据心理学解释，毒品使用是由特定的人格特征决定的，如缺乏自尊、打破常规、我行我素。根据社会学解释，毒品使用来源于社会力量，如毒品亚文化模式或同龄群体的影响。[2] 当代医学对吸毒的解释以及治疗原理，总体上认同吸毒成瘾是一种脑疾病的观点。可见，无论根据哪一种理论解释，对吸毒者采取以惩罚为主的强制性戒毒措施，均并不完全具有合理性。

从各国对待吸毒者的法律立场来看，也走过了一条从惩罚到强制性治疗，再到在尊重吸毒者权利基础上提供卫生保健服务的发展过程。在 20 世纪以来的非犯罪化浪潮中，各国纷纷将吸毒行为非犯罪化。尽管很多国家仍在法律上禁止滥用毒品，但是毒品合法化已经不再只是理论与政策争议，而是已经在一些国家施行。例如，美国目前有 11 个州已经把大麻当合法的麻醉药使用。

在国际上，对吸毒者采取强制隔离的措施，也已经成为一种被批判与摒弃的做法。2012 年 3 月，联合国毒品和犯罪办公室等 12 个联合国机构联合发布了《关闭强制拘禁戒毒中心和康复中心的联合声明》。这一声明呼吁存在强制拘禁戒毒和康复中心的国家应毫不迟疑地关闭这些中心，释放被拘留人员；并在社区为需要这些服务的人，在自愿、知情基础上，为他们提供适合的卫生保健服务。[3]

我国《禁毒法》认定吸毒者是病人，也是违法者和公民，承认了吸毒者的病人身份，但是在法律上，吸毒者仍然主要被当作违法者。尽管强制隔离戒毒（也包括社区戒毒）适用的条件是"吸毒成瘾"——这也是两种强制性戒毒措施具有"医疗措施"性质的前提，但在实际操作中，这两种措施更主

---

〔1〕　［美］亚历克斯·梯尔：《越轨社会学》，王海霞等译，中国人民大学出版社 2011 年版，第 169~170 页。

〔2〕　［美］亚历克斯·梯尔：《越轨社会学》，王海霞等译，中国人民大学出版社 2011 年版，第 179 页。

〔3〕　参见谌彦辉："内地强制隔离戒毒转型之困"，载《凤凰周刊》2014 年第 2 期。

要被当作了处罚吸毒者的惩罚措施。例如，有的省市规定，对于查获的首次吸毒者一律社区戒毒，第二次及以上查获的一律强制隔离戒毒。

需要承认的是，我国要在法律上将吸毒者的违法身份祛除，在相当长的时间内不具有可行性。但是，即便将吸毒者作为违法者并采取相应的惩罚或者强制性教育措施，也应当符合法治的原则与要求。

与劳动教养制度一样，强制性戒毒措施（尤其是强制隔离戒毒）同样是缺乏正当法律程序，具有实际惩罚性且与治安管理行政处罚、刑罚比例失衡的措施。按照《立法法》的规定，剥夺或者限制人身自由的惩罚措施，只能由全国人大以基本法的形式规定。由全国人大常委会所颁布的《禁毒法》所设置的强制隔离戒毒措施（也包括社区戒毒、社区康复等），显然是对《立法法》的违反。也就是说，无论是从法律还是法理，强制隔离措施的合法性均是值得商榷的。

从医学的角度来看，吸毒者是脑疾病患者，其身份属性首先是病人。对于病人的强制，应当以医疗为目的，且符合治疗的需要，但是，强制隔离戒毒措施，显然很难被认定为"医疗措施"。

值得注意的是，2012年修订的《刑事诉讼法》将对精神病人的强制医疗措施予以了司法化。对于同样为广义上精神疾病之一种的吸毒成瘾人员，如果要采取强制性治疗措施，至少也应当予以司法化才具有合法性。即便法律上将吸毒界定为违法，可以长达12年甚至更长时间的"处罚"显然也是违反比例原则的，与治安管理处罚和刑罚失衡。

自由主义犯罪学早就告诫，要注意那些过度依赖警察权力以及相关控制技术，并将之作为处理危险和不稳定因素手段的做法，[1]迈克·汤瑞也提醒："几乎在任何地方，很多专业人士和学者相信，应当尽可能避免监禁的运用，而惩罚应当宽缓、节制、合比例且尊重犯罪人的人权"，[2]而强制隔离戒毒措施显然是对这些告诫与提醒的背离。

---

〔1〕〔英〕伊恩·路德、理查德·斯帕克斯：《公共犯罪学?》，时延安、李兰英、陈磊译，法律出版社2013年版，第162页。

〔2〕〔英〕伊恩·路德、理查德·斯帕克斯：《公共犯罪学?》，时延安、李兰英、陈磊译，法律出版社2013年版，第154页。

五、对我国戒毒制度改革的建议

吸毒人员已经在客观上成为一个庞大的人群。截至 2013 年底，全国累计登记吸毒人员 247.5 万名，其中滥用阿片类毒品人员 135.8 万名、滥用合成毒品人员 108.4 万名，分别占 54.9% 和 43.8%；2013 年全国新发现登记吸毒人员 36.5 万余名，依法查获有吸毒行为人员 68.2 万人次，依法处置强制隔离戒毒 24.2 万余名，依法责令接受社区戒毒、社区康复 18.4 万余名。全国禁毒部门配合交管部门依法注销 2.4 万名吸毒驾驶人的机动车驾驶证，拒绝吸毒人员申领机动车驾驶证 3382 人，拒绝申请校车驾驶资格 30 人。[1]

由于《禁毒法》对强制戒毒与劳教戒毒以未作改革的方式"继承"了下来，可以说戒毒制度是劳教制度未尽的改革，后劳教时代的我国戒毒制度改革应当尽快提上日程。

戒毒人员的权利保障是一个必须重视的议题。为了避免强制性戒毒措施对戒毒人员权利的伤害，强制性戒毒措施的适用必须遵从正当法律程序原则，纳入法治的轨道。

2012 年修订的《刑事诉讼法》规定精神病人的强制医疗措施采取的司法程序，此可为强制性戒毒措施适用的参考。具体而言，决定强制性戒毒，必须由法庭以裁定的形式作出。参考国外的做法，可以考虑在人民法院内设毒品法庭（或者治安法庭），专门审理毒品滥用的案件。例如，美国很多州均设有毒品法庭，由法官对吸毒者进行评估和判决，根据吸毒者的具体情况。法官可以要求他们进行各种戒毒治疗项目，假释官、社会工作者和个案辅导员负责监督吸毒者参与戒毒治疗，要求吸毒者定期到毒品法院向法官汇报情况，进行毒品检测。也就是说，属于我国公安机关的权力，例如戒毒措施的决定权、吸毒成瘾检测权等，在美国均属于毒品法庭。

根据《禁毒法》与《戒毒条例》的规定，我国目前的戒毒工作处于多头管理的状态。目前自愿戒毒工作是由卫生行政部门主管，而强制性戒毒措施的管理主体多头且较为混乱。

尽管司法行政部门原劳教管理局已经翻牌为"戒毒管理局"，但是戒毒管理局仅仅负责的是部分强制隔离戒毒的执行与管理工作，其职权范围仅及于

---

〔1〕　国家禁毒委员会办公室：《2014 年中国禁毒报告》。

隶属于司法行政部门的强制隔离戒毒所（原劳教戒毒所）的管理。公安机关也具有对强制隔离戒毒执行与管理权，其职责范围是隶属于公安机关的强制隔离戒毒所（原强制戒毒所）。

社区戒毒与社区康复的执行与管理也具有多样化的色彩，《禁毒法》和《戒毒条例》规定由乡（镇）人民政府、城市街道办事处负责社区戒毒与社区康复的执行，但一些省市采取的是禁毒办管理，禁毒社团自主运作的方式。此外，公安机关与司法行政部门也均对自行设置的戒毒康复场所行使着管理权。同时，卫生行政部门对于戒毒场所医疗机构的设置与医疗行为也具有管理和指导权。

总体来看，无论是强制性戒毒措施的执行，还是戒毒机构的管理，均处于混乱和交叉的状态，这不利于戒毒工作的规范与发展，也难以避免戒毒工作的异化。《禁毒法》颁布以前，这些问题均已经较为严重的暴露出来。

戒毒管理的一体化有三种方案：一是由公安机关统一负责戒毒工作的管理；二是由司法行政部门统一负责戒毒工作的管理；三是由卫生行政部门统一负责戒毒工作的管理。戒毒首先也主要应当是医疗行为，由卫生行政部门负责戒毒工作的统一管理，是一种较为理想的方案。具体而言，可以考虑在省级卫生厅（局）设置戒毒管理局，将司法行政部门的戒毒管理职能及公安机关的戒毒管理职能统归该局。其他戒毒管理工作，如社区戒毒、社区康复、美沙酮社区维持治疗、自愿戒毒等，也应统归该局管理。

目前，除自愿戒毒主要由医务人员负责外，强制性戒毒措施的执行均主要由警察来负责（公安民警和原劳教人民警察）。值得反思的是，医务人员反而居于辅助地位。如果强制性戒毒措施具有存在的必要性，那么其执行就应当以医务人员而非警察为主。强制隔离戒毒所应尽快脱离公安与司法行政系统转归卫生行政部门，并主要由医务人员具体负责对戒毒人员的治疗。考虑到吸毒人员的特殊性，公安机关可以派民警进驻强制隔离戒毒场所承担警戒职责和协助进行戒毒人员的日常管理、教育。社区戒毒与社区康复的执行也应采取医务人员为主，警察、社工等其他人员为辅的方式，即将社区戒毒与社区康复也从"管制措施"改革为"治疗措施"。

让戒毒制度纳入法治与医学的轨道，仍然任重道远，但也刻不容缓。

重构后戒毒体系之运作与反思*

在《中华人民共和国禁毒法》（以下简称《禁毒法》）已经颁布实施多年后，国务院于 2011 年 6 月 26 日正式公布了《戒毒条例》（2018 年修订）。实际上，早在 2007 年 12 月全国人大常委会三读审议通过了《禁毒法》之后，公安部就立即成立了工作小组，着手起草《戒毒条例》。《戒毒条例》是《禁毒法》实施的重要保障，按常理其应至少与《禁毒法》同步实施。但耐人寻味的是，《戒毒条例》的公布却延后于《禁毒法》的正式实施。

一个值得注意的现象是，在三年半的"空白"时间中，公安部、司法部、卫生部等戒毒工作直接相关的部门，均先于《戒毒条例》以部门规章的形式细化了《禁毒法》有关戒毒措施的规定[1]，这意味着在《戒毒条例》正式公布以前戒毒体系的格局实际已经基本确定。《戒毒条例》要对戒毒体系做大的调整已经不可能，其所能做的大体上只能是对已有戒毒体系格局的确认与细化，从《戒毒条例》的内容来看，也的确体现了这样的特点。

　＊ 载《中国人民公安大学学报（社会科学版）》2012 年第 5 期，发表时标题为"《戒毒条例》与新戒毒体系之运作"并有删节。

　〔1〕 主要有：公安部、司法部、卫生部（已撤销）制定的《吸毒人员登记办法》（2009 年）、公安部制定的《吸毒检测程序规定》（2010 年，现已被修改）、《关于执行〈中华人民共和国禁毒法〉》有关问题的批复》（2008 年），公安部、卫生部（已撤销）制定的《吸毒成瘾认定办法》（2011 年，现已被修改）、《关于公安机关强制隔离戒毒所使用美沙酮等麻醉药品和精神药品有关问题的通知》（2009 年），卫生部（已撤销）、公安部、司法部制定的《戒毒医疗服务管理暂行办法》（2010 年），卫生部（已撤销）制定的《阿片类药物依赖诊断治疗指导原则》（2009 年）、《苯丙胺类药物依赖诊断治疗指导原则》（2009 年），司法部原劳教局戒毒管理局制定的《强制隔离戒毒人员诊断评估办法（试行）》（2009 年），司法部原劳教局戒毒管理局制定的《强制隔离戒毒人员管理工作办法（试行）》（2009 年）。

一、戒毒工作中的利益相关者

1. 利益相关者及其种类

利益相关者理论是 20 世纪 60 年代以来产生于西方的企业管理理论。1984 年，爱德华·弗里曼（R. Edward Freeman）出版了《战略管理：利益相关者方法》一书，系统提出了利益相关者（Stakeholders）理论的思想。[1] 利益相关者理论的基本含义是指企业的经营管理者为综合平衡各个利益相关者的利益要求而进行的管理活动。与传统的股东至上主义相比较，该理论认为任何一个公司的发展都离不开各利益相关者的投入或参与，企业追求的是利益相关者的整体利益，而不仅仅是某些主体的利益。根据爱德华·弗里曼的界定："利益相关者是能够影响一个组织目标的实现，或者受到一个组织实现其目标过程影响的所有个体和群体。"[2]

利益相关者理论对于研究我国戒毒工作不无启示。参照爱德华·弗里曼的观点，我们大体上也可以把戒毒工作中的利益相关者界定为，能够影响戒毒工作目标实现，或者受实现戒毒工作目标过程影响的所有个体和群体。

《戒毒条例》总则将戒毒工作主要利益相关者的职责、地位均予以了明确，其所涉及的利益相关者包括六大类：①人民政府（包括县级以上人民政府、乡镇人民政府、城市街道办事处、设区的市级人民政府、省级人民政府、国务院）；②禁毒委员会；③政府相关部门，主要包括公安机关、司法行政部门、卫生行政部门以及药品监督管理部门、民政部门、人力资源社会保障部门、教育部门，建设部门、发展改革部门等；④戒毒机构，主要包括强制隔离戒毒场所、戒毒康复场所、戒毒医疗机构；⑤戒毒人员；⑥社会力量，包括社会组织、企业、事业单位、个人等。

这六大类中具体包括二十余个利益相关者，大体涵盖了戒毒工作的主要利益相关者。不过，最直接的利益相关者（也是《戒毒条例》对其权力、职责配置或者权利作出明确的相关者）主要包括以下几个：禁毒委员会、公安

---

〔1〕 刘利："利益相关者理论的历史回顾与未来研究方向"，载《沈阳工程学院学报（社会科学版）》2009 年第 2 期。

〔2〕 刘丹：《利益相关者与公司治理法律制度研究》，中国人民公安大学出版社 2005 年版，第 39 页。

机关及其所属戒毒场所、司法行政部门及其所属戒毒场所[1]、卫生行政部门及其所属戒毒医疗机构、乡镇人民政府、城市街道办事处、戒毒人员。

在《禁毒法》与《戒毒条例》制定过程中利益相关者的博弈具体过程已无从细究，但是从《禁毒法》对强制隔离戒毒场所的归属等诸多问题均不予明确规定，以及《戒毒条例》迟迟不能出台来看，这一博弈过程定然是十分激烈的。而一个耐人寻味的博弈结果是，《戒毒条例》基本上是对戒毒工作实践所"自然形成"的戒毒体系、权力配置格局的认同。《禁毒法》与《戒毒条例》大体上使其合法化（如自愿戒毒、社区戒毒、社区康复）与体系化（如将公安机关强制戒毒与司法行政机关负责的劳教戒毒统称为"强制隔离戒毒"）。当然，这种对戒毒实践的妥协，也可能是一种务实的理性，但这同时也意味着，重构后的戒毒体系仍有待于"实践"去完善，而这也是《禁毒法》与《戒毒条例》实施中所可能面临的最大挑战。

2. 禁毒委员会

《禁毒法》明确了禁毒委员会的法律地位，《戒毒条例》第2条第1款则进一步规定"县级以上人民政府应当建立政府统一领导，禁毒委员会组织、协调、指导，有关部门各负其责，社会力量广泛参与的戒毒工作体制"。这一条款明确禁毒委员会负有组织、协调、指导戒毒工作的职责。但是，禁毒委员会究竟应如何组织、协调、指导戒毒工作，《戒毒条例》仍然并未明确规定。

禁毒委员会落实组织、协调、指导戒毒工作职责的最大挑战，源自于禁毒委员会机构的设置模式。目前，我国禁毒委员会还是"邦联"性质的协调机构[2]，相关部门以成员单位的形式参加禁毒委员会，其常设性办公室在中央和大部分省市均设置于公安机关，个别省市设置于政法委（如上海）。这种组织机构必然使禁毒委员会本身具有职能"部门化"的特征，因而导致其对戒毒工作的组织、协调与指导容易形成"权力盲点"和受到部门利益的影响。以由独立的多个部委组成的国家禁毒委员会为例，其名义上是全国禁毒工作

---

[1]　公安机关和司法行政部门所属戒毒场所主要包括强制隔离戒毒场所和戒毒康复场所。

[2]　邦联是复合制国家结构的一种形式，它是由两个以上的主权国家为了某种共同利益而组成的国家联盟。邦联的各成员国对内、对外享有全部主权，各成员国经过平等协商把各自的一部分权力委托给邦联机构。邦联机构是协商性的，它所作出的决议只有经过各成员国认可才有约束力，并通过各成员国政权才能对其公民发生效力。禁毒委员会各成员单位之间的关系，较为类似于邦联中各主权国家之间的关系，禁毒委员会各成员单位实际类似于邦联中的主权独立的国家。

的协调机构，但它依托公安部设置，国家禁毒委员会主任由公安部部长担任，副主任由分管禁毒工作的副部长担任，委员会办公室则设在公安部禁毒局，禁毒办主任则由禁毒局局长兼任。如何让禁毒委员会超越实际上的部门权力局限与顾忌，尤其是跳出公安部门本身的部门利益，发挥统筹组织、协调、指导戒毒工作的功能，避免《禁毒法》与《戒毒条例》实施以前戒毒工作的分割与各自为政，不能不说是一个具有挑战性的难题。

我国在民国时期亦设置有"禁烟委员会"，并且除颁布《禁烟法》《禁烟法施行规则》等禁毒法规之外，还根据《国民政府组织法》单独制定了《禁烟委员会组织法》及《禁烟委员会组织条例》。禁烟委员会设总务处和查验处[1]，具有"对地方最高级行政长官执行禁烟事务指示监督之责"（第3条），并且"就主管事务对于各地方最高级行政长官之命令或处分认为有违背法令或失当时得请行政院长提经国务会议议决变更或撤销之"（第4条），对"各地方文武官员关于禁烟事宜有妨碍禁令或废弛职务者……得依法提付惩戒"（第5条），"对于公务人员如有吸食鸦片嫌疑而未经该主管长官举发者得分别咨行或呈请检举调验之"（第6条）。可见，民国时期的禁烟委员会具有督察禁毒事务的实际权力，这种权力配置可以确保禁烟委员会组织、协调、指导禁烟事务的职责落到实处。民国时期禁烟委员会的这种机构设置与职能设定，尤其是督察权的配置，直到今天仍不乏借鉴意义。

3. 戒毒权力配置

《戒毒条例》将《禁毒法》所规定的戒毒措施进一步提炼为自愿戒毒、社区戒毒、强制隔离戒毒三种，同时对强制隔离戒毒后的社区康复措施也做了专章的规定。无论是基于提高戒毒工作的科学性与效率，还是按照国务院机构改革关于一项业务工作由一个业务部门主管，避免职能交叉的原则要求，这些戒毒措施应当予以必要的整合。但是，《禁毒法》颁布以前戒毒工作权力分割、戒毒措施分属不同部门负责的现象并未随着《禁毒法》的颁布得以整

---

〔1〕 总务处的职责是：（1）关于一切机要及会议事项，（2）关于撰拟收发保存文件事项，（3）关于会计庶务事项，（4）关于编制统计及报告事项，（5）关于编辑及发行各种禁烟书报、标语及其他宣传事项，（6）关于典守、印信事项，（7）其他不属于查验处之事项。查验处的职责是：（1）关于督促各地方禁烟事项，（2）关于地方管理办理禁烟不力提付惩戒事项，（3）关于调查各地方禁烟实施事项，（4）关于调查运输鸦片、吗啡、高根、安洛因等事项，（5）关于国际禁烟事项，（6）关于化验戒烟药品事项。

合,《禁毒法》颁布也未能整合强制戒毒与劳教戒毒。《戒毒条例》所最终确立的戒毒体系权力配置,大体只是对于公安机关、司法行政部门、卫生行政部门、乡镇人民政府、城市街道办事处在《禁毒法》颁布以前所实际形成的权力结构与关系做了确认。

根据《戒毒条例》总则第 4 条、第 5 条的规定,戒毒体系中的主要权力配置是:①公安机关享有对涉嫌吸毒人员检测权、对吸毒人员登记与动态管控权、责令社区戒毒权、决定强制隔离戒毒权、责令社区康复权、强制隔离场所与戒毒康复场所的管理权。②司法行政部门享有强制隔离场所与戒毒康复场所的管理权。③卫生行政部门享有戒毒医疗机构监督管理权。④乡(镇)人民政府、城市街道办事处享有社区戒毒、社区康复执行权。

从《禁毒法》与《戒毒条例》的规定来看,强制性戒毒措施(包括社区戒毒、强制隔离戒毒以及社区康复)的决定权均统一由公安机关行使,但是执行却分别由基层政府、公安机关、司法行政机关三个部门行使。社区戒毒由县级公安机关决定,执行却交给一级政府机构或政府派出机构(乡镇人民政府与街道办事处)。同时,公安机关、司法行政机关还各自分别负责管理其所属的戒毒康复场所,而自愿性戒毒医疗机构则由卫生行政部门管理。

4. 戒毒人员

《戒毒条例》总则第 7 条规定:"戒毒人员在入学、就业、享受社会保障等方面不受歧视。对戒毒人员戒毒的个人信息应当依法予以保密。对戒断 3 年未复吸的人员,不再实行动态管控。"这一条款可以称为戒毒人员的权利条款,它针对实践中戒毒人员权利最容易受到侵害的方面,给予了必要的回应,具体来说可概括为三个原则:一是明确规定了戒毒人员的非歧视性原则,二是规定了戒毒人员的信息保密原则,三是规定了戒断人员解除动态管控原则。

引人注目的是这一条款关于戒断 3 年未复吸的人员不再实行动态管控的规定。公安部自 2006 年 8 月份开始在全国范围内推广应用吸毒人员动态管控信息系统,这一系统通过记录其流动轨迹的方式实现对吸毒人员现状的掌控。动态管控系统的建立对于禁毒工作及犯罪控制工作发挥了积极的作用,但由于其对于戒毒人员的约束是无形而又强有力的,也在实践中带来了对戒毒人员权利过渡限制甚至是侵犯等弊端,主要表现为戒毒人员在流动过程中频繁遭遇警方监控与强制尿检,"有的是去派出所办理身份证,有的是去年检驾驶执照,有的是入住宾馆,有的是乘坐火车,有的在洗浴场所,有的是在街上"。在尿检过程中,一些戒毒人员还反映遭遇警方不规范尿检现象。这种频繁甚至不规范的尿检行为,严重干扰了戒毒人员的正常生活,戒毒人员对此反映强烈。[1]

除总则第7条外,《戒毒条例》其他章节也有多个条款强调对戒毒人员权利的保障,主要体现在对戒毒人员程序权的保障。例如责令社区戒毒决定书要送达本人及其家属(第13条)、女性强制隔离戒毒人员的身体检查由女性工作人员进行(第28条第2款)等。

《戒毒条例》第7条关于戒毒人员权利的规定是值得称道的进步,也可以说是戒毒人员权利保障与禁毒主体之间博弈的结果。但是如何让这些规定不至于成为一种纸面上的权利宣告,如何在戒毒人员权利保障与禁毒工作之间做到平衡,还有待于时间和实践去实现。不过必须承认的是,戒毒人员在戒毒利益相关者中无疑是弱者。

二、戒毒措施体系

1. 基本架构

在《禁毒法》正式颁布以前,我国实际上已经形成了以医疗机构负责的自愿戒毒,公安机关负责的强制戒毒,司法行政部门负责的劳教戒毒三种主要戒毒模式。这种具有"实践形成"特点的多部门分割负责的戒毒体系存在着诸多弊端,已经不能完全适应我国戒毒工作发展的需要。[2]《禁毒法》重构了我国戒毒体系,例如将强制戒毒和劳教戒毒整合为强制隔离戒毒,同时赋予了实践中探索的社区戒毒、社区康复、戒毒药物维持治疗等戒毒措施以法律地位,由此形成了"以自愿戒毒、社区戒毒、强制隔离戒毒三大戒毒措施为主,社区康复为辅,戒毒药物维持治疗、戒毒康复为补充"的戒毒体系。

需要强调的是,对我国现行戒毒体系的这种概括主要是基于《禁毒法》与《戒毒条例》对于这些戒毒措施的法律定性,但"为主""为辅""补充"的用语并不意味着对某类戒毒措施地位与作用的贬低。之所以称自愿戒毒、

---

[1] 王文:"吸毒人员动态管控机制信息更新请示报告",载 http://blog.sina.com.cn/s/blog_4cb0bc670100nru7.html;王文:"更新成瘾者吸毒人员动态管控机制信息到底归哪里管",载 http://blog.sina.com.cn/s/blog_4cb0bc670100h8tz.html.

[2] 参见姚建龙:"我国现行戒毒体系的反思与重构",载《青少年犯罪问题》2002年第3期。

社区戒毒、强制隔离戒毒为主，是因为这三种戒毒措施均为《禁毒法》确立、《戒毒条例》专章规定且可以独立适用的戒毒措施。之所以将社区康复成为"辅"，是因为其并非一种独立戒毒措施，而是一种具有强制性的且只适用于解除强制隔离戒毒人员的康复性戒毒措施。之所以将戒毒药物维持治疗、戒毒康复称为"补充"，是因为两者虽然均为《禁毒法》与《戒毒条例》规定，但都不是独立适用的巩固性戒毒措施。其中戒毒药物维持治疗大体上只是自愿戒毒的一种戒毒方式，而戒毒康复则是自愿戒毒人员、社区戒毒、社区康复人员为巩固戒毒效果，主动进入戒毒康复场所康复、生活和劳动的一种自愿选择。

《禁毒法》第4章专章对戒毒措施作了规定，但是对各种戒毒措施规定的法条排列顺序不够科学，各种戒毒措施之间的关系不清晰。对此，《戒毒条例》做了较为显著的改进，参照强制性的强弱与戒毒流程提炼出了自愿戒毒、社区戒毒、强制隔离戒毒、社区康复四种戒毒措施，并以专章顺序作出了规范，同时将禁毒法所规定的戒毒药物维持治疗、戒毒康复分别纳入社区戒毒、社区康复章中，使得各种戒毒措施之间的关系更为清晰。

2. 自愿戒毒

从《禁毒法》的规定来看，广义的自愿戒毒包括四种形式，一是自行到戒毒医疗机构接受戒毒治疗，二是申请参加戒毒药物维持治疗，三是自愿进入强制隔离戒毒所戒毒，四是自行采取非借助医疗机构、戒毒药物维持治疗、强制隔离戒毒所的其他戒毒方式，如自行在家戒毒、亲属帮助戒毒等。《戒毒条例》所称自愿戒毒取中义，即包括第一、二种形式的自愿戒毒，而《禁毒法》的规定以及禁毒理论界与实务部门侧重采用狭义，即仅指第一种形式的自愿戒毒（也可称为"医疗机构戒毒"）。

相对由公安机关责令或者决定的强制戒毒而言（包括社区戒毒和强制隔离戒毒），自愿戒毒（医疗机构戒毒）对于戒毒人员的诱惑可能并不仅仅在于医疗机构戒毒是否更容易成功，而在于不会留下违法记录（案底），[1]能最大限度地保护个人隐私。当然随着吸毒人员动态管控系统的建立，前往医疗机构戒毒的自愿戒毒人员也将纳入动态管控对象，也可能因为曾经在自愿戒

---

[1]　这也往往是一些戒毒医疗机构吸引戒毒人员常用的理由。

毒机构戒毒而成为被公安机关认定为"吸毒成瘾"的依据之一。[1]

《戒毒条例》在《禁毒法》确定自愿戒毒合法性的基础上，进一步明确规定了"国家鼓励吸毒成瘾人员自行戒除毒瘾"（第9条中部分规定）的立场。同时为鼓励自愿戒毒，重申了"对自愿接受戒毒治疗的吸毒人员，公安机关对其原吸毒行为不予处罚"（第9条中部分规定）的规定，并且没有设置"不予处罚"的范围是治安处罚。《戒毒条例》还进一步明确了医疗机构的协议戒毒方式和应当履行的义务。

在《戒毒条例》施行前，原卫生部、公安部、司法部先行制定了《戒毒医疗服务管理暂行办法》（卫医政发〔2010〕2号），对戒毒医疗机构资质认定与登记、执业人员资格、执业规则、监督管理等做了规范。自愿戒毒（医疗机构戒毒）的最大危险是戒毒医疗机构在经济利益的诱惑面前异化，从戒毒医疗机构的实际运行状况来看，《禁毒法》《戒毒条例》等法律法规似乎并未对纠正自愿戒毒机构的乱象发挥预期的作用。

《禁毒法》与《戒毒条例》颁布后，如何依法管理、规范戒毒医疗机构，是我国戒毒工作中必须重视的问题。《戒毒条例》的另一引人注目之处是将《禁毒法》在第51条规定的戒毒药物维持治疗明确纳入了自愿戒毒的范畴。该条例第12条规定："符合参加戒毒药物维持治疗条件的戒毒人员，由本人申请，并经登记，可以参加戒毒药物维持治疗。登记参加戒毒药物维持治疗的戒毒人员的信息应当及时报公安机关备案。戒毒药物维持治疗的管理办法，由国务院卫生行政部门会同国务院公安部门、药品监督管理部门制定。"这一规定明确了戒毒药物维持治疗的性质与归属，有助于规范这一实践中具有较为明显效果的戒毒措施，进一步发挥积极作用。

我国在民国时期，曾经有"勒戒"这样一种戒毒措施，即由禁毒部门勒令戒毒，但是在何处戒毒、通过何种方式戒毒则可由戒毒人员自行选择。在现行戒毒体系中，医疗机构这样一种戒毒资源大多数情况下只能在戒毒人员尚未被公安机关查处的前提下自行前往。这可能不利于最大限度地发挥医疗机构戒毒资源的作用。同时，我国现行戒毒体系中在自愿戒毒与强制戒毒之间尚缺乏更加合理的过渡。如果能够在强制戒毒（包括社区戒毒、强制隔离戒毒）与自愿（医疗机构戒毒）之间增加一种中间形式——由公安机关勒令、

---

[1] 参见《吸毒成瘾认定办法》（2011年）第7条。

限期自行选择戒毒方式与戒毒场所，是一种值得尝试的做法。

3. 社区戒毒

社区戒毒是《禁毒法》根据禁毒实践经验总结和确认的一种新的戒毒措施，而且《禁毒法》在一定程度上体现了赋予社区戒毒在戒毒体系中的基础性地位，而将具有惩罚性较重的强制隔离戒毒措施作为不得已选择的立法意图。截至2010年年底，全国正在参加社区戒毒人员 5.88 万名。[1]

《禁毒法》规定，对于吸毒成瘾人员，公安机关可以责令其社区戒毒，期限为 3 年。一个需要引起关注的问题是，尽管《禁毒法》规定吸毒成瘾人员才可以适用社区戒毒，但是许多省市在实践中往往对于初次发现的吸毒人员即适用社区戒毒。[2]这种做法实际上是将社区戒毒作为一种惩罚措施来运用，也违反了《禁毒法》关于社区戒毒适用条件的规定。

尽管社区戒毒也是强制性戒毒措施，但《禁毒法》与《戒毒条例》均无提前解除社区戒毒或者延长社区戒毒的制度设计，这意味着社区戒毒的期限是单一性的 3 年。这种单一性期限的制度设计是值得商榷的，因为社区戒毒的对象均是吸毒成瘾性较轻，甚至可能是实际上并不符合医学成瘾标准的人员，同时其对人身自由及其他权利仍然有较多的限制，且毕竟是一种长达 3 年的强制性措施。

《禁毒法》主要对人社区戒毒决定机关、期限、执行主体等基本问题做了规定，而《戒毒条例》则对社区戒毒作出了进一步的细化，其中重点是完善了社区戒毒的执行程序。例如，公安机关责令与解除社区戒毒，应出具"责令社区戒毒决定书"和"解除社区戒毒通知书"，且要在法定期限内送达本人及其家属并通知社区戒毒执行机构；社区戒毒人员应当自收到责令社区戒毒决定书之日起 15 日内到社区戒毒执行地乡（镇）人民政府、城市街道办事处报到，无正当理由逾期不报到的，视为拒绝接受社区戒毒；社区戒毒人员被依法收监执行刑罚、采取强制性教育措施的，社区戒毒终止；社区戒毒人员被依法拘留、逮捕的，社区戒毒中止，由羁押场所给予必要的戒毒治疗，释放后继续接受社区戒毒，等等。这种程序设计参照的是行政处罚、刑事强制

---

〔1〕 李丽："戒毒条例正式实施　专家称关键配套制度仍然薄弱"，载《中国青年报》2011年6月28日。

〔2〕 按照《吸毒成瘾认定办法》要求需要有"戒断症状或者吸毒史"，但实践操作中，对于没有证据证明有吸毒史的初次发现的吸毒人员，则适用的是"有戒断症状"的标准。而在判断是否有戒断症状时，公安机关似乎并不严谨。

措施等具有惩罚性色彩的法律措施，而并非医疗措施。

《戒毒条例》还细化了社区戒毒执行主体的职责和社区戒毒人员的义务。《戒毒条例》第18条规定，乡（镇）人民政府、城市街道办事处和社区戒毒工作小组应当采取下列措施管理、帮助社区戒毒人员：①戒毒知识辅导；②教育、劝诫；③职业技能培训，职业指导，就学、就业、就医援助；④帮助戒毒人员戒除毒瘾的其他措施。第19条规定社区戒毒人员应当遵守下列规定：①履行社区戒毒协议；②根据公安机关的要求，定期接受检测；③离开社区戒毒执行地所在县（市、区）3日以上的，须书面报告。这种职责与义务要求，同样强调的是社区戒毒作为一种行为限制、约束措施的特点，而与医疗措施中的"医生职责""病人守则"有较大的差距。

"在开放的社会环节中戒毒，既是社区戒毒措施的优点，也可能是其致命的弱点……如果不能有效对社区戒毒人员的行为进行管控，那么，吸毒人员复吸的可能性和从事违法犯罪行为的可能性都降大大高于强制隔离戒毒"[1]，既不能帮助吸毒成瘾人员解除毒瘾，也不能维护社会秩序。由于《禁毒法》对社区戒毒的执行主体规定为街道办事处、乡镇人民政府，并且有将实际执行主体设定为街道办事处、乡镇人民政府制定的基层组织的立法意图；执行方式是签订社区戒毒协议并由社区戒毒工作人员监督执行。这样的执行主体和执行方式很可能带来社区戒毒执行的无力，因此笔者曾经表达了如何避免社区戒毒"纸上谈兵"的担忧。[2]针对这样的担忧，《戒毒条例》提出了乡（镇）人民政府、城市街道办事处应当配备社区戒毒专职工作人员的要求，并明确由社区戒毒专职工作人员、社区民警、社区医务人员、社区戒毒人员的家庭成员以及禁毒志愿者共同组成社区戒毒工作小组具体实施社区戒毒，这的确可以在一定程度上减轻对社区戒毒执行不力的担忧。

戒毒执行机构与戒毒人员签订戒毒协议，是《禁毒法》与《社区戒毒》的一大特色。戒毒协议不但适用于自愿戒毒，而且还适用于强制性戒毒措施——社区戒毒和社区康复。如果严重违反戒毒协议，还会招致较为严重的法律后果，例如社区戒毒人员严重违反社区戒毒协议属于决定强制隔离戒毒

---

〔1〕 姚建龙："禁毒法与我国戒毒体系之重构——风险预估与对策建议"，载《中国人民公安大学学报（社会科学版）》2008年第2期。

〔2〕 姚建龙："禁毒法与我国戒毒体系之重构——风险预估与对策建议"，载《中国人民公安大学学报（社会科学版）》2008年第2期。

的情况之一。《戒毒条例》细化了签订社区戒毒协议的要求，例如第 16 条规定："乡（镇）人民政府、城市街道办事处，应当在社区戒毒人员报到后及时与其签订社区戒毒协议，明确社区戒毒的具体措施、社区戒毒人员应当遵守的规定以及违反社区戒毒协议应承担的责任。"不过《禁毒法》与《戒毒条例》虽然均有签订的要求，但却并未明确戒毒人员如果拒绝签订戒毒协议的法律后果。以社区戒毒协议为例，实践中常出现社区戒毒人员报到后拒绝签订戒毒协议的情形，由于《禁毒法》和《戒毒条例》对此并无相应的规定，因此往往让社区戒毒工作人员无所适从。笔者认为，社区戒毒协议不同于一般的民事契约，如果拒绝签订戒毒协议且经劝说无效的，可以在修改《戒毒条例》时明确为拒绝社区戒毒的一种表现形式，并作为决定强制隔离戒毒的情形之一，但是在修改以前仍然主要应靠说服的方式促使戒毒人员签订协议。

《禁毒法》规定，如果"严重违反社区戒毒协议"将采取强制隔离戒毒措施，但是何谓"严重违反社区戒毒协议"一度缺乏明确的判断标准，而在实践操作中，各地所掌握标准的宽严程度不一。针对这种情况《戒毒条例》第 20 条规定："社区戒毒人员在社区戒毒期间，逃避或者拒绝接受检测 3 次以上，擅自离开社区戒毒执行地所在县（市、区）3 次以上或者累计超过 30 日的，属于《中华人民共和国禁毒法》规定的'严重违反社区戒毒协议'。"同时《戒毒条例》第 21 条还规定："社区戒毒人员拒绝接受社区戒毒，在社区戒毒期间又吸食、注射毒品，以及严重违反社区戒毒协议的，社区戒毒专职工作人员应当及时向当地公安机关报告。"

4. 强制隔离戒毒

随着《戒毒条例》的施行，关于强制隔离戒毒所的归属之争也尘埃落定。很遗憾《禁毒法》试图整合国家戒毒资源，统一强制戒毒与劳教戒毒为强制隔离戒毒的立法意图并未完全实现。

《戒毒条例》基本上延续了原强制戒毒与劳教戒毒的格局，规定被强制隔离戒毒的人员在公安机关的强制隔离戒毒场所执行强制隔离戒毒 3 个月至 6 个月后，转至司法行政部门的强制隔离戒毒场所继续执行强制隔离戒毒。[1]

---

〔1〕 这一方案与笔者在 2002 年提出的改革戒毒体系的方案一致，当时笔者离开所工作的劳教戒毒所不久，这一方案"务实"有余，"理性"不足。参见姚建龙："我国现行戒毒体系的反思与重构"，载《青少年犯罪问题》2002 年第 3 期。

同时也为地方省市改革强制隔离戒毒场所的改革留下了发展的空间：如果不具备条件的省、自治区、直辖市，由公安机关和司法行政部门共同提出意见报省、自治区、直辖市人民政府决定具体执行方案，但在公安机关的强制隔离戒毒场所执行强制隔离戒毒的时间不得超过12个月。[1]

除了对争议的强制隔离戒毒场所的归属问题作出"务实"与"妥协性"规定外，《戒毒条例》根据《禁毒法》进一步完善和细化了强制隔离戒毒场所的管理。例如增设了所外就医制度和追逃制度、明确了提前解除强制隔离戒毒与延长戒毒期限的程序、明确了强制隔离戒毒的解除程序等。

从《戒毒条例》的细化规定来看，同样主要着重强化了强制隔离戒毒的程序，体现了主要将其作为惩罚性法律措施而非医疗措施对待的特点。而且，强制隔离戒毒与劳动教养的执行区别似乎并不清晰，甚至还类同于徒刑的执行方式，其作为一种惩罚性措施存在的性质仍然十分厚重。在某种程度上，可以剥夺人身自由长达2至3年的强制隔离戒毒与劳动教养的惩罚性一样并不逊色于有期徒刑。笔者曾经提出将强制隔离戒毒所归属卫生行政部门主管的建议，这一建议试图因此改变强制隔离戒毒的惩罚而非医疗为主的特征，而将之转化为真正的戒毒措施，但这一建议如要被接受可能还需要至少十年以上的时间。

5. 社区康复

《禁毒法》与《戒毒条例》均规定，对于解除强制隔离戒毒的人员，强制隔离戒毒决定机关可以责令其接受不超过3年的社区康复，不过《禁毒法》与《戒毒条例》均未明确什么情况下要责令社区康复，什么情况下可以不责令社区康复，而且也未明确责令社区康复的最短时间要求。从实践来看，对于解除强制隔离戒毒人员，一般均会适用责令社区康复的措施，且期限为3年。

《禁毒法》仅笼统的规定社区康复参照社区戒毒执行，而《戒毒条例》则予以了具体化，不过基本上与社区戒毒的执行方式相同。社区康复与社区戒毒毕竟是两种不同的戒毒措施，两者之间在执行方式上应当有所区别，而

---

〔1〕 这种弹性规定也为一些省市的改革留下了空间。例如，云南省政府办公厅在2010年底下发了《云南省强制隔离戒毒职能移交实施方案》，方案规定公安机关负责的强制隔离戒毒场所移交司法行政机关。

这还需要实践去探索。

《戒毒条例》关于社区康复规定的另一显著变化是将自愿进入戒毒康复场所康复、生活和劳动（为与具有强制性，由公安机关责令的社区康复相区别，可简称"戒毒康复"）纳入广义的社区康复的范围。同时《戒毒条例》第41条规定："自愿戒毒人员、社区戒毒、社区康复的人员可以自愿与戒毒康复场所签订协议，到戒毒康复场所戒毒康复、生活和劳动。戒毒康复场所应当配备必要的管理人员和医务人员，为戒毒人员提供戒毒康复、职业技能培训和生产劳动条件。"《戒毒条例》第42条规定："戒毒康复场所应当加强管理，严禁毒品流入，并建立戒毒康复人员自我管理、自我教育、自我服务的机制。戒毒康复场所组织戒毒人员参加生产劳动，应当参照国家劳动用工制度的规定支付劳动报酬。"

社区康复措施的设计是对我国戒毒实践经验的总结，但是《禁毒法》将社区康复作为了一种强制性措施，如操作不当可能成为变相的没有围墙的"强制隔离戒毒"而产生不良影响。例如2009年3月13日，云南省某县戒毒所28名戒毒人员突然发难，推倒值班民警，强行冲出戒毒所的大门。这次脱逃的人员中，很多都是强制戒毒期将满，已经面临出所，马上就要重返社会的人了。临界期满脱逃的原因是，他们在即将"熬过"强制隔离戒毒后获知将被移地送往雨露社区，再接受3年的社区康复。[1]针对社区康复执行中可能出现的偏差，《戒毒条例》作出了社区康复人员如进入戒毒康复场所必须征得当事人同意的规定。如何确保社区康复人员进入戒毒康复场所的自愿性，防止以戒毒康复场所继续变相强制隔离戒毒人员，是戒毒工作中必须注意的问题。

目前我国戒毒康复场所的设置较为多元，既有公安机关管理的戒毒康复场所[2]，也有司法行政部门管理的戒毒康复场所，还有社会力量开办、自主运行的公益性戒毒康复场所。对于这些不同类型的戒毒康复场所，应当进行必要的规范。在条件成熟时，也应统一规范戒毒康复场所的管理机构。

---

〔1〕 王文："云南 G 县戒毒所戒毒人员集体大逃亡我们该思考什么"，载 http://blog. sina. com. cn/ s/blog_ 4cb0bc670100csev. html.

〔2〕 目前国家投资建设的公安康复场所项目共计44个，其中25个项目已经完成建设任务，有14个开始安置戒毒康复人员；16个项目正在建设。公安部监所管理局网站，http://www. mps. gov. cn/n16/n1976136/n2280587/2363078. html.

三、戒毒与吸毒者控制

1. 为什么戒毒？

根据《禁毒法》规定，吸毒成瘾人员方才应当进行戒毒治疗，而如何认定吸毒成瘾是戒毒工作开展的一个决定性的前提。根据《禁毒法》的授权，2010年11月19日公安部部长办公会议通过了《吸毒成瘾认定办法》（已被修改），并经卫生部同意发布，自2011年4月1日起施行。

《吸毒成瘾认定办法》对于吸毒成瘾采取了纯医学的界定标准，该办法第2条规定："本办法所称吸毒成瘾，是指吸毒人员因反复使用毒品而导致的慢性复发性脑病，表现为不顾不良后果、强迫性寻求及使用毒品的行为，同时伴有不同程度的个人健康及社会功能损害。"

但有意思的是，对于吸毒成瘾的认定却实际采用的是法律标准。根据《吸毒成瘾认定办法》第7条的规定，认定吸毒成瘾需要同时符合三个条件：①经人体生物样本检测证明其体内含有毒品成分；②有证据证明其有使用毒品行为；③有戒断症状或者有证据证明吸毒史，包括曾经因使用毒品被公安机关查处或者曾经进行自愿戒毒等情形。由于"有证据证明吸毒史"可以替代"有戒毒症状"的要求，按照这一认定标准即使吸毒人员不符合吸毒成瘾的医学标准，仍然可以仅通过对重复吸毒的行为的确认，而被认定为吸毒成瘾，甚至被认定为"吸毒成瘾严重"[1]。也就是说，《吸毒成瘾认定办法》一方面承认吸毒成瘾的医学标准，另一方面又实际上将吸毒作为一种违法行为对待而采用吸毒成瘾的法律标准。这意味着大量尚未达到医学成瘾标准的吸毒人员，仍可能因为吸毒这样一种"违法行为"而被认定为"吸毒成瘾"进入戒毒体系，显然这体现的仍是一种侧重将吸毒人员作为违法者而非病人的观念。

《戒毒条例》第1条将条例制定的目的概括为三点：①规范戒毒工作；②帮助吸毒成瘾人员戒除毒瘾；③维护社会秩序。从《吸毒成瘾认定办法》对可仅凭吸毒违法行为即可认定为吸毒成瘾甚至严重成瘾的规定来看，这显然更主要是基于"维护社会秩序"，而非"帮助吸毒成瘾人员戒除毒瘾"的考量。

---

[1] 参见《戒毒条例》第8条。

另一个值得注意的现象是，在《禁毒法》与《戒毒条例》颁布以前，公安部曾经在回复浙江省公安厅《关于对吸食、注射毒品人员成瘾标准如何界定的请示》（1998 年 4 月 22 日，浙公刑［1998］9 号，已失效）的批复中对吸毒成瘾作出了这样的批复：

有证据证明其吸毒，且查获时尿样毒品检测为阳性的，认定为成瘾，对曾经吸过毒，但有证据证明其没有继续吸毒，且查获时尿样毒品检测为阴性的，不认定为成瘾。

对尿样毒品检测呈阳性，但吸毒证据不足的，应进行尿样复检和进一步调查取证，有条件的可作药品（纳络酮）催瘾医学试验，然后作出确认。[1]

从这一批复中公安部对吸毒成瘾认定标准的观点来看，尚强调要尽量尊重吸毒成瘾的医学标准，在有条件的情况下还要求做催瘾医学试验后再认定吸毒成瘾。但是，在《禁毒法》颁布后所采用的新的吸毒成瘾认定标准则更强调的是采用法律标准，而且更有利于公安机关便捷查处吸毒违法行为。从这种变化可见，《禁毒法》颁布后我国对吸毒者的政策，更加强调的是有效控制。

此外，从《戒毒条例》唯一的权利条款第 7 条在《戒毒条例》中的排列位置及所适用的术语来看，也体现了强调吸毒者控制的特征。这一条款使用的是"戒毒人员"而非"吸毒人员"一词。吸毒人员并不能等同于戒毒人员，这是否意味着吸毒人员并不享有该条款所规定的权利，这样的逻辑思维是值得深思的。

如果探究戒毒措施之间关系的设计，还会有进一步的发现。

2. 戒毒措施之间的关系

《禁毒法》与《戒毒条例》所规定的戒毒措施基本上形成了一个体系，这一体系衔接有致，在能够适应不同类型吸毒者戒毒的同时，也形成了一个对吸毒者予以严密控制的体系。

各戒毒措施之间主要表现为一种衔接关系，具体包括以下几种情形：

（1）自愿戒毒与社区戒毒、强制隔离戒毒之间的"衔接关系"。根据

---

［1］ 参见《公安部关于对吸食、注射毒品人员成瘾标准界定问题的批复》（公复字［1998］3号，现已失效）。

《吸毒成瘾认定办法》，自愿戒毒可作为有"吸毒史"证据，由此符合吸毒成瘾、严重成瘾的认定标准，进而转化为社区戒毒、强制隔离戒毒。

（2）社区戒毒与强制隔离戒毒之间的衔接关系。在多种情况下社区戒毒均可转化为强制隔离戒毒，例如，拒绝接受社区戒毒、在社区戒毒期间吸毒、严重违反社区戒毒协议、经社区戒毒后复吸。

强制隔离戒毒也可转为社区戒毒。具体包括两种情况：①因具有不适用强制隔离戒毒的法定原因，而转为社区戒毒。具体包括两种情形：一是怀孕或者正在哺乳自己不满1周岁婴儿的妇女吸毒成瘾的；二是不满16周岁的未成年人吸毒成瘾的。当然，更准确地说这两种情形不得或者一般不能适用强制隔离戒毒。②在强制隔离戒毒人员因健康状况而转为社区戒毒。《戒毒条例》第31条规定，强制隔离戒毒人员患严重疾病，不出所治疗可能危及生命的，经强制隔离戒毒场所主管机关批准，并报强制隔离戒毒决定机关备案，强制隔离戒毒场所可以允许其所外就医。对于健康状况不再适宜回所执行强制隔离戒毒的，经批准可以变更为社区戒毒。

（3）强制隔离戒毒与社区康复之间的衔接关系。《戒毒条例》第37条第1款规定："对解除强制隔离戒毒的人员，强制隔离戒毒的决定机关可以责令其接受不超过3年的社区康复。"同时《戒毒条例》第38条第2款规定："被责令接受社区康复的人员拒绝接受社区康复或者严重违反社区康复协议，并再次吸食、注射毒品被决定强制隔离戒毒的，强制隔离戒毒不得提前解除。"

（4）自愿戒毒、社区戒毒、社区康复三种戒毒措施与戒毒康复之间的衔接关系。根据《戒毒条例》第41条第1款的规定："自愿戒毒人员、社区戒毒、社区康复的人员可以自愿与戒毒康复场所签订协议，到戒毒康复场所戒毒康复、生活和劳动。"

除了衔接关系外，戒毒措施之间也可能发生"交叉关系"。交叉关系主要在以下情形下可能发生：一是自愿戒毒（医疗机构戒毒、戒毒药物维持治理）可以与社区戒毒、社区康复交叉，例如将自愿进入医疗机构戒毒与戒毒药物维持治理作为社区戒毒、社区康复期间的一种戒毒方式或者巩固戒毒效果的一种方式。二是自愿戒毒可与强制隔离戒毒发生一定程度的交叉，即《禁毒法》与《戒毒条例》所规定的戒毒人员可以自愿进入强制隔离戒毒所戒毒。当然这种交叉实际上是自愿戒毒的一种特殊形式，只是利用了强制隔离戒毒所的资源戒毒，与体现强制性、惩罚性为特征的强制隔离戒毒有着重大区别。

此外，还有一种特殊情况下的"折抵关系"。例如，《戒毒条例》第31条规定，强制隔离戒毒人员因为健康原因批准变更为社区戒毒的，已执行的强制隔离戒毒期限折抵社区戒毒期限。

戒毒措施之间的关系设计，主要体现的是衔接关系，明显具有严密对吸毒人员的控制体系的特点，同时还具有再犯加重惩罚的特色。这种戒毒体系设计，显然是一种侧重社会秩序维护的立场，也是对吸毒者违法人员身份的强调。

3. 戒毒措施与行政处罚的关系

从禁毒实践来看，警方对于戒毒措施的运用同样体现了打击吸毒违法行为，侧重维护社会秩序的思路，无论是社区戒毒还是强制隔离戒毒，更带有作为一种行政处罚措施来运用的性质。例如，许多省市采取的"三个一律"的做法：凡查获的吸毒人员一律上网登记；对初次吸毒的一律予以行政拘留和责令社区戒毒；再次吸毒的则一律强制隔离戒毒。[1]

公安部认为"社区戒毒、强制隔离戒毒措施不是行政处罚，而是一种强制性的戒毒治疗措施"。否认社区戒毒与强制隔离戒毒行政处罚性质的后果是承认可以对吸毒人员的违法行为产生实际"两次处罚"的严厉后果，并且缺乏相应的法律救济。由于社区戒毒和强制隔离戒毒不被认为是行政处罚，因此"对吸毒成瘾人员，公安机关可以同时依法决定予以治安管理处罚和社区戒毒或者强制隔离戒毒"，且在执行中"应当先执行行政拘留，再执行社区戒毒或者强制隔离戒毒，行政拘留的期限不计入社区戒毒或者强制隔离戒毒的期限"。[2]可见，公安部认为行政拘留与强制隔离戒毒的性质不同，行政拘留不可以折抵强制隔离戒毒期。

但是，对于强制隔离戒毒与劳动教养的关系，则采用了不同的立场。公安部在经司法部同意所作的《关于对强制隔离戒毒与劳动教养能否合并执行问题的批复》（公复字〔2009〕2号，现已失效）中，又采取了强制隔离戒毒期可以折抵劳动教养期的解释，且这种折抵不要求是因"同一行为"：

---

〔1〕　参见"复吸新型毒品人员一律强制隔离戒毒"，载《海南特区报》2010年7月27日；曹志恒："乌鲁木齐：复吸新型毒品者强制戒毒两年"，载http://www.xinhuanet.com/chinanews/2009-05/13/content_ 16511607. htm.

〔2〕　参见《公安部关于执行〈中华人民共和国禁毒法〉有关问题的批复》（公复字〔2008〕7号）。

强制隔离戒毒与劳动教养是两种不同性质的强制措施，对吸食毒品成瘾人员依法决定强制隔离戒毒，又发现其有其他违法犯罪行为应予劳动教养的，应当依法决定劳动教养。对被劳动教养人员投所执行的，应当在劳动教养场所一并执行强制隔离戒毒，由劳动教养场所给予必要的戒毒治疗。劳动教养期满而强制隔离戒毒尚未期满的，应当转送到强制隔离戒毒场所执行剩余的强制隔离戒毒期限。

《戒毒条例》第 36 条再次确认，强制隔离戒毒人员被采取强制性教育措施（即劳动教养）的，强制隔离戒毒的时间连续计算，如果解除强制性教育措施时强制隔离戒毒尚未期满的，继续执行强制隔离戒毒。当然，从实践来看，被强制隔离戒毒人员在强制隔离戒毒期间再被劳动教养的可能性并不大。

之所以出现这种不一样的立场，可能与劳动教养并未明确规定为行政处罚措施而被认为是一种"强制性教育矫治措施"有关，也可能与强制隔离戒毒执行场所大多由劳动教养执行场所改变名称转化而来有关。但是，一方面认为社区戒毒、强制隔离戒毒不是行政处罚，行政拘留不可以折抵社区戒毒、强制隔离戒毒期限；另一方面又认为强制隔离戒毒期可以折抵劳动教养期，这样的逻辑关系是令人费解的。因为按照最高人民法院的批复[1]，如果被告人被判处刑罚的犯罪行为和被劳动教养的行为系同一行为，劳动教养 1 日可以折抵刑期 1 日，但是强制隔离戒毒却不能折抵因同一行为而被决定的较有期徒刑更轻的行政拘留，这样的逻辑关系显然是难以成立的。

基于强制隔离戒毒与法律定性尚不清晰的劳动教养之间可以通过执行期折抵的方式建立联系，以及《禁毒法》赋予了强制隔离戒毒与行政处罚同样的救济途径，以及强制隔离戒毒实际所具有的惩罚性功能，否定强制隔离戒毒的行政处罚性质是值得商榷的。

同样，尽管社区戒毒并不剥夺人身自由，但是这种由公安机关决定同样具有限制人身自由性质的措施，也具有行政处罚的性质。因此也应赋予社区戒毒、社区康复与强制隔离戒毒同样的救济途径，即如果对公安机关责令社区戒毒、社区康复不服的，亦可以依法申请行政复议或者提起行政诉讼。

---

〔1〕 参见《最高人民法院关于劳动教养日期可否折抵刑期问题的批复》（1981 年，现已失效）。

基于对社区戒毒、强制隔离戒毒性质的这种判断，笔者认为《戒毒条例》第9条"对自愿接受戒毒治疗的吸毒人员，公安机关对其原吸毒行为不予处罚"的规定中所称"不予处罚"应当包括社区戒毒、强制隔离戒毒和社区康复，而不是仅仅指治安处罚。

4. 戒毒措施与刑罚的关系

尽管公安部在批复中不承认社区戒毒与强制隔离戒毒的行政处罚性质，但是这两种戒毒措施尤其是强制隔离戒毒所具有的惩罚性，却是一个不能否认的事实。

在《禁毒法》颁布以前，实践中常常出现劳教戒毒人员通过轻罪自首方式逃避劳教戒毒的现象。在劳动教养戒毒"更名"为强制隔离戒毒后，这种俗称"吃套餐"的现象仍然较为普遍的存在。以上海市某区为例，检察机关在半年时间内所审查起诉的案件中就有40件43人属于戒毒人员在强制隔离戒毒期间主动交代犯罪事实的刑事案件。其中涉嫌盗窃案件34件39人，占受理该类案件总数的28%，涉嫌非法持有毒品案件4件4人，占受理该类案件总数的31%。由于此类案件所主动交代的均是刚够起刑点的盗窃或非法持有毒品的犯罪行为，且均有构成自首的法定从轻情节，因此法院针对该类案件的量刑一般为8个月以下有期徒刑或拘役，即使有些被告人构成累犯或予以酌情从重处罚，也均不会超过2年的强制隔离戒毒期。

尽管《戒毒条例》第36条规定："强制隔离戒毒人员被依法收监执行刑罚……或者被依法拘留、逮捕的，由监管场所、羁押场所给予必要的戒毒治疗，强制隔离戒毒的时间连续计算；刑罚执行完毕时……强制隔离戒毒尚未期满的，继续执行强制隔离戒毒。"但按照司法部2009年《强制隔离戒毒人员管理工作办法（试行）》第41条的规定，"强制隔离戒毒人员因涉嫌犯罪被逮捕的，强制隔离戒毒所应当将其除名"。从司法实践来看，被告人在被判处盗窃或非法持有毒品短期刑罚服刑后，基本上并不会再继续执行余下的强制隔离戒毒期限。这意味着，至少对于强制隔离戒毒人员而言，轻罪自首的方式可以成功逃避强制隔离戒毒，而且是一种"划得来"的选择。

从上海市某区所审查起诉的轻罪自首强制隔离戒毒人员违法犯罪史来看，大部分均有多次被强制戒毒、劳教、判处刑罚的经历，其对强制隔离戒毒与刑罚之间的感受最为客观和直接。从这种具有一定普遍性的强制隔离戒毒人员轻罪自首现象可见，强制隔离戒毒所具有的惩罚性并不逊色于刑罚。承认这一客观事实，有助于正确执行《禁毒法》与《戒毒条例》。

也正是从这个意义上看，《戒毒条例》第 36 条关于"被依法收监执行刑罚……或者被依法拘留、逮捕的……强制隔离戒毒的时间连续计算"是合理的。但是，该条关于"强制隔离戒毒尚未期满的，继续执行强制隔离戒毒"的规定如何落实，则需要引起必要的重视。

四、结　语

《禁毒法》出台后，有人赞扬其"充分体现了以人为本的戒毒理念和对吸毒人员的关爱"[1]，《戒毒条例》出台后也有人提出"何妨喝彩，新戒毒条例彰显人文关怀"。这样的赞赏当然是有道理的，但是另一个不得不承认的客观事实是，相对戒毒人员所获得的权利与法律尊重而言，《禁毒法》与《戒毒条例》显著强化与严密了对吸毒人员的控制，实际上更加侧重了对社会安全的维护。

从利益相关者理论的视角来看，戒毒工作离不开各利益相关者的投入或参与，戒毒工作所追求的同样是利益相关者的整体利益，而不仅仅是某些主体的利益。如果离开了对戒毒人员权利的保护，同样会影响维护社会安全目标的实现。而且，以牺牲戒毒人员权利为代价去维护社会安全，也是缺乏合理与正义性的。利益相关者理论的视角也许过于直接，但对于戒毒工作如何更好地理解、把握和执行《禁毒法》与《戒毒条例》，的确不无借鉴意义。

---

〔1〕　刘文晖："禁毒法：坚持以人为本"，载《检察日报》2009 年 9 月 23 日。

理性对待未成年人矫正机构

——海口市未成年人法制教育中心调研报告 [*]

2012年3月1日，团中央在北京召开青少年法制教育研讨会，团中央主要领导出席并做重要讲话，并在会后提出研究海口市法制教育中心经验的要求。根据团中央委托，笔者牵头组成专家组，于当年3月14日赴海口市未成年人法制教育中心开展了为期七天的蹲点调研。在调研过程中，专家组采取"入圈式"调研的方式，与海口市政法委、司法局、中心、团市委等相关单位领导、工作人员深入交往，建立了良好的信任关系；入住中心三天两夜，与学员同吃、同住、同学习；对包括相关领导、中心教官、学员家长、学员等在内的人员进行了正式和非正式访谈百余人；对学员家长和学员分别进行了问卷调查；召开正式座谈会两次。专家组内部先后召开六次研讨会，六易其稿，最终形成了中心系列调研报告。

本份报告为中心系列调研报告中的中立研究报告，重点研究的是海口市法制教育中心（以下简称"中心"）的设置背景、实际运作、矫正效果及对预防青少年违法犯罪工作的启示。

一、机构渊源与中心概况

"法制教育中心"是海南省独具特色的一种组织。据时任副主任庄秉湖介绍，法制教育中心在海南省海口市是老百姓熟悉的机构，即各区吸毒人员戒毒的地方。之所以叫法制教育中心是基于规避法律障碍的考虑，因为这类机构隶属于政法委，而强制戒毒所由公安机关或者司法行政机关管理。为了理

---

[*] 本章为2012年海口市未成年人法制教育中心调研报告，为首次公开。

顺法律关系，这类由各区县政法委设置、监管的戒毒所对外名称为"法制教育中心"。[1] 据专家组的调研了解发现，海南省的法制教育中心似乎还是一种较为灵活的"惩戒"违法人员（例如专项整治活动中的违法人员等）的地方。例如，2011 年 12 月 6 日，在海口市"三车整治大行动"中，秀英区仍将三名"三车违法人员"送往海口市未成年人法制教育中心接受教育。[2]

也许正是因为如此，在未成年人法制教育中心命名过程中，也存在一种反对使用"法制教育中心"名称的观点。反对观点的主要理由是认为"法制教育中心"的提法具有很强的"标签"效应，不利于未成年违法犯罪人员的矫治，因此主张使用"未成年人矫治教育中心"的名称。这和专家组原本所认为的"法制教育中心"是一种较为中性的名称，可以淡化标签效应的判断完全相反。

隶属于政法委的以收容吸毒人员为主的法制教育中心在实践过程中出现过些许问题，使党和政府面临了很多压力。同时，海口市戒毒所的建成也基本满足了收容吸毒人员的需求。因此这类"法制教育中心"（戒毒所）已经在近年全部关闭，并因此闲置了不少场所。2009 年 3 月 5 日下午，海口市政法委召开专题会议研究设立海口市未成年人法制教育中心，会议决定将中心设在大致坡镇原"美兰区法制教育中心"。[3] 如果再往前追溯，这一场所为原军区教导大队旧址。

设置于大致坡镇的未成年人法制教育中心占地 104 亩，建筑面积近 8000 平方米，有学员床位 500 个，工作人员床位 100 个。2009 年 3 月 9 日，海口市未成年人法制教育中心正式成立，3 月 18 日接受了第一名男学员，10 月 2 日接收了第一名女学员（湖南籍）。在对原上草教官的访谈过程中，原教官描

---

〔1〕《海口市禁毒委关于建立海口市四级戒毒网络实施方案》中规定，四级戒毒网络的第二级为各区的法制教育中心。这类法制教育中心的职责包括：对辖区内吸毒人员的帮教戒毒。这类法制教育中心通常不具备治疗吸毒人员脱瘾的医生和设备，所以一般只能接纳已经在强制戒毒所脱了瘾，或者只是轻度吸毒的人。参见纪惊鸿："法制教育中心戒毒月余　海口一市民精神分裂"，载 http://www. hq. xinhuanet. com/tbgz/2003-04/23/content_ 426402. htm.

〔2〕参见梁振文："秀英 3 人被送法制中心教育学习"，载《国际旅游岛商报》2011 年 12 月 7 日。

〔3〕美兰区法制教育中心成立于 2002 年 6 月，是美兰区委政法委监管的戒毒康复及普法教育机构。这一法制教育中心曾经一度辉煌，例如，曾经在 2003 年、2004 年连续两年获得海口市禁毒先进单位称号。参见胡娟："真情唤醒沉睡心灵——访美兰区法制教育中心"，载《法制时报》2005 年 7 月 29 日。

述了她第一次进入地处大致坡镇的未成年人法制教育中心时的心理感受："层层打开五道大门，内心恐惧之情油然而生"。调研组为了印证她的这一心理感受，曾拟赴大致坡原址看看，后因行程过于紧张无法安排而取消。中心在大致坡镇存在了约两年半，这段时期初步探索形成了中心的基本特色，中心目前的管理教育模式基本形成于大致坡镇时期。[1]

2011 年 10 月 24 日，中心由大致坡迁入秀英区西秀镇拔南村口处原秀英区法制教育中心（戒毒所）所在地，占地面积 21 亩。专家组于 3 月 14 日晚到达海口市，原定 3 月 15 日上午在中心召开座谈会。但意外的是西秀镇发生大面积停电，因此改为在所入住宾馆召开座谈会。当然这是否与曾有领导提出拆除栅栏、铁丝网的想法有关，已经不得而知。3 月 15 日下午，调研组赴中心召开教官座谈会，见到的是未拆除铁丝网的"高墙大院"式未成年人法制教育中心。

中心设主任 1 人、副主任 3 人，下设一队四组模式，即在中心下设警戒护卫队、学员管理组、教育矫治组、行政后勤组、培训辅导组。警戒护卫队主要负责中心的一线及二线警戒、安全保卫工作；教育矫治组负责对学员进行心理矫治，文化、法制教育；培训辅导组，负责对学员进行开班培训，一守则两规范培训，队列、作风纪律及行为养成培训和技能培训；学员管理组负责办理进出中心学员手续，管理学员档案及学员生活卫生；后勤保障组负责中心的行政事务及保障工作。[2]

目前中心共有工作人员 38 人，其中勤杂人员 11 名（包括门岗、司机、厨房工作人员、电工）。教官 27 名（一线 14 名，机关 13 名），其中包括教员、心理咨询师、医护人员等，正式干警 14 名，其余为聘用的协警。调研组发现，正式干警中除主要领导外，主要采取半年轮岗一次的方式从海口市劳教所抽调。女干警中除一名相对固定外（聘用人员），每日两名值班人员均为从海口市各区公安分局抽调轮值。在中心期间，专家组发现抽调轮值的女干警似乎相对"超脱"，访谈中发现其多为院校实习生。

中心所收教的对象是具有危害社会行为，触犯《治安管理处罚法》或者

---

〔1〕　但有部分经验并未延续，例如被视为卓有成效但却费心的"励志班"。在访谈中，原上草教官对此颇感遗憾。

〔2〕　参见"中心基本情况"，载海口市未成年人法制教育中心编：《阳光地带》2009 年第 1 期。

《刑法》但是不能给予刑罚处罚、收容教养、劳动教养的未成年人。根据《预防未成年人犯罪法》的规定，大体上均属于有严重不良行为的未成年人。不过，按照海口市法制教育的实际使用情况来看，事实上也包括具有一般不良行为的未成年人，当然这样的做法是否符合《预防未成年人犯罪法》的规定是值得商榷的。出现未成年人触犯法律但却不够刑事处罚、不符合收容教养和劳动教养条件的情况，可能是因为未成年人太过年幼因而未达到法定责任年龄，也可能是因为行为的社会危害性还未严重到给予刑罚、收容教养、劳动教养处罚的程度。不过，专家组在访谈中发现，这也可能是因为收容教养、劳动教养的程序较为严格，公安机关因此倾向于采取法制教育这样一种便捷的处罚措施。[1]另外，中心还接受家长无法管教自愿送来教育的未成年人。从建立至 2012 年 2 月 29 日，中心共接受未成年人 972 人，其中强制生 896 人，自愿生 76 人；结业 880 人，在教学员 85 人。

二、中心的建立与零容忍政策的确立

1. 建立中心的背景与决策过程

在全国范围内，目前尚未发现类似海口市未成年人法制教育中心这样的未成年人矫正机构，无论是名称还是实际运作，中心均可谓海口市创举。海口市为何会建立这样一种颇具特色的未成年人矫正机构？中心所提供的工作汇报材料将成立中心的原因（背景）概况为四点：[2]

（1）未成年人违法犯罪人数、案件上升。这份材料所提供的数据显示，2007 年至 2008 年海口市未成年人违法犯罪人数为 991 人，占海口市未成年人比例的 9.9‰，其中触犯刑法构成犯罪的 369 人（对这 369 人给予了刑事处罚的仅 135 人，因未满 16 岁不予刑事处罚的高达 234 人），有严重违法行为的 622 人。主要违法犯罪类型为抢劫、抢夺、贩毒、故意杀人、故意伤害、绑架、寻衅滋事、盗窃、敲诈勒索、聚众斗殴、吸毒、赌博、为赌博提供条件、诈骗、故意损毁公物等。这份材料特别指出，这种现象"且有上升趋势"，例如仅美兰公安分局抓获人数，2008 年就比 2007 年上升了 68.5%。

----

〔1〕 例如，如果对不满 16 周岁未成年人收容教养需要省公安厅审批。

〔2〕 参见海口市未成年人法制教育中心：《创新理念　探索未成年人法制宣传教育新思路——海口市未成年人法制教育中心工作汇报》（2005 年 3 月 15 日）。

（2）未成年人违法犯罪民愤大。从近年来海口市未成年人违法犯罪的形势看，"日趋严重化、低龄化、团伙化、恶性化，盗窃、抢劫为多，造成的社会危害程度大，后果影响面广，民众怨愤强烈，媒体网络反应众多"。这份材料强调："全社会对成立专门部门惩治未成年人违法犯罪行为的呼声很大、期望很高"。

（3）公安机关管理难和压力大。这份材料指出，根据《刑法》规定，多数违法犯罪的未成年人不能予以刑事处罚，因此"陷入抓了放、放了犯、犯了抓的怪圈"。加上违法犯罪的未成年人大多无力弥补严重后果和赔偿经济损失，受害人经常为难公安机关或党委政府，解决起来非常困难和棘手。

（4）兄弟省市的经验成果可以借鉴。在建立中心之前，海口市专门派出考察组赴上海市、南京市、武汉市、达州市等地调研，经考察调研发现全国现有的 70 所左右工读学校主要有四种模式：一是由教育部门主管，全国绝大多数是这一类型。二是由司法行政部门主管，全国有两所。三是公安机关和民政等部门共同管理，全国有两所。四是社会办学。而海口市曾经办过的一所工读学校在 20 多年前已经停办，海南省目前没有一家公办的未成年人教育矫治机构。

建立中心的创意与直接推动者是时任海口市委常委、政法委书记、公安局局长宋顺勇同志。2008 年 9 月，宋顺勇升任海口市担任市委常委、政法委书记兼公安局长。宋顺勇常委回忆说，在第一次参加海口市人大会时，他就被通知到四个小组回答人大代表对治安问题的"强烈质询"。宋顺勇常委当场作出了让海口市社会治安三年内"根本好转"的许诺，并请人大代表监督。[1]

老百姓对社会治安的直接感受是街面犯罪，尤其是两抢一盗案件的日发生件数。宋顺勇常委的调研发现，未成年人在"两抢一盗"作案人员中占据较大比重，应当对治安不佳的状况承担重要责任，而现行法律却存在打击的盲点，必须寻找方法"把这批人管理教育起来"。例如，2009 年 2 月 18 日到 19 日一天时间内海口市连续 17 起"两抢"案件，其中美兰区 2 月 19 日发生了三起全部破案的两抢案件，抓获 3 名犯罪嫌疑人，其中 2 名犯罪嫌疑人为

---

〔1〕　3 月 15 日上午，调研组座谈会上，海口未成年人法制教育的核心决策领导——海口市委常委宋顺勇的介绍。

未成年人（一名 13 岁，一名 14 岁）。审讯的结果令人震惊：3 人交代共同作案 80 多起，查实 30 多起，但由于其中两名犯罪嫌疑人"都是 16 岁以下的未成年人，不具备承担法律责任的能力，美兰公安分局按照法律程序，只能审讯后释放"。[1] 进一步的调研发现：

> 从我市破获的"两抢"案件来看，未成年人作案的比例几乎占有一半，各公安分局现场抓获违法犯罪的未成（年）人后，也不能追究其法律责任，只能审讯后释放，但这些青少年放回社会后，不思悔改，又继续参与抢夺、抢劫等违法犯罪活动，给海口市的"两抢"案件的控制面带来很大的压力。另外还有盗窃案件，最近市公安局的便衣反扒队抓获的犯罪嫌疑人半数以上是未成年人……公安部门按照法律规定无法作为刑事案件处理。结果这些青少年又继续上街行窃，然后再被抓，导致恶性循环。

2009 年 2 月 20 日上午，在宋顺勇常委要求下，市委政法委时任常务副书记鲍剑主持召开了"关于有效遏制和减少当前我市未成年人违法犯罪的工作会议"。这次会议认为："如果……不采取行之有效的长效机制进行治理，将给海口市的治安和老百姓的人身、财产安全带来很大隐患。"会议形成统一意见并报"宋顺勇常委、刘庆生副市长同意"决定：由市司法局负责筹办青少年法制学习班，学习班暂名为"海口市青少年法制教育培训班"，先办班后按行政审批程序报批机构。第一批参训人员从公安部门在犯罪现场抓获的"年满 14 周岁，不足 16 周岁的青少年中选择，主要人员为家长不主动承担或丧失监管责任、本人长期不到学校上学的青少年，送班前要有家长签署的意见书。第一批学员的培训时间为 3 个月，培训期间男女要分开管理，防止出现问题"。[2] 贯彻会议精神的行动是高效的，仅仅 20 天后，海口市未成年人法制教育中心即正式启用并接受了第一批学员 32 人。

从建立中心的决策依据与决策过程来看，至少在建立中心的实际决策者看来，未成年人违法犯罪应当对海口市社会治安不佳的状况承担重要的责任，采取集中强制送未成年人法制教育中心进行教育的方式，显然是一种基于维

---

〔1〕《中共海口市委政法委员会会议纪要》第 1 期（2009 年 2 月 20 日）。
〔2〕《中共海口市委政法委员会会议纪要》第 1 期（2009 年 2 月 20 日）。

护社会治安考虑的社会本位立场，而且体现了由主管领导〔1〕主导推动的特征。在中央倡导社会管理创新的背景下，这样一种创新也很容易被视为社会管理创新的体现——因为强制法制教育填补了"社会管理"的空白点，强化了对特定人群的社会控制。〔2〕

　　如果未成年人的确是严重危害海口市社会治安的重要因素，且又缺乏有效的应对措施，那么建立未成年人法制教育中心的决策的确是符合逻辑的。专家组发现，海口市未成年人违法犯罪现象似乎比较严重。另一份名为《海口市人民政府关于设立海口市未成年人法制教育中心的请示》（海府报〔2011〕40号）文件披露：海口市未成年人不良行为、严重不良行为及违法犯罪行为呈现严重趋势。据不完全统计，2007年至2011年7月，人数约为1775人，占全市12岁至16岁未成年人比例的1.78%左右，这样的比例的确是惊人的。

　　不过，在建立中心的决策过程中未成年人违法犯罪的严重性——尤其是其对整个社会治安的影响是否被夸大，也是一个值得深思的问题。专家组尚无法在短期内对此进行评估，但可以比较的类似现象是，在20世纪80年代美国开始针对未成年人犯罪采取"严罚"（get tough）刑事政策时，也是建立在对未成年人犯罪日益严重化且应当对社会治安恶化负责的判断之上的。而许多学者的反思性研究认为，这是一种在很大程度上将未成年人犯罪作为社会治安恶化替罪羊的做法。〔3〕当然，这只是部分人的看法。事实上自20世纪90年代以来，美国犯罪率的确出现了持续下降的趋势。当然这是否与对未成年人犯罪采取严罚政策有关，还处在争议之中。

　　有意思的是，在建立中心几个月后，即出现"刑事案件……全省在上升，海口市在下降"〔4〕的现象，这的确会给相关领导留下深刻的印象，也是在中

---

〔1〕　宋顺勇常委不再兼任政法委书记也在一定程度上影响了中心的进一步发展，例如2011年12月省政府正式下文同意以省市联办的形式成立面向全省的正处级机构，但是人员编制迟迟未能确定。调研组访谈发现，这与宋顺勇常委不再兼任政法委书记有一定关系。

〔2〕　多位领导到中心调研，也正是基于调研社会管理创新的原因，例如，2009年6月26日上午时任海南省委常委、海口市委书记陈辞、市委副书记、市长徐唐先、市委秘书长林北等领导到中心的调研活动。

〔3〕　参见姚建龙：《超越刑事司法：美国少年司法史纲》，法律出版社2009年版，第158页。

〔4〕　引自2009年6月26日，海口市时任市委书记陈辞在中心调研时的讲话。参见"市委书记陈辞、市长徐唐先到中心视察调研"，载海口市未成年人法制教育中心编：《阳光地带》2009年第2期。

心合法性还存在争议的情况下，相关领导实际采取"搁置争议"支持中心发展的重要原因。当然，海口市的刑事案件下降（如果这是一个事实）与中心的建立之间究竟存在多大的关联性，似乎是一个并未深入探究的议题——当然，这是一种可能过于"书生化"的思考。

2. 严罚主义与零容忍政策

中心的收教对象是一个颇值得研究的问题。海口市委政法委关于中心的第一个纪要对收教学员的要求是较为明确的：①年龄标准：已满14周岁不满16周岁；②监护标准：主要人员为家长不主动承担或丧失监管责任且本人长期不到学校上学；③程序要求：送班前要有家长签署的意见书；④培训时间：限定为三个月；⑤管理要求：男女分开。

但是，专家组发现中心在实际运作后收教学员的条件、程序等均呈现了"宽泛化"的趋向，这种趋向的总体特点是对未成年人违法犯罪行为的处罚更重、法网更密、程序更为弹性和便捷。按照中心对外宣传折页的表述，中心的接受对象是海口市有违法犯罪不能刑事处罚、轻微违法以及有严重不良行为的未成年人，其特点是已经构成违法犯罪、多次触犯治安处罚条例，但是按照法律规定不进行刑事和治安处罚的12至17周岁的未成年人。[1]这一对外宣传折页已经突破了会议纪要的最初设想，而中心实际的收教对象还要宽泛得多：

（1）在地域上已经扩展到海口市外的地域。除了海口市的未成年人违法犯罪人员外，三亚市公安局和洋浦经济开发区政法委均向中心移送"查处的涉嫌违法犯罪依法不予刑事、行政处罚及有严重不良行为等问题的未成年人"，有意思的是需要向中心支付每人每月800元的费用。[2]中心的收容对象之所以会首先扩展至三亚、洋浦经济开发区两地，可能与宋顺勇常委曾在此两地公安等部门任职有关。

（2）实际确立了零容忍政策。2009年9月16日，宋顺勇常委主持的市委政法委书记办公会议决定：公安机关各办案单位对不够刑事处罚、不符合收容教养和劳动教养条件的初犯、再犯的违法犯罪未成年人，必须一律送到未成年人法制教育中心接受教育。经审查符合收容教养条件的，由市公安局法制处

---

〔1〕 参见海口市未成年人法制教育中心宣传折页。
〔2〕 参见《委托对未成年人开展法制教育的协议书》。

附则违法犯罪未成年人送教的审批；需要延长法制教育期限或需要送青少年管教的，由未成年人法制教育中心提出意见，送市公安局原办案单位审批。[1]同时，会议还规定了监督公安各办案单位是否按要求将违法犯罪未成年人送法制教育中心的具体措施和责任追究办法。

这一决定"强硬要求"公安各办案单位积极对违法犯罪未成年人送中心，可能与中心建立后收容量不足有关。中国式犯罪控制的一个显著特征是，一旦某种类型矫正（羁押）机构建立后，就会形成"填满"机构的需求。在公安系统，通常会以"打击数"的形式"促进"基层公安机关抓获足够多的逮捕、劳动教养、强制隔离戒毒所等人数，以防止羁押部门收容量的不足。当然，这样的判断主要来自于本人司法实践经历的感性认识。

根据2009年9月16日市委政法委会议的要求，未成年人一旦实施了危害社会的行为，触犯了《治安管理处罚法》或者《刑法》，只要不能刑事处罚、收容教养、劳动教养，均可以且必须被强制法制教育。这样的政策有两个特点：一是惩罚更严，即对于未成年人的轻微违法行为也将被提高到法制教育3个月的程度予以严罚；二是惩罚更密，即便按照两法不能处罚的，也被要求强制法制教育。此外，调研组在访谈中发现，在客观上还存在重复惩罚的现象，即对于违法未成年人按照《治安管理处罚法》处罚后再强制法制教育。这样的立场，具有显著的对未成年人违法犯罪行为"零容忍"的政策特征。

（3）强制法制教育的时间突破了3个月的最初限定。抓获涉嫌违法犯罪未成年人的公安机关通常不掌握该未成年人是否曾经被强制法制教育的事实，但是中心对此却是知晓的。针对"二进宫""三进宫"（多次法制教育）人数出现并增长的现象，中心会建议原决定机关延长法制教育的时间，"二进宫"通常增加3个月，"三进宫"则增加6个月。调研组发现了许多被决定6个月法制教育的学员，也见到被决定9个月的学员。在访谈中，三亚市公安局对于初犯也有直接决定6个月法制教育的，但是调研组已经无法考证。按照中心百分考核办法，在理论上，学员可因为表现好而被减期，但是访谈中有负责人坦言，他们通常会操作好，以确保每一个学员均能实际至少接受3个月法制教育。另外，如果学员表现不好，被延长法制教育期限则是实实在在的。在对一名正好在结束拓展训练当日结业学员的访谈发现，他即因为试图在外

---

〔1〕《中共海口市委政法委员会会议纪要》第5期（2009年9月16日）。

出看病期间逃跑而被延长一个月法制教育。根据对相关负责人的访谈,法制教育的实际时间是至少3个月,最长不超过1年。

(4) 收教程序也更加宽松和高效。尽管法制教育的审批权掌握于海口市公安分局、刑侦支队,但是抓获涉嫌违法犯罪的未成年人的派出所其实能够高效的启动决定法制教育程序。专家组在中心调研期间恰好遇到的两名新进未成年违法人员,从作案、被派出所抓获、海口市公安分局龙华分局决定法制教育、再到被送到法制教育中心,总计不到24个小时,其效率之高令人惊讶。在对教官的访谈中,还发现深夜抓获的未成年违法人员在当夜即可被送到法制教育中心的现象。在对海口市公安局法制处时任处长的访谈中也发现,对违法未成年人采取收容教养和劳动教养的程序十分严格,但是决定法制教育却十分便捷。

(5) 在决定法制教育程序中,有严重不良行为未成年人家长的权利并未得到充分尊重。专家组初步判断,家长是否能及时与公安机关接触可能确会对未成年违法人员是否被强制法制教育有一定的影响。对家长的问卷调查显示,孩子被送中心前接到通知的比例不到一半(47.4%),其中71.1%的家长并未与中心签订《监护人委托法制教育协议书》。

(6) 原考虑主要接收"本人长期不到学校上学"的标准,也被突破。从中心提供的学员数据看,从中心创办至2012年2月29日,中心收教的在校生比例高达48.6%。访谈发现,如果在校生一旦被公安机关发现有违法犯罪行为,也将被决定强制法制教育。事后由家长自行到学校办理休学手续或者请假手续,但是这种手续是否真正办理,调研组不得而知。

(7) 收教学员的下限年龄突破了12周岁的限定。中心对外宣传折页关于收容对象年龄的表述采取了与工读学校一致的方式:12至17周岁,但实际上中心所收容的未成年人下限年龄是以"是否有生活自理能力"为标准的,有生活自理能力年龄低于12周岁的未成年人中心同样收容。

可见,从法制教育的实际运作来看,其已经成为有效"纠正"现行法律法规惩罚"空白""软弱"的有效措施,具有明显的严罚主义与零容忍政策的特征。这与对外媒体宣传中所渲染的中心挽救失足未成年人的"慈母"形象似乎存在较大的差异。

三、海口市实践的理论视角

"法制教育"这样一种海口市政法委所创设的"强制性教育措施"具有严厉惩罚和严密法网的特点，所体现的是对未成年人违法犯罪行为的零容忍政策。这样一种专门针对未成年人的零容忍政策应当如何评价，国外的三种理论提供了理性分析的视角。

1. "当头棒喝"理论

从形式上看，强制法制教育颇为符合英国少年法所谓"短促而尖锐之震撼"措施（short-sharp-shock）理论的解释。这种理论认为，对于秉性顽劣的少年，警告或者指示没有功效，必须给予少年突然的冲击，使其猛然觉醒，促使其改过迁善，矫治恶性，才有功效。[1]从这一理论的基本含义来看，更为恰当的中文表述似乎应是"当头棒喝"理论。

当头棒喝理论具体运用的一个例证是德国少年法院法所规定的"少年禁闭"措施。在《德国少年法院法》中，少年禁闭（Jugendarrest）属于惩戒处分的一种，也是最严厉的惩戒处分措施，分为业余时间禁闭（Freizeitarrest）、短期禁闭（Kurzarrest）和长期禁闭（Dauerarrest）三个级别。业余时间禁闭是指判处少年1周内的业余时间禁闭，禁闭次数为1次或2次。一周内的业余时间在德国是指星期六和星期日两天。故每次禁闭的时间为两天，不得超过48小时。如符合对少年的教育目的，既不妨碍其教育也不妨碍其工作的，可以短期禁闭代替业余时间禁闭。在此情形下，两日的短期禁闭相当于一次业余时间禁闭。长期禁闭最短为1周最长为4周，按照整天或整周计算，持续执行。[2]

什么样的措施为"短促而尖锐之震撼"？从德国少年法院所规定的少年禁闭措施提供了一个参照的样本。根据德国少年法院的规定，少年禁闭的时间最长为4周，此可谓"短促"的边界；执行方式具有剥夺人身自由的特点，可谓"尖锐"。

"当头棒喝"理论另一个值得研究的问题是，什么样的未成年人可以采取"当头棒喝"的措施？按照该理论的解释为"秉性顽劣的少年"，那么何为

---

〔1〕　参见沈银和：《中德少年刑法比较研究》，五南图书出版股份有限公司1988年版，第163页。
〔2〕　参见沈银和：《中德少年刑法比较研究》，五南图书出版股份有限公司1988年版，第163页。

"秉性顽劣的少年"？《德国少年法院法》的规定也具有参照的作用。根据该法规定，少年禁闭所适用的对象是构成刑事犯罪的少年。《德国少年法院法》所规定的少年禁闭措施是一种介于教育处分和刑事处分之间的中间措施，在某种程度上具有刑罚替代措施（"以轻代重"）的功能。就海口市对触法未成年人所适用的强制性法制教育而言，其适用对象为所有触犯了《刑法》《治安管理处罚法》，具有危害社会行为的未成年人。这样的适用对象范围要大大宽泛于德国少年法院法所界定的适用少年禁闭措施的范围，且具有"以重代轻"的特点。

就法制教育的时间而言，一般为 3 个月至 6 个月，如果因为违反中心管理规定等原因，时间还可能延长。即便是法制教育时间最短的 3 个月，也远远长于德国少年法院所规定的少年禁闭措施中的长期禁闭时间。如果从期限长短比较，海口市法制教育似乎并不符合"短促"的特点。但是，相对劳动教养、收容教养等以"年"为收教时间单位的强制教育措施，法制教育似乎又更接近"短促"的要求。

就执行而言，海口市强制性法制教育与劳动教养甚至监狱的差别并不大，其严厉程度不可谓不"尖锐"。

也就是说，"当头棒喝"理论可以用以为海口市法制教育提供合理化注解，但与此同时，也提供了反思的线索。

2. 破窗理论

1982 年 3 月，美国哈佛大学的两位学者威尔逊（James Q. Wilson）和凯林（George L. Kelling）在美国《大西洋月刊》杂志上发表了一篇题为《"破窗"——警察与邻里安全》的文章，首次提出了"破窗"理论（Broken Windows Theory）。该文以"破窗"为喻，形象地说明了无序的环境与某些犯罪之间的关系。即：如果一个公共建筑物的一扇窗户损坏了并且没有及时得到修理，很快该建筑物的其他窗户也会被损坏；因为坏的窗户表明没有人关心它，那么损坏其他更多的窗户也不会有什么不良的后果。作者据此指出，公共场所或邻里街区中的乱扔垃圾、乱涂乱画、打架斗殴、聚众酗酒、强行乞讨等这些较小的无序和破窗一样，如果得不到及时整治，就会增加那里的人们对犯罪的恐惧、导致社会控制力的削弱，从而引起更加严重的无序甚至犯罪；而如果警察和社区能够积极地干预这些可能诱发犯罪的无序环境，就可以有效地控制、预防和减少无序的累积和某些犯罪的发生。[1]

破窗理论应用于犯罪预防实践的著名体现是所谓"不宽容控制"，也被称为"零容忍"政策。这一政策的实质是，"如果能够控制比较轻微的犯罪和违法行为，也就能够控制比较严重的犯罪。因此犯罪控制的成功是建立在诸如对闲散人员、乞讨者、公共场所的酗酒者、耍赖擦车者以及其他惹人讨厌的不文明的行为的严格管理之上的……在不宽容政策的语境下，上述行为不是被理解成日常的轻微违法行为，而是被重新定性为更严重的犯罪问题的潜在因素，因而需要警察迅速和果断地加以控制和解决"。[2]

破窗理论与中国传统文化中的"防微杜渐"思想存在暗合。根据破窗理论的一个合乎逻辑的推论是，对轻微违法行为应予重罚可产生防止更加严重犯罪的发生的效果。不过必须注意的是，尽管破窗理论的在犯罪控制中的实际运用会在形式上呈现这样的特征，但其实质是更强调通对环境"无序性"的整治来达到预防更严重犯罪的目的。

按照李本森的观点，无序可以区分为物理意义上（物体）的无序和社会意义上（人）的无序。物理上的无序是指看得见和容易区分的外部形体，比如随地丢弃的垃圾、废弃的建筑、破旧的物什、墙面上的涂鸦、破损的栅栏窗户等。社会的无序，一般指不文明的行为方式，比如，你可以看得见（公开场合的醉酒）、经历过（尖叫或者性骚扰）或直接观察到（涂鸦和破损的物品）的。物理上的无序一般指持续性的状况，而社会无序大多是一系列的或多或少不连贯的事件。[3]警方对无力无序和社会无序的整顿，有助于预防犯罪，尤其是严重犯罪的发生。

通常，街头不良少年往往容易成为一个城市物理无序和社会无序的制造者和象征，例如，对公共建筑网的涂鸦、飙车、制造噪音、寻衅滋事、打架斗殴等。如果警方陷入"捉放曹"的困境，不能对影响城市物理环境和社会环境有序性的街头不良少年采取有效的应对措施，任由"古惑仔"横行于社区，将会令城市产生无序感，由此诱发更加严重的犯罪行为。在破窗理论看来，对这类不良少年所采取的"整治措施"似乎并不能简单地批评为将不良

---

[1]　李本森："破窗理论与美国的犯罪控制"，载《中国社会科学》2010年第5期。

[2]　[英]马丁·因尼斯：《解读社会控制——越轨行为、犯罪与社会秩序》，陈天本译，中国人民公安大学出版社2009年版，第86~87页。

[3]　李本森："破窗理论与美国的犯罪控制"，载《中国社会科学》2010年第5期。

少年作为社会治安恶化替罪羊的做法。

根据破窗理论的视角，海口市对未成年人轻微违法犯罪的零容忍立场，对轻微违法犯罪未成年人采取"短平快"法制教育3个月的"特别"警务方式，可以产生预防更严重犯罪，维护社会秩序的积极效应。从建立中心后海口市犯罪率下降的官方描述来看，这样的效应似乎并非虚构。

但必须注意的是，这是一种明显的"社会本位"的政策取向。海口市法制教育措施的创设，实际大大压缩了法律设计中对未成年人越轨行为的"容错率"，这样的立场是否符合青少年在青春期的成长规律，是否符合未成年人保护的要求，也是值得深思的。对学员的问卷调查显示，中心收教的未成年人并没有很强的反社会人格，初次违法即被强制法制教育的比例高达57.4%；违法时临时起意为主没有预谋的占77.6%；违法类型中偷、抢、打架斗殴的比例高达88.8%，具有显著的青春期叛逆性特征。

3. 标签理论

标签理论（labeling theory）是一组试图说明人们在初次的越轨或犯罪行为之后，为什么会继续进行越轨或犯罪行为，从而形成犯罪生涯的理论观点。它在20世纪30年代已经有萌芽，在20世纪60年代开始形成，到20世纪70年代中期发展到高峰。标签理论的特点在于将研究重点从犯罪人转向对犯罪人及其犯罪行为产生重要影响的重要他人（significant others），包括教师、警察、邻居、父母、朋友等；转向控制犯罪的机构，探讨这些控制犯罪的机构在促成犯罪方面的作用。施拉格（Clarence Schrag）在分析、比较标签理论代表人物的理论观点的基础上，将标签理论的基本观点归纳为9个基本假设，这些假设包含了标签理论的主要内容和见解：[1]

1. 任何行为从固有性质来看都不是犯罪，行为的犯罪性质是由法律规定的；

2. 犯罪的定义是由有权势的群体的代表，包括警察、法庭、矫正机构和其他管理部门为了它们的利益而强制使用的……

3. 一个人并不会仅仅由于违反法律而成为犯罪人的。相反，他是因为官方当局的反应才被称为犯罪人的，官方当局赋予他被抛弃者（outcast）的身

---

[1] 吴宗宪：《西方犯罪学》，法律出版社1999年版，第527~529页。

份，并且剥夺了他的一部分社会与政治权利……

4. 把人们分为犯罪人和非犯罪人的做法，是与常识和经验性证据相矛盾的……

5. 尽管许多人都同样地违反了法律，但是只有少数一些人因此而被逮捕。"逮捕"的行动引起了贴标签的过程。犯罪行为本身并不能引起贴标签的过程，只有犯罪人在被刑事司法机关逮捕时，才开始了对他的标签过程；

6. 由于法律实施中使用的制裁是针对整个人，而不仅仅是针对犯罪行为的，所以，刑罚因犯罪人特征的不同而有区别……

7. 刑事制裁也因犯罪人的其他特征的不同而有区别，这些个人特征包括性别、年龄、职业状况、少数群体身份、下层阶级成员身份、是否为暂住者（transients）、受教育程度低、是否为堕落的城市区域中的居民等。男性、青少年、少数群体成员、暂住者、受教育程度低者、居住在堕落的城市区域中的居民等，更有可能被贴上犯罪人的标签。其中，年龄、所属的社会经济阶层和种族，是影响刑事司法判决的主要的个人特征；

8. 刑事司法活动是以这样一种刻板观念为基础的，即犯罪人是一种被社会遗弃者（pariah）——一种道德品质恶劣、应受社会谴责的故意作恶者；

9. 面对公众谴责和坏人的标签，犯罪人很难保持一种积极的自我形象，他们会对公众的谴责和坏人的标签产生消极认同，产生更加严重的犯罪行为。

由上可见，标签理论实质上建立在这样一种假设之上：一个人会对其他人（特别是那些有权力者）对自己的行为所下的定义（definitions）作出反应；如果我被称为坏孩子，而且被当作坏孩子对待，我会逐渐对此形成内心形象，而且按照他人对自己形象的模式定位去行为。可见，标签过程（labeling process）反而增强了想要抑制的那种现象。[1]

也就是说，按照标签理论的观点，控制犯罪的机制也是导致个体犯罪的原因。这样一种理论确有颠覆传统犯罪理论的解构意味，也把批判的矛盾直接转向了那些控制犯罪的机制。坦南鲍姆（Frank Tannenbaum）、利默特（Edwin M. Lemert）等标签理论代表人物的研究结论，无一例外地认为：正式的国家

---

〔1〕 Arnold Binder, Gibert Geis and Dickson Bruce, *Juvenile Delinquency*: *Historical*, *Cultural*, *Legal Perspectives*, Macmillan Publishing Company, 1988, p. 163.

干预实际上可能在加剧那些被称为少年罪错的行为，并导致他们开始犯罪生涯。

标签理论在 20 世纪 60 年代和 70 年代成为对少年司法进行广泛批判和改革的理论基础。[1]这一理论倡导者所提出的非犯罪化（decriminalization）、分流（diversion）、正当法律程序（due process）、非机构化（deinstitutionalization）、赔偿（restitution）、补偿（reparation）等政策建议，均对西方少年司法的发展产生了广泛的影响，促使美国少年司法进行了一场"合理化"的改革。在标签理论影响下，产生了 20 世纪 60 年代以来少年司法转型中的非犯罪化、非机构化、分流三大代表性改革。这些改革的共同特点是尊重未成年人在青春期发生越轨的"自动愈合规律"，谨慎采取对有不良行为未成年人的干预措施，如果不得已采取干预措施也尽量采取留下标签效应较弱的措施，尤其强调避免使用剥夺或者限制人身自由的机构性矫正措施。

标签理论与破窗理论似乎存在着某种对立性，这种独立实际源于两种理论立场上的差异。破窗理论是一种基于社会本位的理论，侧重的是维护社会秩序。而标签理论则更多的是基于未成年人本位的理论，侧重的是未成年人利益的维护，并认为基于此可达到社会利益与未成年人利益双赢的结果。

如果按照标签理论的立场，海口市的法制教育实践似乎是值得反思的。法制教育采取的是对仅有轻微违法犯罪行为未成年人集中强制教育的做法，这是一种典型的"机构性"矫正措施。按照标签理论的观点，这是一种"强有力"的贴上"违法犯罪人"标签：将一部分未成年人从普通未成年人中"筛选出来"并通过在中心强制法制教育予以"固化"。这很可能产生将那些仅仅属于在青春期发生"正常"越轨行为的未成年人标定为"违法犯罪人"的负面效果，阻断未成年人的正常社会化。

如何在最大程度上消除法制教育的标签效应，是必须着重研究的议题。例如，应对法制教育的对象进行严格且科学的筛选，而这恰是尚处于探索阶段海口市法制教育中心所忽视的地方，目前中心对大量初犯、偶犯、轻微触法未成年人即采取强制法制教育的做法是令人担忧的。更应引起重视的是，中心的管理人员与教官均来自海口市劳教所，日常管理模式也基本移植于劳教所；结业学员的延伸帮教具有将结业学员当成刑满释放、解除劳教人员的

---

〔1〕 吴宗宪：《西方犯罪学》，法律出版社 1999 年版，第 539 页。

特点；甚至法制教育中心的建筑、环境设置也继承的是"戒毒所"衣钵，而这些恰恰都是标签理论所警惕和批评的。

四、经验自述、媒体宣传与领导评价

1. 经验自述

根据中心自述材料《创新理念　探索未成年人法制宣传教育新思路——海口市未成年人法制教育中心工作汇报》（2012 年 3 月 15 日），中心运作三年来的主要成效有三点：

（1）学员教育转化成效显著。经过教育，学员交代作案线索 200 余宗，挖出三个违法犯罪团伙，抓获盗窃团伙主犯 1 名，公安机关立案后抓获盗窃团伙成员 10 名，协助破案 80 多宗。结业 865 人中，重新违法犯罪的仅 20 人，占 2.3%。海口市户籍结业的 368 名学员中，继续就学的 211 人（其中 2 人考上大学，25 人考入高中），其余就业或辍学。

（2）海口市违法犯罪人数下降。全市未成年人违法犯罪人数 2009 年至 2011 年年均比 2007 年至 2008 年年均下降 24.6%，促进了社会治安的改善和问题少年的转变。宋顺勇常委在介绍中也十分自豪地谈到，他在就任市公安局长以前，海口市每天打群架 18 起，抢劫每天 10 余起。建立法制教育中心后，"两抢"每天不超过 3 起，在全国省会城市中是最好的。

（3）社会效果好。中心在全社会引起了强烈反响，先后被中央、省、市 10 余家主流新闻媒体报道近 200 篇次，得到了社会各界和广大群众的高度评价。中心尤其引以为豪的是，省内、省外许多群众纷纷致电咨询并积极要求把自己的孩子送到中心教育矫治。部分省外城市领导到海口市学习考察，对海口市的成功做法均积极表示赞赏。宋顺勇常委特别强调：除了青少年犯罪明显减少，比例大幅度下降外，"中心的一年重犯率低，家长评价高，学员真心回归社会。中心没有对人身限制自由，学员和管教干部吃住一样，没有歧视"。

这份材料还强调，省市综治委和全国工读学会推广了中心的经验，海南省、海口市领导也给予了充分肯定。

从上述对于中心成效的自我确认来看，的确是成效显著的，不过却似乎很难以严谨的犯罪学理论予以推敲。例如，关于重新违法犯罪 2.3% 的表述，

只是对收教学员中曾经被法制教育人数比例的统计，显然并不能称为重新违法犯罪率。再如关于海口市结业学员有 211 人就学的表述，却同时暴露出结业未成年学员中有高达 42.67% 人没有继续学业。未成年犯罪人数下降与中心的成立之间究竟有多大的关联性，也未予以深入探究。海口市有关领导在座谈中所谈到的中心"没有对人身限制自由、学员和管教干部吃住一样没有歧视"等问题，也在专家组调研中的感受形成了较大的反差。

中心自我总结认为，取得上述成效主要在于采取了三种教育模式：在校教育、校外教育、对外教育。

在校教育是中心最核心的工作内容。中心自述认为，由于只有 3 个月时间，无法开设义务教育课。因此在校教育主要是法制教育，根据问题少年呈现出的表象性问题如赌博、盗窃、深层性问题如观念层面、心理层面、德行层面等问题，运用情感疏导、认知改变、重新适应、行为矫正、环境控制、反馈调节、生理调节等 7 个教育矫治原理注重身、心、灵的紧密结合，主要从 10 个方面实施教育。简称十大教育法：即入校教育、养成培训、心理矫治、法律教育、国学教育、拓展训练、思想教育、感化教育、劳动教育、结业教育。

校外教育（跟踪帮教）是针对学员结业离开中心后如何巩固教育成果所采取的教育方式。中心自述主要从六个方面着手：一是做好和全市各乡镇街道的帮教衔接。二是做好回访。利用中心教官的特殊身份对重点学员进行回访。三是建立中心学员 QQ 群，使之成为连接学员和教官的心灵纽带。四是做好约谈。每半月在爱心帮教培训基地约谈结业学员和对进行家长教育培训。五是做好聚会。每年分别组织结业学员回中心聚会，座谈，在成长树前宣誓，重申自己对教官和家长的承诺。六是回炉教育。即对于结业后仍表现不好，教官和学校、家长反复教育无效的学员，由家长配合让他们重返中心接受教育。[1]

对外教育是一种中心履行社会责任，提供对外社会服务的一种方式，主要对象是社区与一般公众，而不是中心学员及其家长。中心自述打造了法制宣传教育的"四讲"品牌，对全市未成年人法制教育起到强力推动作用：一是上门宣讲。教官利用中心的教育矫治成果，组织法制宣讲团到社会和学校

---

[1] 目前共有 5 名学员回炉接受教育。

宣讲。二是开门对讲。即与各个学校组长问题学生到中心参观，通过介绍中心的教育矫治情况，学员现身说法，学员与学生敞开心扉，交流互动，使来参观的青少年受到教育。三是出门演讲。即把中心的案例编成节目，在自编自演的基础上，到社会上参加各种演出，反响强烈。四是闭门听讲，即利用中心的教育资源，采取全封闭的方式，组织家长和未成年人1000多人开展了6期（每期三天两晚）法制夏令营活动，使学员和家长打开了心灵的通道，受到了深刻的法制教育。

从经验自述材料来看，中心的教育方式是丰富的、有针对性的，看上去似乎也是卓有成效的。但一个值得思考的问题是，中心目前编制未定、工作人员具有临时性的特点，以中心现有的资源、力量是否有能力去承担上述"繁重"的职能？这些教育方式的真正效果如何？上述教育方式是否实际进行，是否形成了长效机制？这些教育方式是否仅仅是中心的一种自我期待？这是专家组入住中心之前一直在思考的问题，也是挥之不去的疑问。

2. 媒体宣传

中心时任主任、海口市劳教所政委李启雄是部队文工团出身，爱好诗文等，深知对外宣传的重要性。为此，李政委还专门将重庆作家原上草招募到中心负责对外宣传等工作。中心在对外宣传上似乎是十分成功的，根据自我总结材料，中心经验先后被中央、省、市十余家主流新闻媒体报道近200次。这样一种媒体策略，对于改变内部所存在的对中心的质疑观点，或者冲淡这种意见的"不良影响"发挥了重要的作用，为中心赢得了良好的内外部发展环境。

从媒体公开宣传报道来看，中心的教育矫治效果显著，中心就像"熔炉"一样，"坏孩子进去，好孩子出来"。专家组在海口市调研期间，中心抓住契机在《海南日报》上所发表题为《海口市"未成年人法制教育经验"将在全国推广》的报道，这篇报道通过"用数据说话"的方式，有说服力地宣传了中心的积极成效。这篇颇具典型性的报道指出：

2009年3月，海口市创新体制成立未成年人法制教育中心，接收教育12岁至17岁因违法犯罪依法不能进行刑事、行政处罚由公安机关强制送来的未成年人，以及部分家长自愿送来接受教育的问题少年。截至今年2月底，已接收学员970人，结业回归社会865人。其中，海口市户籍的368名学员，继续就学的有211人（2人考上大学，25人考入高中）。团市委等部门还多次组织心理专家研究制定"问题少年"心理援助方案，并进行相关心理辅导。经过教育，学员交代作案线索 200 多宗，挖出 3 个违法犯罪团伙，协助破案 80 多宗。2009 年至 2011 年，海口市未成年人违法犯罪人数年均下降 24.6% 左右，社会治安得到明显改善。[1]

专家组特别注意到，媒体报道中的中心形象是一个充满温情和温暖的地方，大量报道突出强调了教官对学员无微不至的关心与关爱，教官与学员之间深厚的感情，学员与学员之间兄弟般的同学情谊。例如，《海口市一少年回法制教育中心过 16 岁生日》这篇最具典型的新闻报道这样写道：

今天上午，海口市未成年人法制教育中心迎来了一位特殊的小寿星，他是曾经在这里接受教育的一名学员，如今，他选择回到这个洗涤过自己心灵的地方过 16 岁生日。

今年 3 月 26 日，小花因为抢劫被送到了海口市青少年法制教育中心。在这里，他度过了 3 个月的教育期，与教官和其他学员结下了深厚的情谊，彼此视同亲人。6 月 26 日，小花期满出所，回到了家里。但是回来过生日的念头却不断地萦绕在他的脑海中。小花把这个想法悄悄告诉了教育中心的老师，立刻得到了中心的热烈欢迎，教官们还为他准备了生日蛋糕。

早上 8 点 50 分左右，在大家的注视与歌声中，小花与老师一起点燃蜡烛，许下心愿，然后兴奋地吹灭了蜡烛。之后，伴着欢快的气氛，小花与教官一起切开蛋糕，一一送到小伙伴们的手中，此时的小花也如他的名字一样，笑得像朵花儿。[2]

而在《海口市未成年人法制教育中心用爱温暖失落的心》这篇报道中，建立中心的决策则被称为"民心工程"。这篇报道开篇使用了这样的句子：

他们是一群十几岁懵懂不知事的未成年人，如春天之花蕊，含苞待放，却偷盗、抢劫、寻衅滋事，身上沾满"灰尘"。近一两个月，他们被陆续送到

---

〔1〕 李佳飞："海口市'未成年人法制教育经验'将在全国推广"，载《海南日报》2012 年 3 月 18 日。

〔2〕 史沙、李庆芳："海口一少年回法制教育中心过 16 岁生日"，载 http://v. hinews. cn/page. php? xuh = 5306.

海口市未成年人法制教育中心，接受教育感化，感受关爱和温暖。[1]

当然，在关于中心对外报道中也有的并没有隐晦，例如"填补了我市违法犯罪未成年人和有严重不良行为青少年教育矫治的空白，有力震慑了未成年人违法犯罪"[2]这样的表述方式。

专家组发现，对中心形象的媒体描述与19世纪西方少年矫正机构运动中媒体对少年矫正机构形象的宣传十分相似。在19世纪中期，庇护所等类型的少年矫正机构曾经一度被狂热地宣布为一个伟大的成就，有些庇护所经营者甚至在青少年杂志上做起了广告，他们为自己成功将完全不称职的年轻人改造成了有劳动能力而又勤劳的人而大感自豪。被转化好的孩子写给少年矫正机构感人的感恩信件也被大肆宣传作为少年矫正机构成功的证言。[3]

专家组注意到，中心对媒体宣传不仅重视而且很专业。例如，在诸多新闻报道中，特别加入了传奇、励志、亲情、感人、责任等元素，使之更加吸引人，中心的经验和成效也更可信。例如《原上草：从女作家到"最大的强盗头子"》[4]等关于中心教官原上草的报道即具有这样的显著特征。

同时，中心还非常注意抓住各种宣传契机。例如专家组到达海口市调研期间，媒体报道中就已经传达了两个信息：一是因为中心工作成绩斐然，所以团中央专家前来取经。二是海口市经验将向全国推广。[5]

对媒体宣传形象与成效的验证，是本次专家组调研的一个重要方面。因为，国外对未成年人矫正专门机构的长期研究，最终并未给予其过高的评价。其中最具代表性的是美国联邦最高法院在1967年高尔特案的裁决中对少年矫正机构"实质"的"揭露"：

事实上，不管是如何委婉的名字——"收容之家"（receiving home）或者"工业习艺学校"，对于少年来说，都是一个监禁机构，在那里孩子被监禁了

————————

〔1〕 罗霞："海口未成年人法制教育中心用爱温暖失落的心"，载《海南日报》2009年5月14日。

〔2〕 黎光："市长办公会听取未成年人法制教育中心等项目汇报"，载《海口晚报》2010年11月12日。

〔3〕 姚建龙：《超越刑事司法：美国少年司法史纲》，法律出版社2009年版，第55页。

〔4〕 载《海口晚报》2011年10月26日。

〔5〕 李佳飞："海口市'未成年人法制教育经验'将在全国推广"，载《海南日报》2012年3月18日。

起来……他的世界不是父母亲、兄弟姐妹和朋友、同学，而是看守、管理人、政府雇员，罪错少年和他关在一起，从任性（waywardness）的少年到强奸犯、谋杀犯。[1]

1966 年，美国学者马丁森等参加了一个纽约州州长建立的特别委员会，并与其同事开展了一项关于矫正作用的研究。1975 年，作为此项研究的成果——马丁森与威尔克斯所著《矫正治疗的实效》一书发表。马丁森的研究得出一个结论："虽然有极少和偶尔的例外，迄今所报道的矫正效果对重新犯罪没有产生有价值的作用"，这一结论被认为是投向矫正主义的炸弹，宣告了"矫正毫无作用"的时代已经到来。[2]20 世纪 60 年代以来，马丁森的矫正无效论以及标签理论被视为投降矫正机构，尤其是未成年人矫正机构的"炸弹"，促使了西方国家少年司法改革的非机构化潮流。

在比较研究的反衬下，专家组对于中心的媒体宣传是持谨慎态度的。调研结果尽管在预料之中，但多少仍令专家组感到有些"失落"。

3. 内部争议

在调研中，专家组发现海南省及海口市相关领导关于中心是存在着不同看法的。例如海南省司法厅曾经通过对海口市司法局局长个人发文这样一种"异常方式"对中心的合法性表达了谨慎的意见。[3]在调研中，李传芳局长特别描述了省司法厅及一些领导从不支持、到怀疑、再到支持，这样一个对待中心态度的转变过程。在 3 月 15 日的座谈会上，宋顺勇常委、冯汉芬书记等还主动且专门对中心的合法性问题进行了说明和解释，并得出了中心合法的结论。而在 3 月 21 日下午的专家组反馈会上，李传芳局长也直言，有副局长特别关心专家组对两个问题的看法：一是中心是否合法，二是中心经验是否可以在全国推广。

可见，海南省及海口市内部对中心所存在的最大争议是合法性。事实上这种争议自中心创立之初就一直存在，并且也可能是最初只是考虑将中心作为临时机构的一个重要原因。例如，海口市政法委关于成立中心的第一份会议纪要就曾经指出：

---

〔1〕 *In re Gault*, 387 U. S 1（1976）.

〔2〕 姚建龙：《超越刑事司法：美国少年司法史纲》，法律出版社 2009 年版，第 160 页。

〔3〕 遗憾的是，专家组没有看到这一份特别的文件。

针对目前海口市青少年违法犯罪面临的严峻形势，根据市领导指示，我市必须采取措施对这些违法犯罪的青少年集中办班进行管理教育，但目前还存在一些法律上的障碍，如不能限制未成年的青少年人身自由或不能随意剥夺家长或监护人的监护权。[1]

专家组特别注意到中央综治委预防青少年违法犯罪领导小组所编发的一篇题为《海口市未成年人法制教育中心建设与运行情况概要》[2]的简报，这份简报专门对于法制教育与工读学校的区别做了阐述。从这份简报对于海口市法制教育收教对象、收治审批程序和审批主体等基本问题的描述来看，至少在合法性上并不比工读教育弱多少。例如，简报中描述，中心收教的对象是"12周岁到17周岁有违法或轻微犯罪行为，但又不满足劳动教养、少年收容教养或刑事处罚条件的未成年人"，收治审批程序和审批主体是：有违法和轻微犯罪行为但不够刑事处罚条件的由公安部门审批移送少年教养管理大队强制收容教养；有严重不良行为但又不够少年收容教养条件的未成年人在获得其监护人授权委托教育的前提下，由教育和公安部门共同审批后送法制教育中心收容教养。

然而专家组在海口市的调研发现，法制教育中心的收教对象、收教审批程序和审批主体与这份简报的描述多有差异。从收容对象的年龄来看，低于12周岁的未成年人也收容。收治审批程序较为弹性，实际决定权在公安机关，教育部门并不参与。在法制教育决定程序中，监护人的授权并非决定性的，大多数监护人并未签署《监护人委托法制教育协议书》。上报中央综治委的简报所描述情况与中心实际运作之间的差异，可能是中心自身也认识到了合法性问题，并有意为之以规避中心的合法性争议。

4. 对领导评价的记录

中心建立不久，就受到了各级领导的高度关注，海口市、海南省、中央社会治安综合治理委员会（以下简称"中央综治委"）、团中央等相关部门领导先后到中心调研。2009年6月2日，海南省委时任常委、海口市委书记陈辞，时任市委副书记、市长徐唐先到中心的调研无疑是其中最有代表性的

---

[1] 参见《中共海口市委政法委员会会议纪要》第1期（2009年2月20日）。

[2] 中央综治委预防青少年为犯罪工作领导小组办公室编：《预防青少年违法犯罪工作简报》2011年5月19日。

一次，海口市政法委针对这次调研所编发的简报颇值研究。

在这次调研中，两位重要领导都分别对中心做了重要指示和评价。市长徐唐先对中心的肯定性态度是明显的：

> 成立未成年人法制教育中心是我市政法部门向基层维稳工作和社会治安管理空白点的延伸。……未成年人法制教育中心制作的纪实专题报告片非常感人，我们身边许多有孩子的家庭，也经常遇到类似的事情，我认为法制教育中心的教育形式多样、内容丰富，特别是在短暂的三个月时间里，教学内容着重点是在心灵塑造上下功夫，应该说是比较成功的……法制教育中心工作刚刚开始，将来应该有回访，以了解教育的实际效果。中心对未成年人的教育和将来就业等方面的问题，要加强研究，逐步完善。

但陈辞书记的态度似乎有些"模糊"。简报在叙述陈书记"充分肯定中心的成功做法"的同时，也如实记述了陈书记的要求：中心要"赶快从法律上站住脚，使之合理合法，规范运作。在这里，我想探索一下工读学校、未成年人教育能不能融入社会，海口市与省里的资源能否共享，不求称谓，不求所有，只求办成"。[1] 从文字上推敲，陈书记对于中心的合法性似乎是持谨慎态度的。

在海口市内部存在争议的状态下，调研对于推动中心的合法性与发展似乎发挥了重要的作用。专家组注意到，相关材料中对于分别由时任部长刘涛、厅长万春带队的调研组、考核组的评价十分重视，并在诸多工作汇报中多次提及。

2010年7月7日，团中央权益部时任部长刘涛赴中心调研，海口市委常委许云、团省委副书记盖文启等陪同调研。在这次调研中，刘涛部长对中心给予了高度评价。媒体报道中做了这样的记述：

> 中央综治委预防青少年违法犯罪工作领导小组办公室副主任、团中央权益部部长刘涛也感慨地说，在他了解中心的工作后，特别是观看该中心的《阳光地带》资料片时，也感动得流了泪。他感慨，看了中心的情况很受启发，很有收获。在现有法律条文的框架下，中心创新工作方法，做得非常好。

---

[1] 参见《中共海口市委政法委员会会议纪要》第4期（2009年6月2日）。

"我理解你们对学员的教育做法是介于普通教育、工读教育还有成教等这些教育的中间地带，这个切入点还是很科学、很有针对性的。我没有发现全国其他地方有这样的做法。"[1]

在这次调研中，海口市时任市委常委许云也对教育中心的工作进行了肯定，表扬其工作思路清晰，工作方法对头，措施得力，工作链条衔接好；并对中心对学员的跟踪教育提出了建议，要定点挂钩，定向培养，跟开发区、高新区、保税区、甚至企业挂钩，对学员进行有针对性的培养，加强对其毕业后的就业引导和帮扶，他说："以后他们有固定的收入，我们的工作才不至于半途而废。"[2]

刘涛部长对中心"中心的经验是全国首创，可以向全国复制"的评价被醒目的作为中心宣传展板中的内容，并在多份有关明确中心职级、地位的文件中引用。例如，《海口市人民政府关于设立海口市未成年人法制教育中心的请示》（海府〔2011〕40 号）中称："中央综治委预防办副主任、团中央权益部部长刘涛到我市调研后指出：中心的经验是全国首创，可以向全国复制。"

2011 年 10 月 18 日，中央综治委全国重点青少年群体教育帮助和预防犯罪试点城市工作考核组一行四人，在海口市时任市委常委吴川祝、团省委副书记盖文启等陪同下到中心调研。《阳光地带》记述了时任考核组组长、最高人民检察院万春厅长的如下总结发言：[3]

今天来法制中心看了一下，感觉不错，这种形式在全国是首创，它体现了省市在社会管理上的创新，中心办的有特色、有重点，有自己的品牌。帮教专业化程度高，效果很好。中心的成立，说明了社会的需求，中心应该考虑向专业化发展，增加教育力量，扩大辐射面，使更多的青少年受益。

专家组曾经特别注意到，本次以团中央专家组名义对中心的调研活动也

---

〔1〕　冯本静："海口不良青少年教育矫治工作感动中央综治委领导"，载 http://tieba.baidu.com/f?kz=1134029591.

〔2〕　"海口市未成年人法制教育中心创新工作　合署办公分类教育方法在全国首创"，载 http://blog.sina.com.cn/s/blog_78fb86350100t6d7.html.

〔3〕　"中央综治委试点城市考核组到市法制中心考核试点工作"，载海口市未成年人法制教育中心编：《阳光地带》2012 年第 6 期。

被中心视为中心获得中央肯定的一种信号。在专家组还在海口市调研，调研报告尚未着笔之际，中心的对外宣传中已经向媒体传达了因为"成绩斐然"所以团中央专家来取经、海口市经验将向全国推广等信息。考虑到本次专家组调研的中立性，专家组委婉表示应待正式书面调研报告完成后再定调的建议，并婉拒了 3 月 21 日反馈会邀请记者到场的建议。

中心目前仍处于地位不确定的状态。尽管在各级领导的重视与促进下，2011 年 12 月底省政府正式下文同意以省市联办的形式成立面向全省的、正处级的机构，但是人员编制还未确定。无论是中心的建立还是未来的发展，都似乎与领导的重视有着密切的关系。专家组注意到，中心及海口市相关领导对于上级领导、外部领导对中心评价是十分重视的，并且具有以此影响内部争议声音、促进中心定位、编制落实的考虑。

五、成效与不足

专家组以中立的态度，试图验证中心所自述的成效与经验。为此，专家组在第二天即提出搬离宾馆，入住中心并与学员、教官同吃、同住、同学习的要求。3 月 17 日专家组正式入住中心，在中心生活三天两夜后返回宾馆整理资料和讨论分报告的撰写，并在 3 月 19 日、3 月 20 日两次回中心补充访谈、观摩法制教育课堂和进行问卷调查。在与学员、教官、相关领导朝夕相处中，专家组获得了诸多新的感受。

1. 成效评估

（1）一个根基性问题：重犯率。中心赢得广泛声誉的一个关键原因是矫治效果的突出，而评价矫治效果的最重要指标是重新违法犯罪率（简称"重犯率"）。团中央权益部时任部长刘涛在中心调研后的讲话中指出："这项工作我觉得已初见成效。重新违法仅为 1.7%。将来我们要非常精确地关注它，跟踪它，它反映了我们的工作成效。这是所有数据中最重要的一个数据。"[1]

中心在经验总结材料与对外宣传中也很重视重犯率数据的使用，超低的重犯率也是中心赢得肯定的关键原因。不过专家组发现，中心关于重犯率的自我叙述是不统一和经不起推敲的。例如，对于重新违法犯罪的比率，有时

---

〔1〕 "中央综治委预防办副主任、团中央权益部部长刘涛在法制中心检查指导工作"，载海口市未成年人法制教育中心编：《阳光地带》2012 年第 6 期。

称为"二进宫"，有时又称为"重新违法犯罪"。数字也不统一，至少有1.4%、1.5%、1.7%、2.3%等多种提法。尤其重要的是，所有材料中都缺乏对计算方法的说明。

专家组注意到，在较为正式的简报中，例如，上报中央综治委预防青少年违法犯罪领导小组的简报、全国工读教育学会简报，称中心的"二进宫"率仅1.7%。〔1〕在《法制日报》所刊发的《海口市未成年人法制教育中心"四教"互动成为社会管理创新试点》一文也称："截至目前，该中心共接收学员493人，结业回归社会412人，一年内重新违法犯罪二进宫率1.4%，促进了海口市社会治安的改善。"〔2〕在这两份简报和《法制日报》中没有使用重新违法犯罪的概念，而是使用"二进宫"这样一个"形象""意思分明"但却又具有一定"回旋余地"的提法："二进宫"可以理解为重新违法犯罪，也可以仅仅理解为重新进入法制教育中心。

有意思的是，在为中心争取编制的内部报告、文件以及对外媒体宣传中，对于中心成效的表述则是更为明确和果断的。例如，《海口市人民政府关于设立海口市未成年人法制教育中心的请示》（海府〔2011〕40号）这一份正式公文称：

> 两年多来，该中心创新教育理念，运用多种教育手段对已接受的800多名学员进行教育矫治，目前已结业700多人，再次违法犯罪率仅1.7%，使全市未成年人违法犯罪人数2009至2010年比2007至2008年平均下降24.6%，取得了明显成效。

专家组调研后发现，所谓1.7%重新违法犯罪率的计算方式明显有问题，仅仅是中心对收教学员中有过法制教育经历学员比例的统计。简单地说，1.7%的重新违法犯罪率实际只是有多次被强制法制教育学员的比例。在访谈中，中心内部人员也直言早就发现这样的计算方式是不准确的，这种计算方法大大缩小了学员重新违法犯罪的真实比例。

中心很可能已经感知对外、对内宣传的重犯率数据是不准确的但仍予以

---

〔1〕 参见《海口市未成年人法制教育中心建设与运行情况概要》。

〔2〕 刘京："海口未成年人法制教育中心'四教'互动成为社会管理创新试点"，载《法制日报》2010年11月7日。

使用，这可能与以下几个因素有关：一是缺乏专业性，的确不知道应如何计算重犯率；二是操作性的简洁，因为直接使用学员中被多次法制教育的人数比率作为"重犯率"容易计算，而通过追踪、比对的方式计算真实重犯率，工作量较大；三是这一计算方法有利于突出中心的成效。

专家组对于 1.7% 的重新违法犯罪率表述高度怀疑后，时任海口市劳教所李启雄政委提出可以由专家组拿着结业学员名单到海口市公安局进行内网比对。只要这些学员在海口市重新违法犯罪，并且引起了警方的处置行为，海口市公安局内网就会有记录。专家组立即对中心所提供的 800 余名结业学员进行了抽样，提出了 50 个样本名单，并准备赴海口市公安局比对。但随后李启雄政委来电表示，公安内网不能由外人查看，同时为了更加全面地了解结业学员重新违法犯罪情况，拟对所有结业学员均进行比对。

专家组回到上海后，李启雄政委短信发来了结果：截至 2011 年 12 月 31 日，中心共有 814 人结业。通过海口市公安局内网比对，海口市有警方记录的重新违法犯罪结业学员为 96 人次，占 11.79%。这一数据是原数据的 10 倍。在随后核对中，李启雄政委剔除了多次重犯所导致的计算重合的人数，正式得出截至 2011 年 12 月 31 日，中心累计结业学员 814 人，其中重新违法犯罪的记录有 89 人，占结业人数的 10.9%（即重新犯罪率）的数据。

尽管这一专家组未参与比对后提供的重犯率数据约十倍于原对外宣传的数据，但仍是被低估的保守数据。因为这一重犯率数据仅仅反应的是结业学员在海口市的重新违法犯罪情况，如果结业学员在海口市外重新违法犯罪，将不被计算在内。目前学术界与实践部门对于重犯率的计算公式还存在争议，但是由于海口市法制教育中心属于初创机构，能够完整保留所有结业学员的数据资料，因此这一结业学员总量为基础的重犯率相对而言是较为接近真实情况的。

专家组感觉出了海口市的不安，可能有相关领导对于直接将这一数据透露给专家组有些后悔。的确，在现有关于宣传有关预防、矫治犯罪效果的经验材料与公开报道中，几乎没有重犯率高于 10% 的。这是否意味着中心的矫治效果是失败的呢？

在西方国家，类似机构的重犯率高的为 60% 至 70% 甚至更高，低的也一般在 30% 至 40%。我曾经对中心重犯率预测为 20% 以上，但是目前的比对结果只有 10.9%，这一数据远低于笔者的预测。不过中心于 2009 年 6 月 18 日首批结业〔1〕的具有象征意义的 3 名学员中，竟有 2 名重新违法（吸毒），这让专家组印象深刻。当然，客观上说，中心重犯率虽不十分理想，但尚处于可以接受的状态。

（2）海口市犯罪人数下降与中心的关联性。在诸多描述中心成效的资料中，均十分强调和突出中心建立后海口市犯罪率即下降这一成果。例如《海口市人民政府关于设立海口市未成年人法制教育中心的请示》（海府〔2011〕40 号）对于中心的成效有两个基本判断：一是经过中心矫治学员的重新违法犯罪率仅为 1.7%，二是中心的建立直接带来了海口市未成年人违法犯罪人数大幅下降效果。

专家组特别注意到，中心于 2009 年 3 月 9 日召开成立大会，在同年 5 月 10 日编辑出版的《阳光地带》创刊号即指出："中心的成立对我市涉嫌违法犯罪的未成年人起到一定的震慑作用，促进了社会治安的改善。4 月份，我市刑事案件有所下降，发案比 3 月份下降 15.6%，同比下降 4%。尤其是未成年人涉嫌违法犯罪人数 3 月份同比下降 21.9%，4 月份同比下降 6.6%，比 3 月份下降 21.9%。中心在教育矫治之路上迈出了可喜的一步，取得了一定的成效。"相关领导到中心调研时，也对中心建立后海口市刑事犯罪案件下降的成绩印象深刻。

假设海口市刑事犯罪与未成年人违法犯罪案件下降是客观的现象，但这种下降与中心的建立之间是否存在关联性，有多大的关联性，是否可以归结为中心建立的影响呢？这是值得思考的。在短期内专家组尚无法对此作出判断，但可以肯定的是，一个城市刑事犯罪案件的减少因素绝不可能是单一的。

专家组注意到，类似的"逻辑"思维似乎具有一定的普遍性。例如 2011 年，笔者随全国政协调研组赴遂宁调研时，也看到了这样一种表述方式："2006 年建立工读学校后街面犯罪明显下降，与建校前未成年人犯罪率比下降 70%，有效控制了全市未成年人犯罪案件的高发势头。"但我随后对经验材料的分析发现，与这样的判断形成鲜明对比的是 2007 年至 2011 年 6 月该市两级法院受理的未成年人刑事案件竟占刑事案件总数的 19.4%，人数占比高达 17%，远远高于全国平均数。这样的结论显然也是武断的。

另一个需要注意的背景是，近些年来我国未成年人犯罪在总体上均呈现

---

〔1〕　"大事记"，载海口市未成年人法制教育中心编：《阳光地带》2009 年第 2 期。

下降趋势——没有建立法制教育中心或者工读学校的很多城市同样如此。

（3）看得见的成效。当然，无论是重犯率还是犯罪案件下降均只是评价中心成效的标准之一，而不是唯一标准。专家组在中心调研期间的最大感触是，中心所展示的宣传片，专家组所体验的教育方式，例如，国学教育、拓展训练等，均给人以矫治过程是感人的、可信的感性判断。

在调研反馈会上，我将中心的教育矫治效果称为"看得见的效果"并归纳为三点：一是明显地改善了亲子关系。二是明显地看到了这些孩子的不良行为习惯得到了有效的矫治。三是明显地看到了这些孩子童真的回归。[1]

对学员的问卷调查也显示，中心对学员的管教产生了积极的转化效果。在问及在中心学习的感受中，学员对应当体谅别人的认同度最高，其次是更加珍惜热爱生活，分别占 81.8% 和 80%。在人格养成上，学会了忍让和自尊并更加自信，在为人处世上，更加理解父母，增强了家庭责任感和社会责任感。对自己结业后是否会重新违法犯罪这一问题，59.1% 的学员认为肯定不会再违法犯罪。

而家长对中心的评价也是十分正面积极的。在参加拓展训练后，李启雄政委不失时机地让我倾听多位家长的积极评价中心以及要求延长法制教育时间的声音，经过拓展训练后的家长对中心的积极评价似乎也是真诚的。当然，没有报名参加法制教育的家长是否也持同样的态度，已难以考证。

尽管对于中心的成效尚无法作出科学的判断，但是海口市实践确实存在诸多值得肯定之处。笔者将其归纳为"海口市经验"，并总结出五点特征：一是海口市经验的运行模式，探索了一条矫治有严重不良行为未成年人的第三条路。二是避免了限制或剥夺人身自由的教育矫治措施较常出现的弊端，这种最典型的弊端可称为"异化"——就是表面上讲教育、感化、挽救，但实际上是以安全和生产为主，教育矫治往往是摆在末位。三是"对症下猛药"贯彻了"教育为主，惩罚为辅"的原则，充分发挥了由司法行政部门管理的优势，保持了必要的"刚性"。四是"对症下良药"，针对有严重不良行为未成年人所普遍存在的道德养成的缺失、行为规范的缺失、情感关怀的缺失这三个共性，有针对和创造性地运用了传统文化教育（尤其是讲授《弟子规》）、以拓展训练为代表的心理矫治，用家庭式的关怀、严父型的教育方式、军事

---

〔1〕 参见调研报告《海口市未成年人法制教育中心的经验与启示》。

化的管理模式进行矫治，收到了非常好的效果。因为它找准了有严重不良行为未成年人的症结，对症施教、下良药。五是重视对结业学员的延伸教育，形成了墙内外结合的社会化教育矫治帮教模式。[1]

2. 问题与不足

专家组第一次走进中心时，学员正在进行队列训练。客观上说，当我们看到如此年幼的孩子在高墙内军训时，专家组几乎每个成员均被触动。在调研中，专家组发现中心的确还存在一些问题，与中心自我宣传的"阳光地带"形象似乎存在较大的落差。

（1）绕不开的合法性。尽管专家组试图为海口市创设法制教育这样一种特殊的强制性教育措施寻求合法性依据，但却发现这是十分困难的。

按照《立法法》第8条规定，"对公民政治权利的剥夺、限制人身自由的强制措施和处罚"只能由全国人民代表大会制定法律来规定，全国人大常委会都没有这样的权力。而强制法制教育作为一种剥夺人身自由可长达3至6个月甚至更长时间的行政性强制措施，其创制的主体只是市政法委，这的确曾让以法律背景为主的专家组感到惊愕。

专家组调研期间，海口市政法委有领导曾经引用《刑法》第17条第4款"因不满十六周岁不予刑事处罚的，责令他的家长或者监护人加以管教；在必要的时候，也可以由政府收容教养"来作为法制教育的合法性依据。在形式上，中心也曾经加挂了海口市劳教所少年教养大队的牌子，但是法制教育的适用对象明确规定是触犯法律"不符合收容教养、劳动教养或者判处刑罚条件"的未成年人，适用程序也并未按照收容教养、劳动教养的程序操作。这样的合法性解释显然是站不住脚的。

法制教育的决定、执行程序也存在令人不安的问题：一是决定程序的随意性。法制教育的决定权实际决定在承办案件的民警手中，公安分局主要起形式审查的作用。二是减期、延期程序的随意性。原则上学员在中心表现好可以减期，但是有关负责人表示，会在技巧上让这种情况不大可能发生，而延期却是按照百分考核办法严厉执行的，每扣10分等于延长1天法制教育期限。在拓展训练介绍时举行的结业仪式上，结业学员李某就因在就医时试图逃跑，被延长1个月。而更令人难以理解的是，访谈中某家长说，其子原本

---

[1]　参见调研报告《海口市未成年人法制教育中心的经验与启示》。

为 3 月 15 日期满结业，但中心告知希望参加完本次拓展训练活动后再结业，家长表示同意，于是这名学员被实际延期到 3 月 18 日拓展训练结束当日才正式结业。三是公安机关有将法制教育当成"司法垃圾桶"的倾向，对于证据不足或者可能超过办案期限的未成年人刑事案件，"机智"地采取强制法制教育的方式送入中心，并不时到中心提审，一旦成熟再转为逮捕。

《义务教育法》第 4 条规定："凡具有中华人民共和国国籍的适龄儿童、少年，不分性别、民族、种族、家庭财产状况、宗教信仰等，依法享有平等接受义务教育的权利，并履行接受义务教育的义务。"同时该法第 21 条还规定："对未完成义务教育的未成年犯和被采取强制性教育措施的未成年人应当进行义务教育，所需经费由人民政府予以保障。"海口市对于轻微违法犯罪在校生采取强制法制教育送入中心的做法，也令专家组感到不安。截至 2012 年 2 月 29 日，中心所接受的 972 名学员中有近一半（48.6%）在强制法制教育前为在校学生，而中心迄今没有开展义务教育。中心对此的解释是，法制教育的时间一般只有 3 至 6 个月，在如此短的时间内无法进行义务教育。这在客观上产生了因为轻微违法犯罪行为而被强制中断义务教育送至中心接受法制教育的现象。专家组也注意到，结业后也有较大比例的未成年人无法继续学业而辍学，或者即便继续学业也因中断 3 个月学习而影响了学业，而这正是结业学员重新违法犯罪的重要原因。在比对发现的 89 名重犯结业学员中，进入中心前为在校生的人数为 24 人，但是结业后仅 10 人继续了学业，进过中心后导致辍学的比率高达 58.33%。

专家组还发现，送入中心的学员绝大多数均属于社会底层。中心提供的调查数据显示：学员家庭经济状况差和较差的比例高达 92.8%，农村家庭的比例为 67.1%。专家组对家长的问卷调查也证实，学员普遍存在家庭经济状况差、大部分来自农村等社会底层等情况。这是否意味着高阶层的未成年人更懂事、守法？实际的情况可能是法制教育的适用在客观上部分存在选择性执法现象。在访谈中，有关负责人坦陈未成年人违法犯罪后是否被送入中心强制法制教育会受到各种"关系"的影响。

（2）过度惩罚问题。中心收教的对象是有违法犯罪行为但不符合劳动教养、收容教育、刑事处罚条件的未成年违法犯罪人员。根据中心的统计，主要违法行为是盗窃、抢劫、殴打他人、寻衅滋事、故意伤害、非法携带管制器具、敲诈勒索、赌博。如果这些行为的实施主体为成年人（例如，非法携带管制器具、轻微盗窃、赌博等），可能至多只是按照《治安管理处罚法》的规定拘留 15 天，但是由未成年人实施，却可能被强制法制教育 3 个月以上，并在全封闭的环境中执行。无论基于什么样的理由，这种"法外施罚""轻罪重罚"的做法是值得反思的。

如果一定要给中心画一个脸谱，中心可能更接近于劳教所，甚至是监狱。学员在中心接受教育矫治期间，处于受到严格管理、人身自由被剥夺状态。中心先后使用的两个场所均原为戒毒场所，即按羁押吸毒人员的标准所修建的羁押场所，以"高墙大院"为典型特征。以笔者曾经在劳教戒毒所工作的经历比较来看，中心与劳教所的差异不大。从中心的管理人员的角度来看，其主要抽调自海口市劳教所。从中心的管理方式来看，基本上延续的是劳教所的模式。专家组还特别注意到，中心的管理规章制度基本上是对劳教所规章制度的粗略修改，甚至在文字上也并未根据中心的特点予以调整。

中心对学员的日常管理采取的是我国劳教所、监狱通行的分级管理办法。按照《海口市未成年人法制教育中心学员分级管理办法（试行）》的规定，宽管和严管的定级标准与处遇如下：

具备下列条件之一的，定为严格管理级：（1）新接收学员；（2）入班满一个月，当月计分考核不满 300 分的；（3）被列入"难改"分子的；（4）不服管理、顶撞教官的；（5）有逃跑、自杀、自伤、自残迹象的；（6）拉帮结伙、打架斗殴、经常无理取闹，扰乱管教秩序的；（7）消极劳动，经常不完成劳动任务或者损坏公共财物情节恶劣的；（8）受到延长学习期限或者两次以上警告的；（9）学习态度差，屡犯课堂纪律的；（10）从宽松管理级别降入严格管理级别的；（11）经入班教育仍达不到要求的；（12）其他需要严格管理的。

严格管理级的处遇包括：（1）佩戴红色标识；（2）每月可与直系亲属会见 1 次；（3）每月可拨打亲情电话 1 次；（4）除新接收学员可购买副食品外，其他的不准购买副食品；（5）其他处遇。

具备下列条件之一的，定为宽松管理级：（1）严格管理级满 1 个月，且当月计分考核满分的；（2）能服管服教，确能认错，安心学习并有悔改表现的；（3）积极参加劳动，能完成劳动任务的；（4）自觉参加各项学习，成绩良好的；（5）自觉遵守纪律制度，遵纪守法观念较强的。

宽松管理级的处遇包括：（1）佩带黄色标识；（2）每周可购物1次；（3）每周可拨打亲情电话1次；（4）每月可与直系亲属会见2次，可与直系亲属共餐1次；（5）有参加评选班长或其他职务的资格；（6）可参加中心组织的外出学习、参观活动；（7）其他处遇。

从上述规定来看，无论是宽管还是严管级别，学员在被法制教育期间其人身自由均处于被剥夺状态，对外联系、家属会见等均被严格限制，甚至家属探视也采取的是隔着玻璃的电话通话方式。人身自由的被剥夺、教官严格的管理方式、学员之间可能存在的欺凌现象、仅能吃饱的生活条件、与父母隔离等，对于未满18周岁的未成年人而言，其所承受的痛苦是可想而知的。

专家组第一次进入中心即在课桌内部发现了令人为之动容的"藏在课桌里的真实心声"：几乎每一张课桌里面都写上了类似"4月1日出牢，2011年4月1日出狱""6月6日出去了""还有9天就出去了"等语句。专家组以问卷形式验证了学员在中心羁押期间的心理感受，调查结果显示：学员认为在中心最痛苦的事情中，排在第一位的是想念父母，占75.8%；其次是渴望自由，占42.4%。另有13.8%的学员"对未来感到绝望"。另一件令专家组印象深刻的事件是，在中心建立伊始就发生了一夜逃跑10名学员事件，虽然中心负责人利用个人影响力调集了包括特警在内的百余名警力追逃，当夜追回9人，但仍有1人迄今未追回。

学员自杀自残情况，可能更能反映法制教育的痛苦程度。在访谈中，有教官坦陈中心接受的学员中有自杀想法的"有几十个不止，有想法且付诸行为的也有十个、八个"。而学员问卷调查结果显示，有过自杀想法的高达30.8%，有过自杀实际行为的比例也达到10.9%。学员的自杀行为主要是希望通过这种方式逼迫中心及其家长，重新获得自由。还有一部分学员会采取自残的方式达到此目的，试图逼迫父母接其出中心。

（3）理念与执行之间的落差。中心自述开展了十大教育等多种教育活动，还开展了亲职教育、社会教育等延伸工作。专家组估算，这样的工作量是十分巨大的，也需要长期的热情与高度奉献的精神方可维持。但是，中心目前尚处于编制未定、人员轮岗的状态，中心目前的师资力量的配备严重不足，现有师资的专业性也存在较大不足，这些工作是否能够常态开展，是颇值得怀疑的。教官队伍不稳定也是一种客观存在。因为学员"习艺劳动"的经济效益十分低，在中心工作的教官年收入要比劳教所少两三万。为解决教官不稳定的问题，中心目前采取的是劳教所干警到中心轮岗半年的机制，这样的做法虽然保证了干警力量，但却仍无法保证教育的连续性与教官工作的投入。

对于在剥夺或限制人身自由型矫正机构中的工作人员而言，最关心的是两件事情：一是安全，不跑人、不死人；二是待遇，包括个人升迁和收入。在做好这两件事情的前提下，才谈得上教育、感化、挽救。对于工作人员而言，这就是一份职业，要求他们超越个人利益完全奉献式工作，是不现实的。在访谈中，我们也发现创办中心的激情正在淡化，"关好人、不出事"的心态似乎也正在蔓延。中心的未来走向是否会更加类似于劳教所，专家组调研后的感受是不容乐观。

目前中心的地位尚不明确，工作人员对中心工作的投入在客观上包含着对中心地位、级别等的预期，一旦中心的地位、职级尘埃落定或者落空，中心是否还能践行"教育、感化、挽救"而不异化，是一个需要深思的问题。

（4）管理中的问题。中心所主办的小报《阳光地带》创刊词（第 1 期，2009 年 5 月 10 日）对中心的形象做了这样的描述：

> 海口市未成年人法制教育中心是一片充满阳光的地带，这里没有歧视、冷漠，只有关爱、温暖；这里的爱心、细心、耐心，使"问题少年"重拾自尊、自律、自强的信心。教育、感化、挽救的理念，使这些迷茫的少年经过凤凰涅槃般的洗礼重归社会。

不过，国外学者对矫正机构的描述似乎是直白和干脆的："上锁的门就是上锁的门，不管上锁的动机是什么。"[1]无论未成年人矫正机构被描述成如何温馨，绝不会被称为"阳光地带"。

通过深入访谈、了解，专家发现中心在管理中存在着与其他类型矫正机构相似的"监所亚文化"特征，具体表现在以下几个方面：

（1）教官的体罚虐待问题。教官是否存在体罚虐待的现象，这个问题是敏感的。

---

[1] ［美］乔治·P.弗莱特：《刑法的基本概念》，王世洲主译，中国政法大学出版社 2004 年版，第 31~32 页。

（2）学员之间的欺凌问题。这也是一个客观存在的现象。专家组入住中心后，就有一名学员把专家组当成救星，试图达成摆脱被学员欺凌以及出中心的目的。学员问卷调查结果显示，有过被其他学员打过的比例高达40.9%。

（3）学员生活标准过低，难以符合青春期发育的营养需求。专家组发现，学员每人每月仅拨付160元费用，包括生活及其他所有费用。当然，李启雄政委也指出，法制教育的时间短，尚不至于对学员生理成长产生不良影响，而且因为能够保证吃饱，学员大都到中心后随着生活的规律化，多数出现长胖的现象。

（4）管理中对女学员的特殊性照顾不足。专家组特别观察女学员的管理制度，但是除了要求男学员不得进入女学员生活区的规定外，并未发现其他对女学员的特殊管理制度。不过欣慰的是，专家组并未发现侵犯女学员的现象。

（5）中心缺乏必要的外部监督，其管理教育活动处于封闭而并非"阳光地带"。我国对看守所、监狱、劳教所等监禁机构均实行派驻专门检察室（院）进行监督制度，但是目前中心并无任何外部监督机制，这令专家组多有不安。专家组发现，对于教官管教学员中的不当行为、职务违规行为等，主要依靠的是自律机制。例如，中心曾经出现过教官编造理由违规收取家长费用的情况，值得欣慰的是，中心在发现之后对涉事教官予以了惩戒并向家长主动退还了违规收取的费用。

《海口市未成年人法制教育中心若干管理规定（试行）》第3条规定，中心按照"'教育为主，习艺劳动为辅'的原则，实行半日学习，半日习艺劳动的制度"。专家组曾经提出希望能看看学员的习艺劳动，或者至少看看学员习艺劳动的成果，但是并未能如愿。当然，李启雄政委坦诚，"每年学员劳动产生的效益，还不如不做"。这也是影响教官队伍稳定的一个重要原因，因为学员习艺劳动效益的低下直接影响了教官的经济收入。

客观上说，由于时间短，专家组无法对中心管理中的问题进行细致的了解，但一个基本的发现是，作为一种十分类似劳教所的机构，中心也存在着这类机构较为常见的管理问题。当然，专家组也有理由相信，就中心而言，这样的现象相对其他劳教所、监狱可能要好得多。

（5）形成中的"污点"。专家组在与学员家长接触中，多位家长询问子女结业后是否可以参军。为此，我们特别访谈了海口市公安局法制处李斌处长。在访谈中我们发现，学员因违法犯罪被强制法制教育的经历会被公安内网记录，形成事实上的"污点"。作为一种客观的现象，法制教育的确会对学员未来的发展产生不良影响。

在海口市，法制教育中心具有一定的社会知晓度，也因此会形成事实上的标签效应。中心曾经建立了移送结业学员至社区帮教的机制，由于这一做法把结业学员当成刑释解教人员对待，产生了实际的负面性，也因此引起了结业学员及其家长的强烈不满。正因为如此，李政委果断停止了向司法所移送结业学员档案将其纳入帮教体系的做法。

对学员家长的问卷调查显示，在家长对子女结业后最担心的事情排前四位的分别是重新犯罪（33.3%）、跟不上学业（27.1%）、影响就业（25%）和影响参军（22.9%）。尽管强制法制教育尚未成为一种法律上的强制教育措施，但是其已经在事实上所形成的"污点效应"已经成为中心不得不面对的课题。

六、海口市实践引发的思考

1. "双保护"的冲突与抉择

无论中外，在社会转型加速期，"不良少年"似乎都是一个令人不安的群体，也被视为影响社会治安的重要因素。从维护社会安全的角度出发，需要对这一群体采取应对措施——集中收容矫治是一种通常会被寄予厚望的措施。但在另一方面，由于未成年人保护观念的进步，在对这一群体采取预防、矫治措施时，如何维护未成年人权益也是一个不得不重视的问题。这就是预防未成年人违法犯罪工作中的一个挑战性难题——保护社会与保护未成年人（简称"双保护"）的冲突。

在预防青少年违法犯罪工作中应当坚持社会本位还是未成年人本位，这不仅仅是一个观念问题，还是一个法律问题和工作技巧问题。在现代社会，如果治理犯罪的政策取向以社会为本位，为了维护社会治安不惜牺牲未成年人的利益，例如，过度强调重罚尤其是监禁措施的适用（通过将其集中隔离以维护社会安全），将很可能陷入舆论与道德的不利困境，甚至良心的谴责之中。这样的做法也是功利和短视的，因为将未成年人与社会隔离起来，会阻断问题未成年人的正常社会化，其结果更可能是制造更为严重的犯罪人，从长远来看也不利于社会安全的维护。

世界上签字国最多的国际公约——《联合国儿童〔1〕权利公约》第3条第1款规定："关于儿童的一切行为，不论是由公私社会福利机构、法院、行政当局或立法机构执行，均应以儿童的最大利益为一种首要考虑"，此即所谓国际社会公认的"儿童最大利益原则"。我国《未成年人保护法》第3条也规定，"未成年人享有生存权、发展权、受保护权、参与权等权利，国家根据未成年人身心发展特点给予特殊、优先保护，保障未成年人的合法权益不受侵犯"，要求在涉及未成年人的工作中给予未成年人"特殊、优先保护"。在预防青少年违法犯罪工作中，显然也应当遵循儿童最大利益原则和特殊优先保护原则，在面临"双保护"的冲突时，应当坚持未成年人本位。如此，才能确保预防青少年违法犯罪工作占据道德的制高点，居于主动而非被动的地位。从这个角度看，海口市基于社会本位的立场，针对轻微违法犯罪未成年人采取强制法制教育集中收教的做法，是值得反思的。

以笔者曾经在劳教戒毒所工作的感性认识，事实上只要具有剥夺人身自由性质的矫正机构，无论以何种形式出现，管理者所最关心的两大问题是安全和生产。要让这类矫正机构突破这样的功利目的，真正去践行"教育、感化、挽救"的理念，确保矫正机构的运作以教育矫治为目的，客观上说——我们是不乐观的。

从中央层面来说，政策的重心不宜放在"加强"这类机构上，而是应将关注点放在如何确保这类机构不发生异化，确保儿童最大利益原则在未成年人矫正机构中的实现。唯其如此，才能一方面发挥未成年人矫正机构维护社会安全的作用，另一方面也能将这类机构的负面性降到最低——防止其制造更为严重的犯罪人。

2. 比较视野中的未成年人矫正机构

有趣的是，外国在社会转型期也曾经高度强调和依赖使用未成年人矫正机构收容矫治那些对社会治安造成威胁的少年。在19世纪外国的未成年人矫正机构运动中，这类机构被寄予厚望并获得了广泛社会声誉。有的未成年人矫

---

〔1〕《联合国儿童权利公约》所称"儿童"与我国《未成年人保护法》所规定的"未成年人"同义，均指未满18周岁的公民。

正机构甚至在杂志上做广告，被转化好的少年的感谢信等也被大加渲染。[1]但在 20 世纪中后期以来，对未成年人矫正机构的反思与质疑之声就已成为一种强有力的声音，这种反思与质疑深受标签理论、正当法律程序理论的影响。反思与质疑主要集中以下几个方面：一是认为这类未成年人矫正机构无论如何管理、宣传，其实仍是"监狱"，特别是那些未经正当法律程序剥夺有严重不良行为未成年人自由的矫正机构，是违反法治基本要求的。二是认为矫正机构阻碍了未成年人的正常社会化，实际会对未成年人人格及行为产生长远的不良影响。三是认为矫正机构是个大染缸，存在"交叉感染"等现象，矫正的结果是无效甚至事与愿违的。

正因为如此，20 世纪中后期以来，国外掀起了影响深远的"非机构化"（deinstitutionalization）改革浪潮。以美国为例，一些州纷纷主张关闭少年矫正机构，1973 年美国刑事司法执法标准和目的咨询委员会甚至建议：各州不应再建立任何少年训练学校，现有的少年矫正机构均应逐步淘汰。在非机构化改革中，广泛推行以社区为基础的矫正措施，将罪错少年从拘留中心、看守所、教养院、训练学校等监禁刑机构中转移到社区内进行矫正，观护、假释、社区服务、赔偿、家庭拘禁、野营方案、团体之家等社区矫正方案被广泛采用。[2]

但是在 20 世纪 80 年代后，美国等国家又因为未成年人暴力犯罪的严重化而采取了"轻轻重重"的刑事政策——一方面对轻微违法犯罪行为处罚更轻，另一方面则对严重暴力犯罪、累犯加重处罚。其中以根据美国犯罪学家沃尔夫冈研究所出台的"三击不中出局"政策最为典型。沃尔夫冈根据大量的追踪调查发现：凡是在 17 周岁以前有过 3 次违法犯罪记录的少年，其中的 80% 以上在将来成人后都将成为惯犯。根据这一研究结果，美国制定了"三击不中出局"政策，将有 3 次违法犯罪行为的未成年人将移送成人刑事法院予以严罚，包括判以长期监禁。但必须注意的是，对于未成年人轻微违法犯罪，尤其是初犯、偶犯，坚持的是更加轻缓的处理方式。同时，对于筛选顽逆少年坚持的是司法程序，少年法院而非警察机构在其中起着决定性的作用。

国外未成年人矫正机构的发展历史对我国的启示是，在社会转型期，未

---

〔1〕　姚建龙：《超越刑事司法：美国少年司法史纲》，法律出版社 2009 年版，第 55 页。
〔2〕　姚建龙：《超越刑事司法：美国少年司法史纲》，法律出版社 2009 年版，第 152~153 页。

成年人矫正机构的确具有维护社会治安的作用，但是对于未成年人矫正机构应当保持谨慎的态度，对其功能不宜过分夸大和依赖。对于那些轻微违法犯罪的未成年人，尤其是初犯、偶犯，应当慎重送入矫正机构。同时，必须建立科学和符合正当法律程序要求的方式筛选那些顽逆的有严重不良行为未成年人，方可采取送入矫正机构的措施。

专家组对中心的调研也的确发现了国外批判未成年人矫正机构所存在的弊端，例如矫正效果被夸大、适用程序不健全、管理存在问题等。这提醒我们，在社会转型期如果仍然需要发挥未成年人矫正机构的作用，也应当重视避免这类机构的弊端。

3. 法外强制收教倾向的反思

最近一些年，各地在预防青少年违法犯罪工作中出现了一种值得关注的现象：突破现行法律法规的规定，对轻微违法犯罪（有严重不良行为）未成年人采取强制收教措施。海口市是以法制教育的名义强制收教，更多的地方则借助的是工读教育的名义。

就工读教育（专门学校教育）而言，由于现有的标签效应过于明显、适用程序的非强制性等原因，工读学校一直处于萎缩的状态。某种程度上说，工读学校的萎缩是一种自然选择的结果，至少在客观上说明其肯定存在诸多弊端。但最近一些年一些地方省市开展了"突破"现有政策法规的实践创新，这种创新主要表现在以下三个方面：

（1）工读教育对象的扩大化。包括：①招生对象年龄范围的扩大。例如，上海市嘉定区工读学校招收的流浪儿童年龄范围从 6 周岁到 18 周岁。②招生对象身份的扩大，从有严重不良行为的中学生扩大到闲散未成年人，甚至是缓刑、假释等适用非监禁刑的未成年人。例如，上海市通过借助救助管理站委托的形式，将有轻微违法犯罪的流浪未成年人交由嘉定区工读学校强制教育，《长沙市工读学校招生办法（试行）》明确规定应将有严重不良行为的流浪未成年人送工读学校进行教育和矫治，再如，四川省达州市工读学校除了招收年龄在 12 周岁以上 17 周岁以下具有严重违法、轻微犯罪行为和具有《预防未成年人犯罪法》所规定的严重不良行为未成年人外，还招收免予刑事处罚、判处非监禁刑、判处缓刑、假释的未成年人。③招生对象行为标准的扩大，不仅招收有严重不良行为的未成年人，对于一般不良行为的未成年人也予以招收。还有的工读学校招收没有严重不良行为的普通学生。例如，武汉市励志学校招生对象包括：有各种偏差行为的中学生；学校和家长难以管教的学生；辍学流失，不愿或不能回院校学习的学生；上网成瘾不愿学习的学生。

（2）工读教育程序的"实际"强制化。即改变现行法律法规所规定的"自愿型"招收程序，实际采取公安机关强制决定工读教育的方式。例如，上海市对流浪儿童中有违法犯罪行为不够刑事处罚者实际采取由公安机关强制送往工读学校的方式，四川省达州市、湖南省长沙市等地均采取的是由公安机关强制送工读学校的方式。

（3）工读教育管理的司法行政化。即由司法行政部门而非教育部门实际承担对工读学校的管理，由于管理人员为具有司法警察身份人员，因而工读学校更具有"小劳教所"而非"专门学校"的特征。例如，四川省达州市工读学校（第十六中学）为达州司法局下属事业单位，与达州市司法干部学校实行两块牌子一套班子，在管理方式上实行"军事化管理，封闭式教育"。

可见，一些地方省市大大拓展了工读教育的适用面，突破了工读教育的适用程序，使工读教育成为使用面更广且具有强制性的行政性强制措施。显然，这样的探索就像海口市探索的法制教育一样，均具有非经司法程序剥夺未成年人人身自由的特点，也是值得慎重对待和反思的。因为现代法治社会的一个基本观念是，无论基于何种正当化理由，未经司法程序或者未成年人本人及其监护人同意，不应随意剥夺或者限制未成年人人身自由。

值得赞赏的是，针对地方省市强化工读教育的要求与"经验"，团中央正在推动起草的文件草案虽然扩大了工读学校的招生对象，但是却并未突破工读学校招生程序在形式上的自愿性。专家组认为，在法律未作修订前，这种保守是谨慎和必要的，符合法治社会的要求，也是避免预防青少年违法犯罪工作遭受质疑的明智之举。

4.《预防未成年人犯罪法》修订的立法建议

各国对于未成年人危害社会但尚未构成刑事犯罪的行为所采取的应对措施，统称为"保护处分措施"。从各国（地区）少年法的规定来看，保护处分呈现出以下几个基本特征：①保护处分具有替代刑罚的特性，具有"以轻（处）代重（罚）"的特点；②保护处分的种类、适用条件、适用程序、执行等基本问题，一般均由独立的少年法予以明确规定；③保护处分的适用一般均通过少年司法程序，由少年法院（庭）决定；④保护处分以社区型处分为主，剥夺或者限制人身自由性质的保护处分措施具有单一性和严格限制适用的特点。

我国可以适用于未成年人违法犯罪（主要是严重不良行为）的刑罚之外的措施种类繁多，这些措施大体上可以划分成四类：一是行政处罚措施，主要包括警告、罚款、拘留、劳动教养、收容教育、强制隔离戒毒。[1]二是特殊教育行政措施，即工读教育。三是刑法[2]所规定的非刑罚处理方法，包括训诫、责令具结悔过、赔礼道歉、赔偿损失、行政处罚或者行政处分五种，适用的条件是犯罪情节轻微、不需要判处刑罚以及免予刑事处罚。四是感化教育性行政措施，即对因为不满16周岁不予刑事处罚未成年人所适用的收容教养。

与国外保护处分措施不同，我国上述可以适用于刑罚之外的措施分别由《治安管理处罚法》《刑法》《预防未成年人犯罪法》《关于办好工读学校的几点意见》等法律法规所规定，且主要为行政性措施，非经司法程序适用因而更为灵活和弹性。

上述措施既有剥夺人身自由性质的劳动教养、收容教养等，又有限制人身自由的工读教育，还有训诫、赔礼道歉等多样性处分措施。但是，面对如此种类繁多且程序相对灵活的可以适用于有严重不良行为未成年人的措施，实践中仍然感到"不够"用，仍然认为法律处罚不力，难以应对预防青少年违法犯罪的需要，而仍在实践中探索类似法制教育等剥夺人身自由的矫治措施，其中原因值得品位。这既有政府过于依赖剥夺人身自由强制措施的原因，也与这些措施由不同的法律法规设定、内容不明确、适用对象模糊等原因密切相关。为了适应预防青少年违法犯罪工作的需要，亟须对这些措施予以清理、整合和规范。按照《立法法》的规定，由于这些措施中有多项涉及剥夺或者限制人身自由，因此只能由全国人大制定的基本法律去规范。

5. 开展预防青少年违法犯罪工作的几点启示

我国目前的预防青少年违法犯罪工作体系，是一种以共青团为主导，在

---

〔1〕 关于劳动教养、收容教育、强制戒毒是否属于行政处罚措施，在理论界存在争议，我主张行政处罚措施说。

〔2〕《刑法》第37条规定："对于犯罪情节轻微不需要判处刑罚的，可以免予刑事处罚，但是可以根据案件的不同情况，予以训诫或者责令具结悔过、赔礼道歉、赔偿损失，或者由主管部门予以行政处罚或者行政处分。"

综治委名义下的多部门合作机制。需要承认的是，共青团在这一机制中虽然具有实际主导者之名，但是否能真正动员相关部门积极参与、能否整合得了相关的资源，则是与共青团的工作技巧甚至共青团领导人个人的人格魅力、未来发展潜力密切相关的。在笔者看来，共青团的"影响力"具有"漏斗效应"，即越往基层共青团的实际影响力越小。如何让预防青少年违法犯罪工作机制更加健全有效，尤其是在基层能够运作得更加顺畅，是一个必须思考的问题。

就专家组的观察而言，海口市的预防青少年违法犯罪工作机制是健全、配合得力、运行有效的，就中心的发展而言，具有"通力合作，互相借力，共同推进"的特点。不过专家组也发现，当中心的影响力日益增大的时候，也存在对于共青团的实际作用与贡献持保留意见的声音。

一个不得不指出的事实是，预防犯罪工作是一项专业性很强的工作，这对传统共青团工作是一个挑战。团干部大都缺乏必要的法律与犯罪学知识，客观上说从事预防犯罪工作的专业性是欠缺的。共青团还有一个特点，即团干部的流动性较大，也很难积淀一批实践性预防犯罪专家。这可能是造成预防青少年违法犯罪工作或多或少存在用语不精确、数据统计多失误、经验总结过于草率等弊端的重要原因。对于共青团而言，预防犯罪职能的承担既是一大挑战也是一大机遇，客观上将促使共青团工作的专业化，提高共青团干部的专业技能——而不仅仅是培养"领导"。这样一种多部门合作形式的预防犯罪工作体系，也会为共青团干部的转岗提供更为宽阔的平台。当然，共青团在预防犯罪工作中要想获得合作部门的尊重，还有待于自身专业性与资源整合能力的进一步提升。

作为一种提升共青团在预防青少年违法犯罪工作体系中的地位、专业性的方式，团中央可以借鉴最高人民法院、最高人民检察院开办全国性少年法庭法官培训班、未成年人刑事检察官培训班的做法，每年定期举办预防青少年违法犯罪培训班。培训班不仅仅培训团干部，也可邀请其他合作机构的骨干参加。

以中央综治委预防青少年违法犯罪专项组、团中央推动或者主导的各种试点工作、规范性文件等，在正式出台前也宜进行更加严谨的论证、调研。对于全国预防青少年违法犯罪工作的考核、指导，也宜进一步增强专业性与规范性。开展预防青少年违法犯罪工作的方式方法也可以进一步创新。

作为一种应当加强的紧迫性基础工作是，共青团系统也应聚拢与形成一批更加稳定、专业的专家团队，作为预防青少年违法犯罪工作的常态咨询、指导力量，以有效应对团干部流动性强，预防青少年违法犯罪工作、政策与专业性延续性差的弊端。

七、结　语

专家组一直试图遵循专家研究报告"三分谈成绩，七分谈问题"的国际惯例，并在整个调研活动与报告撰写中保持中立性，但随着与海口市相关人员感情的逐步加深，笔者又提出了"忠义两全"四个字作为所有报告执笔人在撰写分报告时的指导思想，但结果证明这是一个十分两难的过程。本报告以及另外9篇分报告只是一种试图实现"忠义两全"的尝试，是否成功，只能留待有关领导和时间去检验。当然，如果在类似调研中从执行上保证调研组的中立性，可能会在很大程度上减轻专家组的纠结。

问心无愧的是，专家组在不到20天的时间中，以投入的态度、高强度的工作量，完成了这次调研，并形成了总计约14万字的系列研究报告。而在海口市调研期间，尤其是入住中心与学员同吃、同住、同学习期间，专家组所有成员的心灵也受到了震撼与洗礼，并纠结于同情、怜悯、感动与无奈等多种复杂的情感之中。

一个诚恳的建议是，中央综治委预防青少年违法犯罪专项组、团中央不妨以一种中立的态度，把海口市未成年人法制教育中心作为一个观察、研究中国特色预防青少年违法犯罪工作的窗口与试验田，而中心迄今为止仍为"临时机构"的状况也宜尽早有一个"说法"。

智障少年犯罪与矫正制度之检讨 [*]

自 20 世纪初美国心理学家亨利·戈达德（Henry Herbert Goddard）提出低能理论，学界关于低能与犯罪关系的研究历时已近百年。然而，遗憾的是，我国少年司法制度对于智障少年犯罪的特殊性至今未能给予应有的重视，尤其体现在少年司法矫正制度领域，关于智障少年犯罪的特别处遇规定和矫正措施近乎空白。这种真空状态已受到日益严峻的挑战，迫切需要得到填补和充实。为此，本章将侧重发掘智障少年犯罪的特殊性及其对少年司法矫正体系的特别要求，检讨我国目前少年司法体系的不足，并试图在此基础上提出有针对性的完善建议。

一、智障少年犯罪的研究范式

智障也被称为智力残疾，是指智力显著低于一般人水平，并伴有适应行为的障碍。此类残疾是由于神经系统结构、功能障碍，使个体活动和参与受到限制，需要环境提供全面、广泛、有限和间歇的支持。智力残疾包括在智力发育期间（18 周岁之前），由于各种有害因素导致的精神发育不全或智力迟滞；或者智力发育成熟之后，由于各种有害因素导致的智力损害或智力明显衰退。[1] 这是一种社会模式视野下的残疾观，与从病理学角度将智障看作是一种病理症状表现的医疗模式残疾观相对应，反映出以权利为本处理残疾

---

[*] 本章与王邕合作，载《中国监狱学刊》2011 年第 5 期，发表时标题为"智障少年犯罪与我国少年司法矫正制度之检讨"。

[1] 参见"第二次全国残疾人抽样调查残疾标准"，载《中国残疾人》2006 年第 5 期。

问题的趋势。[1]依此定义，智障少年即为处于智力发育期间的智力残疾群体。世界卫生组织和美国智力低下协会按照智商和社会适应行为水平将智障划分为：重度（一级、二级）、中度（三级）、轻度（四级）。苏联心理学家鲁宾斯坦把智力残疾分为三个程度：①愚鲁。约占智障病例的80%以上。这类患者仅有轻度的异常现象，有的则完全正常。智商一般为50~69。②痴愚。身心两方面均有明显障碍，智商一般为25~49。③白痴。这种患者伴有严重的身体畸形，智商在25以下。一般说来，愚鲁是可教育的，痴愚需要训练，而白痴则需终身监护。[2]

国内外学者就智力与犯罪之间的关系问题进行过不同程度地分析和探讨，为探索智障少年犯罪的特殊性提供了指引。国外相关研究起步较早。在智商测试发明之前，达尔文的自然选择理论被运用于犯罪学领域，犯罪的不幸因此被归结为退化家族的遗传和血统延续。随着1905年比奈-西蒙智力量表（Binet-Simon Intelligence Scale）的面世，智力有了精确的测量方法，可以进行精确的比较。放之于犯罪学便开始了智力与犯罪行为之间关系的决定性研究。美国心理学家亨利·戈达德（Henry Herbert Goddard）对监狱、拘留所、医院和其他公共机构的被羁押人员进行了智力测试，并考察了大量有关犯罪人智力的研究。在这些研究中，犯罪人被确定为智力低下的比例在28%~29%之间，趋向中间的研究的结果显示，有70%的犯罪人智力低下。据此，亨利·戈达德指出大多数犯罪人都智力低下。[3]亨利·戈达德还通过研究卡利卡可家族得出结论，每个低能者都是一个潜在的犯罪人，他是否会真正成为一个犯罪人取决于两个条件，一是气质，二是周围的环境。[4]1976年戈登（Gordon）发表论文指出智商得分的分布与青少年犯罪的分布之间存在相似性，并认为只要假设所有智商低于一定水平的青少年都是犯罪人，而智商高于这个水平的青少年都不是犯罪人，就会得到与费城青少年犯罪的法庭记录

---

〔1〕 参见汪海萍："以社会模式的残疾观推进智障人士的社会融合"，载《中国特殊教育》2006年第9期。

〔2〕 参见王辅贤主编：《残疾人社会工作》，北京大学出版社2008年版，第67~68页。

〔3〕 参见［美］乔治·B.沃尔德、托马斯·J.伯纳德、杰弗里·B.斯奈普斯：《理论犯罪学》，方鹏译，中国政法大学出版社2005年版，第74页。

〔4〕 参见吴宗宪：《西方犯罪学》（第2版），法律出版社2006年版，第192页。

数据和国家对智力培训学校的授权率相似的数据。[1]随后的赫希（T. Hirschi）和辛德郎又为智商与青少年犯罪之间的联系提供了证据支持。他们回顾了大量关于这一课题的研究后指出，青少年犯罪人与非青少年犯罪人群体之间的差异从未完全消失过，而且似乎一直稳定在智商相差约 8 分左右的水平。[2]后来的研究也发现，较严重的犯罪人的智商得分比轻微的犯罪人智商得分要低。儿童的智商得分较低与后来这些儿童变成青少年和成年人后实施的犯罪行为存在联系。[3]

　　我国学者也为探索智力与青少年犯罪之间的联系性做出过尝试和努力。例如孙春霞等选取某市少年管教所在押少年犯 108 名男性（年龄 16 周岁至 17 周岁）为研究组，选取与研究组同一城市某职业中学学生 100 名为对照组（年龄 16 周岁至 17 周岁），采用中国修订韦氏成人智力量表对两组少年进行智商测定。结果发现：①研究组智商（IQ）、言语智商（VIQ）、操作智商（PIQ）均明显低于对照组，有非常显著性差异（P<0.01）；②IQ<90 者，研究组占 25.0%，对照组中仅占 1.0%；IQ>120 者，研究组明显少于对照组。经检验，两组有非常显著性差异（P<0.01）；③以 P–V>12.0 为分界点，结果 P>V 征者犯罪组较对照组多，但差异无显著性差异，以 P–V 的绝对值>10 为分界时，P–V 征者，在两组间亦无显著性差异。这一结果显示，男性少年犯中部分人智能偏低，虽然犯罪原因错综复杂，但偏低的 IQ 与少年犯罪确有一定的关联性，是不容忽视的因素之一。另外，这次调查还显示，PIQ、VIQ 在研究组均较对照组为低，而显著的 PIQ、VIQ 发展不平衡不是导致少年犯罪的主要因素。[4]罗雪莲对 89 例 18 周岁以下违法犯罪青少年进行司法精神医学鉴定分析。结果显示，诊断为无精神疾病作案的 21.3%，有精神疾病作案的 78.7%。在这些精神疾病中精神发育迟滞占 53.9%居首。这些智能低下的青少年同时伴有不同程度的感知、情感、行为异常所造成的全面精神活动不健全从而引

---

〔1〕 参见［美］乔治·B. 沃尔德、托马斯·J. 伯纳德、杰弗里·B. 斯奈普斯：《理论犯罪学》，方鹏译，中国政法大学出版社 2005 年版，第 78 页。

〔2〕 参见［美］乔治·B. 沃尔德、托马斯·J. 伯纳德、杰弗里·B. 斯奈普斯：《理论犯罪学》，方鹏译，中国政法大学出版社 2005 年版，第 79~81 页。

〔3〕 参见［美］乔治·B. 沃尔德、托马斯·J. 伯纳德、杰弗里·B. 斯奈普斯：《理论犯罪学》，方鹏译，中国政法大学出版社 2005 年版，第 81 页。

〔4〕 参见孙春霞等："男性犯罪少年智能特征对照研究"，载《中华神经科杂志》1994 年第 2 期。

起本能行为的异常。如盗窃、攻击破坏主要是直观受本能的驱使，缺乏理解力、判断力，自我控制能力差，易激动兴奋、受诱惑，加之劣等情感，易受教唆煽动，往往轻微的刺激即可产生强烈的仇恨和凶狠的报复行为。[1]

总体说来，当今的大多数研究此问题的学者，包括先前提到的戈登、赫希、辛德郎等，均不认可智商低是引发日后犯罪的唯一原因，而只将此看作是导致犯罪的众多介入因素中的"普通一员"而已。毕竟"智力本身是无法测量的，测量智力的主要措施——智商得分——可能反而只测量了阅读能力或者在学习目标上获得成功的动力。如果事实如此，那么青少年犯罪人和非青少年犯罪人之间的智商得分的整个差异，很有可能反映的是环境因素，而非遗传因素"。[2]

二、智障少年犯罪及矫正的特殊性分析

智力残疾已经科学验证与犯罪之间没有直接、必然的联系，但是经仔细研究却能从智障少年犯罪中发现一些特殊的规律性，归纳起来主要体现在以下几方面：

1. 智障少年先天的不足为其后天失足埋下隐患。2006 年全国智力残疾儿童抽样调查显示，在致残原因排名中，遗传、产伤和新生儿窒息、早产低体重和过期产等先天性因素分列第 2 位、第 3 位、第 5 位，所占比重高达 28.9%。[3]智障少年对此没有选择只能承受，承受由于智力残疾所带来的一系列不良认知特点、情感特点、意志特点，诸如感受性慢且范围狭窄，区分能力薄弱，知觉心理过程的积极主动性很差，语言发展缓慢，概括能力薄弱，思维有较明显的刻板性，经常不考虑自己的行为，不能预见自己行为的后果，情绪表现方式单调，对情感调节功能减弱，意志比较薄弱，行为带有很大的盲目性，且容易受人唆使干出荒唐事情，等等。[4]类似心理特点可以说为智

---

〔1〕 参见罗雪莲："18 岁以下青少年违法犯罪 89 例司法精神医学鉴定分析"，载《南通医学院学报》1997 年第 4 期。

〔2〕 参见 ［美］乔治·B. 沃尔德、托马斯·J. 伯纳德、杰弗里·B. 斯奈普斯：《理论犯罪学》，方鹏译，中国政法大学出版社 2005 年版，第 86 页。

〔3〕 参见熊妮娜等："2006 年中国智力残疾儿童流行情况及致残原因调查"，载《中国儿童保健杂志》2009 年第 1 期。

〔4〕 参见王辅贤主编：《残疾人社会工作》，北京大学出版社 2008 年版，第 68~69 页。

障少年日后容易冲动犯罪或被教唆犯罪埋下了隐患。另一方面，语言、学习、认知、协调能力的落后令其在家中遭训斥，在学校遭嘲笑，活动时被闲置一旁，就业时被歧视、抛弃。社会在逐渐远离智障少年的同时，智障少年也更加的束缚自我减少与外界的接触。恶性循环下，智障少年与社会的隔离与排斥日益加剧，进而发展成一种敌视和对立。日积月累，反社会行为便如绷紧的弓弦般一触即发。但求本溯源，其形成却无法苛责于智障少年，尤其不可丝毫归咎于先天性的智障少年。

2. 导致智障少年犯罪的因素中，家庭、社会责任远大于自身责任。在对精神发育迟滞患者犯罪行为的主要相关因素的研究中发现，犯罪组较对照组在家庭监护能力，是否自感受歧视，临床表现，辨认能力，是否伴有精神病性症状及既往有无违法史等因素方面均有显著差异。犯罪组的 131 例中，有 36 例与他人合伙犯罪，19 例明显受骗而犯罪，皆因为家庭监护能力差，缺乏管理任其自流，滥交友，致使易于犯罪。[1] 家庭是社会的细胞，父母是孩子的第一老师。如果说尽责的父母是保护孩子避免失足的第一道防线，那么监护能力薄弱、教育方法失当、缺乏耐心态度差等不良家庭环境无异于泯灭了智障少年远离犯罪深渊的最初希望。社会在保护、接纳、教育、扶持智障少年的责任承担上表现得也不尽如人意。例如，一项关于智障人士社会接纳度的调查显示，社区居民对智障人士的接纳存在一定程度的法律认识与行为接纳上的不一致。调查中，有 92% 以上的调查对象支持社区为智障人士的融合添置康复设施、建立专门机构、开展就业培训，但也有 11.1% 的人不愿意做智障人士的朋友，16.4% 和 34.0% 的人明确提出不愿意或"不确定"让智障人士来家做客，高达 70.5% 的居民表示在公共场所会尽量回避智障人士。[2] 又如，在对南京市 216 名智障者教育及生存发展等状况的调查中发现，智障少年的教育公平状况应得到更多的关注。目前困扰这一问题的因素主要有：理念落后与法律滞后；政府职能缺失，资金和政策上的干预力度小；教育投入不足，教育资源分配不公；全纳教育落实不力，特殊教育尚待完善；扶助

---

〔1〕　参见崔承英等："精神发育迟滞患者犯罪行为的相关因素分析"，载《临床精神医学杂志》1999 年第 4 期。

〔2〕　参见上海市残疾人联合会、华东师范大学学前教育与特殊教育学院主编：《智障人士社会融合的理论与实践——上海市"智障人士阳光行动"报告》，华东师范大学出版社 2007 年版，第 147~148 页。

智障群体的非政府组织的缺失等。〔1〕社会的不宽容、责任的不落实，对本已游离于社会边缘的智障少年又是一个沉重的打击。

3. 犯罪智障少年在身心方面所表现出的病理并非简单地依靠药物所能控制，其改善需要的是完备而周到的社会支持体系。我国对于城市弱势群体的支持可分为两大类：一是正式的社会支持，二是非正式的社会支持。前者指来自政府、社会正式组织的各种制度性支持，后者则主要指来自家庭、亲友、邻里和非正式组织的支持。〔2〕智障少年迫切需要解决的问题，诸如功能训练、社区服务、就业安置、学龄教育等均离不开社会支持。虽然随着国家经济的高速发展、人民综合素质的日益提高，智障少年的社会支持网络建设在一定程度上得到了政策的支持、资金的投入、人民的配合，但总体情况是，目前所能给予智障少年的社会支持仍是有限和滞后的，无法完全满足现实需要，直接地影响了智障少年的社会融合进程，在一定程度上可能导致其继续边缘化、犯罪化。

4. 实体法在给予犯罪智障少年宽大处理的同时缺乏有效的保护管束措施的跟进，以致实践中与抑制重新犯罪的效果相矛盾。我国实体法对于智障少年犯罪的法律规制主要体现在《刑法》第18条前三款规定，"精神病人在不能辨认或者不能控制自己行为的时候造成危害结果，经法定程序鉴定确认的，不负刑事责任，但是应当责令他的家属或者监护人严加看管和医疗；在必要的时候，由政府强制医疗。间歇性的精神病人在精神正常的时候犯罪，应当负刑事责任。尚未完全丧失辨认或者控制自己行为能力的精神病人犯罪的，应当负刑事责任，但是可以从轻或者减轻处罚"。该规定体现了我国刑法对于处理犯罪智障少年的慎重和宽大。但这也同时暴露出一个问题：一方面，由于刑事责任构建的基础是行为人的辨认和控制能力而非社会危害性，犯罪智障少年往往被判决不负刑事责任或者可以从轻、减轻处罚，而在没有保证得到有效的监护、医治、矫正的前提下就被释放；另一方面，虽然刑法同时规定有强制医疗措施，但其适用对象较为严苛，必须同时满足两个条件：其一，行为人必须是在不能辨认或者不能控制自己行为的时候造成了危害社会的结

---

〔1〕 参见何侃等："智障群体的教育公平现状及思考"，载《中国特殊教育》2008年第1期。

〔2〕 参见张友琴："社会支持与社会支持网——弱势群体社会支持的工作模式初探"，载《厦门大学学报（哲学社会科学版）》2002年第3期。

果；其二，行为人必须是经法定程序鉴定为不负刑事责任的精神病人，这又将大批需加看管的犯罪智障少年排除在外。缺乏后续跟进措施的宽大，导致"这些案犯往往中午送回家，下午又作案，成为影响社会安全的重点问题"〔1〕。

　　智障少年犯罪所表现出的特殊性对少年矫正制度提出了挑战。对此，回归社会理论倡导将残疾人置于积极的社会关系之中。同时，少年犯和智障犯的双重特性也决定了其应当在一个较为开放和宽松的环境中接受矫治，这对少年矫正体系提出了特别要求。

　　1. 对于判处刑罚的犯罪智障少年的矫正应尽可能地实现非监禁化。智障少年不良心理的形成除了是由于智力残疾所导致的认知、学习、反映能力的迟缓与不协调，社会的排斥和不接纳也是重要的原因。智力残疾轻微的智障少年如果因犯罪被判处刑罚而不得不关押于封闭性的矫正设施内进行矫正，则难以真正消除或减轻其与社会之间的隔阂，消极、紧张的监狱生活甚至会进一步加剧犯罪智障少年对于社会的冷漠和不满。因而，被判处刑罚的犯罪智障少年的矫正应当更多地适用社区矫正或者置于开放式、半开放式的监狱中进行。对于经风险评估无法社会化行刑的犯罪智障少年，则可考虑效仿日本的少年院〔2〕设置专门的矫正设施并辅以个别化、针对性的矫正方案。犯罪智障少年的矫正要同时达到如下效果：一是转变智障少年的消极、悲观心理，学会在面对社会歧视时的自我调适；二是提高智障少年自身的社会适应能力，能够与他人正常地沟通和交流；三是帮助智障少年在生活、就学、就业上得到妥善的安置。

　　2. 把培育良好的社会融合度作为犯罪智障少年矫正工作的重要任务。矫正智障少年犯的最终目的在于帮助智障少年顺利地回到社区，过上正常生活，实现社会化。但是，智障少年犯罪的最大隐患在于被边缘化和被社会歧视。

---

　　〔1〕　参见罗雪莲："18 岁以下青少年违法犯罪 89 例司法精神医学鉴定分析"，载《南通医学院学报》1997 年第 4 期。

　　〔2〕　日本十分重视对违法犯罪少年的矫正，设置有儿童商谈所、少年鉴别所、教养院与养护设施、保护观察所、少年院、少年刑务所等矫正机构。其中，少年院是封闭式处遇的矫正机构，具体可划分为初等少年院、中等少年院、特别少年院和医疗少年院 4 种类型。中等少年院为短期处遇，特别少年院和医疗少年院属于长期处遇的类型，这 3 种少年院开设的教育课程中均包含有特殊教育课程，对象有两类：其一，因智能障碍而采取必要医疗措施后身心没有明显障碍的人，以及有必要进行准智能障碍处遇的人；其二，思想不成熟情绪不稳定，不适应社会的特征明显有必要进行专门治疗教育的人。参见鲁兰：《中日矫正理念与实务比较研究》，北京大学出版社 2005 年版，第 254~255 页。

如果不能努力改变社会接纳度低这种不利的现实状况，矫正出狱的智障少年犯除非是被严格看管于福利机构，否则在社会排斥之下也就只剩重返高墙一途。为此，矫正机构一方面要尽可能地矫正智障少年犯自身所存在的不良习性，并为其提供生活、就业的安置和培训渠道；另一方面则要依托社区、走入社会，倡导与协助建立智障少年的社会支持网络，培育良好的社会融合环境。这种良好的社会环境应至少同时具备两种属性，即接纳犯罪少年和接纳智障少年。

3. 对于不负刑事责任的犯罪智障少年仍应给予管束和帮助。智力残疾较为严重的犯罪智障少年往往因其病理特点而被判不负刑事责任或免予刑罚，但他们同样需要教育、支持、矫正和帮助，这既是为了挽救和保护智障少年，也是为了消除社会危害性以维护社会公众利益。德国的教育帮助作为其少年教养制度中教育处分的一种措施，是通过 1961 年《少年福利法》补充法案而引入少年法的。教育帮助者的任务是对未成年人及享有教育权力者提供咨询和支持性帮助。根据德国《少年法院法》规定，少年实施了犯罪行为，或者虽犯罪，但因其心智发育未成熟而依法宣布无罪的，只要具备《少年福利法》规定之条件，法官则可给予其教育帮助措施。依《少年福利法》规定，实施教育帮助的要求有如下三点：犯罪行为人必须是未成年人，即未满 18 周岁者；行为人的身心发育不健全；措施在防止危害或消除损害方面必须适当和到位。[1]这些非刑罚矫正措施恰到好处地化解了不负刑事责任或有罪但免于处罚的智障少年的保护与社会利益保护之间的矛盾。

三、我国犯罪智障少年矫正制度的反思与完善

在犯罪智障少年矫正特殊性要求的审视下，我国少年司法矫正体系在涉及智障少年的矫正立法、矫正方式、更生保护等方面凸显出太多的不足，亟待改进与突破。

1. 犯罪智障少年矫正立法存在空白。我国少年司法制度建设中的探索和突破大都集中于少年刑事诉讼程序方面，而犯罪智障少年矫正立法却长期为人所忽视，基本处于真空状态，主要表现为：一是没有关于犯罪智障少年矫正的特别规定。除《刑法》第 18 条的规定外，少年司法立法实践中，尤其是在少年矫正领域，几乎找不到直接针对犯罪智障少年特殊性的特别矫正法律

---

[1] 参见李亚学主编：《少年教养制度比较研究》，群众出版社 2004 年版，第 218~220 页。

规定。这不能不说是一种遗憾。二是少年矫正法律的原则性规定也未能在智障少年矫正实践中得到体现。虽然《监狱法》《未成年犯管教所管理规定》等均要求"对未成年犯和女犯的改造，应当照顾其生理、心理特点""对未成年犯的改造，应当根据其生理、心理、行为特点，以教育为主，坚持因人施教、以理服人、形式多样的教育改造方式"，但是在矫正实践中，犯罪智障少年特殊的身心特点却并没有得到应有的关注。这种状况已远远落后于矫正犯罪智障少年的现实需要。

2. 犯罪智障少年矫正手段的非监禁化程度不高。目前少年司法矫正体系在犯罪智障少年非监禁化矫正的推行上主要有两种方式。一是直接对犯罪智障少年适用非刑罚矫正措施。而我国法律规定的非刑罚矫正措施中，直接涉及智障少年的只有责令看管、强制医疗区区两项，针对的还仅是不负刑事责任的智障少年，并且存在着适用范围狭窄、缺少程序设计、效果有限等诸多问题。可以说，我国少年矫正体系中专门适用于犯罪智障少年的非刑罚矫正措施难以发挥有效的教育、感化、保护、挽救、矫治功能，这阻碍了犯罪智障少年矫正计划的制定和开展。二是通过管制、罚金等非监禁刑的判处依托社区矫正实现社会化行刑。但是目前我国的社区矫正对象仅限于被判处管制、缓刑、暂予监外执行、假释、剥夺政治权利五类，适用面显得相对狭窄；"司法牵头、公安配合"的管理体制在我国实践和国外实践中显现出不妥；工作人员在知识、技能、经验的专业化程度上均显不足；矫正项目缺乏丰富性和针对性。诸多问题致使犯罪智障少年一方面难以得到非监禁化的处遇，另一方面即使有幸获此殊遇却仍难以得到切实有效的矫正。

3. 智障少年更生保护亟须加强。犯罪智障少年在身份上具有双重属性，既是犯罪少年又是残疾少年，加倍地受到社会排斥。双重的标签同时也加剧了更生保护工作的难度。目前我国少年犯更生保护相比发达国家有专司释前训练、辅导之职的保护观察所、训练中心、回归中心、中途之家等管理机构以及比较完备的法律和周详的方案，但在规范化程度上显现出明显不足。此外，发达国家还培育、吸收大量志愿者团体广泛参与少年更生保护工作。例如日本的更生保护会，经营管理着100多处收容保护措施，可收容2000多人，其中有70多处是专为不满23周岁的青少年设置；全国有500多个兄姐会，会员8000多人，通过现身说法引导犯罪少年走上正确道路；会员总数20

多万人的更生保护妇女会帮助违法犯罪少年改过自新，等等。[1]这些都值得我国少年矫正体系学习和借鉴，以求加强、提高智障少年更生保护的能力和成效。

面对我国少年矫正体系在犯罪智障少年矫正实务中所显现出的不足，笔者试图就如何完善犯罪智障少年矫正制度提出如下建议：

1. 健全特别的处遇设施和矫正措施

如同生产工具的变化会带动生产力的极大进步，矫正处遇措施的丰富与改善也将给智障少年矫正效果带来新气象。健全智障少年特别的处遇设施和矫正措施就是要：一是降低社区矫正门槛，拓展社区矫正项目，建立专业化队伍，把更多的犯罪智障少年纳入社区矫正体系下，给予帮助、管束、矫治和指导。二是借鉴日本的医疗少年院，建立区域性的智障少年矫正中心，将一定区域内经风险评估难以收容于社区矫正机构的智障少年集中起来进行医治、矫正、看管，以提升矫正机构设置的专业性、科学性和经济性。三是依据智障少年智力残疾程度的不同设计个别化的矫正方案。例如，愚鲁少年是可教育的，矫正方案中应强化教育科目的比重；痴愚少年是需要训练的，矫正计划中就应添加训练科目。如此方能做到"因材施教"。四是增设和改进智障少年非刑罚矫正措施。具体而言，一是扩大强制医疗的适用范围，把不负刑事责任却又无人监护、需要治疗同时又具有社会危害性的犯罪智障少年囊括其中，统一由政府出资收入特设机构予以看管和治疗。二是对责令看管和医疗的智障少年的家属或监护人，在不履行看管、监护、医疗职责导致智障少年再次犯罪时，规定以具体的行政处罚措施，督促他们承担起必要的监管、保护责任。三是增设类似教育帮助、保护管束的非刑罚矫正措施，对因不负刑事责任而适用责令看管、医疗的智障少年予以保护性、帮助性、监督性的教育和管束。

2. 进一步加强与社会相关组织之间的合作

矫正好智障少年令其成功重返社会充满艰辛，少年矫正机构对此恐怕难以单独胜任。一方面，智障少年的更生所必需的生活能力、社会交往能力、简单劳动能力等的培训并非少年矫正机构所能一力承担；另一方面，智障少年的回归更为需要的是社会的理解和支持，这需要长时间的大量的付出，少

〔1〕 参见李亚学主编：《少年教养制度比较研究》，群众出版社2004年版，第258~260页。

年矫正机构也无力承受。而一些社会组织依托社区建置，吸收志愿者队伍，有意愿、有能力也有实力为智障少年的社会融合添砖加瓦。例如上海市于2005 年初开始实施的"智障人士阳光行动"，以"社会融合"为理念在每个街道、乡镇建立了智障人士"阳光之家"，开展教育培训、简单劳动、康复训练和特奥活动。至 2007 年 7 月底，上海市"阳光行动"共建设完成 196 个"阳光之家"、41 个"阳光工程"，初步形成了较为完善的智障人士社区融合的服务体系。[1]少年矫正机构应当加强与相关服务机构、福利机构、民非机构等社会组织的合作，借助其政策优势、专业优势、资源优势，携手推进犯罪智障少年的社会融合。

3. 完善针对性的少年矫正立法

观念上对于犯罪智障少年矫正特别要求的认识和肯定，在法治的背景下，唯有通过健全智障少年矫正立法，方能从制度上保障智障少年在矫正过程中能够得到特殊处遇的程序和设施，能够配备最为适合的矫正计划和方案。完善智障少年矫正立法具体说来：一是明文规定犯罪智障少年需要特别处遇时应当给予特别处遇。同时，健全智障少年的非刑罚矫正措施体系并完善相关程序设计。二是加快社区矫正立法步伐，大力完善社区矫正制度。三是明确犯罪智障少年应在社区矫正机构或智障少年矫正中心内进行矫正，应制定适合其身心特点的矫正计划。四是赋予智障少年本人及其监护、看管人员在智障少年特殊处遇权利受到侵犯时的救济权利，并为此制定具体、简便、高效的程序和途径。五是重视智障少年的社会帮教工作，加强相应的立法工作，最大限度地调动社会组织的积极性，广泛吸收社会各界力量，充满活力地投身于智障少年的矫正、更生工作。

---

〔1〕　参见上海市残疾人联合会、华东师范大学学前教育与特殊教育学院主编：《智障人士社会融合的理论与实践——上海市"智障人士阳光行动"报告》，华东师范大学出版社 2007 年版，第 1 页。

未成年犯义务教育的困境与出路 *

　　未成年犯〔1〕是义务教育所忽视的角落。尽管《义务教育法》等法律规定没有完成义务教育的未成年犯应当完成义务教育，并且规定经费由政府保障，但在实际执行中至少会面临着未成年犯作为罪犯与接受义务教育的学生之间的角色冲突、教育部门与刑罚执行部门之间的壁垒障碍、未成年犯管教所的部门利益可能导致义务教育的"异化"以及义务教育的连续性与未成年犯刑期的冲突等困境。如要走出困境，应当从源头上减少未成年人辍学现象、采用适应未成年犯管教所和未成年犯特性的义务教育模式，并出台专门的实施方案。

一、法条与现实之间的距离

　　随着我国未成年人犯罪现象的严重化，未成年犯未完成义务教育的问题也日益突出起来。许多省市的调查均发现，未成年犯大都没有完成义务教育。例如，湖南省未成年犯管教所对 1700 多名 14 周岁至 18 周岁未成年犯的调查结果显示，有 1600 多人没有完成义务教育。〔2〕广东省对近几年在押未成年犯的连续调查摸底发现，每年约有 85% 以上的未成年犯在进入未成年犯管教所前未完成九年制义务教育。〔3〕海南省未成年犯管教所的调查也发现，在押

---

　　* 本章曾发表于《青年研究》2007 年第 6 期。

　　〔1〕 本章所论述的未成年犯义务教育，主要针对的是判处监禁刑并在未成年犯管教所执行的未成年犯，对于判处非监禁刑未成年犯的义务教育问题，将另文研究。

　　〔2〕 刘洋："采纳政协提案　湖南省未成年犯接受义务教育有保障"，载《人民政协报》2006 年 7 月 31 日。

　　〔3〕 胡键等："广东两会：未成年犯也要接受九年义务教育"，载《南方日报》2006 年 2 月 22 日。

的未成年犯未完成九年义务教育的约占 1/2，而且近些年来收押未成年犯的文化程度较为明显地呈低下态势。[1] 义务教育未完成状况较为普遍的存在既是未成年人犯罪的重要原因，也成为未成年犯矫正与回归社会的重大阻碍。

2006 年 6 月修订的《义务教育法》引人注目地增加了一条新的规定，即第 21 条 "对未完成义务教育的未成年犯和被采取强制性教育措施的未成年人应当进行义务教育，所需经费由人民政府予以保障。" 这是首次在国家重要教育法中对未成年犯义务教育作出规定，也标志着未成年犯义务教育被正式纳入了国家义务教育体系。同年 12 月修订的《未成年人保护法》也再一次要求，即第 57 第 2 款规定："羁押、服刑的未成年人没有完成义务教育的，应当对其进行义务教育。"

实际上，在此之前已经有多部法律试图要求刑罚执行机关承担未成年犯义务教育的职责，例如 1994 年发布，现已被修改的《监狱法》第 75 条第 2 款规定："监狱应当配合国家、社会、学校等教育机构，为未成年犯接受义务教育提供必要的条件"，1999 年发布，现已被修改的《预防未成年人犯罪法》中第 46 条部分规定，"对没有完成义务教育的未成年犯，执行机关应当保证其继续接受义务教育"。不过，遗憾的是这些规定在实践中大都成为具文，未成年犯义务教育基本处于游离于国家义务教育体制之外的状态。

在实践中，未成年犯管教所并没有采用国家统一的义务教育大纲，教育经费的投入与保障、师资、教学设施等条件大都没有达到国家义务教育标准的要求，义务教育的具体实施也基本不接受教育部门的指导与监督。对于在未成年犯管教所服刑的未成年犯来说，义务教育大体上仅属于罪犯应当接受的各种类型教育中的 "文化知识教育" 的范畴，并且总体上是被虚置的。司法部曾经所做的一项全国性调查发现，在实践中即便是 "以教育改造为主，轻微劳动为辅" 的方针和 "半天学习，半天劳动" 的制度，在多数未成年犯管教所里也难以真正得到执行，[2] 更不用说未成年犯义务教育的规定。这次调查承认，"未成年犯的劳动时间普遍在 6 小时以上"，而且所从事的工种主要是根据未成年犯管教所的生产需要，而不是从未成年犯的改造和习艺角度

---

〔1〕　麦思宇："（两会）委员呼声：高墙内未成年犯渴望教育光芒"，载 http://www. hinews. cn/news/system/2007/02/06/010076675. shtml.

〔2〕　张秀夫主编：《中国监狱法实施问题研究》，法律出版社 2000 年版，第 217 页。

出发"。[1]难以想象，在劳动 6 小时以上后，未成年犯还会有时间和精力接受义务教育。

近些年来，我国义务教育体制改革开始向全覆盖、平等化与免费化方向发展，确保弱势与特殊少年儿童也能完成义务教育成为国家义务教育体制改革的重点。虽然并没有像农村义务教育、流动儿童义务教育那样引起社会各界的广泛关注，但高墙内的未成年犯这一被义务教育长期遗忘的角落，也逐渐引起了一些政协委员、人大代表的关注。一些地方省市则率先开始了将未成年犯义务教育纳入国民教育范围，依法保障未成年犯享受九年义务教育权利的探索，试图改变未成年犯义务教育权难以得到保障的现象，引起了较为广泛的关注。[2]这也是未成年犯义务教育得以在修订的《义务教育法》中得以进一步明确和保障的重要原因。

二、未成年犯义务教育的困境

《义务教育法》《未成年人保护法》强化未成年犯应当接受义务教育的规定，并特别明确"所需经费由人民政府予以保障"，是否就可以让义务教育的阳光照耀到未成年犯管教所，仍然是令人担忧的。其最大的障碍至少来自三个方面：

1. 罪犯与学生角色的冲突

要求未成年犯接受义务教育，将带来"服刑的罪犯"与"接受义务教育的学生"之间的角色冲突。按照已被修改的 1994 年《监狱法》和 1999 年发布生效的《未成年犯管教所管理规定》的规定，未成年犯应当在未成年犯管教所服刑，未成年犯管教所贯彻"惩罚和改造相结合，以改造人为宗旨"和"教育、感化、挽救"的方针。尽管是未成年犯，并且有诸多特殊保护的政策和规定，但他们依然是因其犯罪行为而被给予刑罚处罚和处于服刑状态的罪犯。

前文已经述及，未成年犯应当接受义务教育实际是在本次修订《义务教

---

〔1〕 张秀夫主编：《中国监狱法实施问题研究》，法律出版社 2000 年版，第218~219页。

〔2〕 其中以江西省为代表。在以刘运来为代表的政协委员呼吁和努力下，江西省于 2005 年 9 月 1 日成立了我国首家在未成年犯中实施义务教育的学校——江西启明学校。这样一种仿照普通学校标准建立专门供未成年犯完成义务教育学校的做法引起了广泛的关注。

育法》之前就已经在《监狱法》《预防未成年人犯罪法》《未成年犯管教所管理规定》中作出了规定和要求，但是这些规定和要求并没有起到将未成年犯义务教育纳入国家义务教育体系的作用，对于在未成年犯管教所服刑的未成年犯来说，义务教育仅仅是属于罪犯应当接受的各种类型教育中的"文化知识教育"的范畴。这样的定位，并不会在多大程度上改变未成年犯的服刑罪犯身份。或许也因为这样的原因使得未完成义务教育的未成年犯应当接受义务教育的规定实际上成为具文。

但是，《义务教育法》的新增规定，则正式将未成年犯义务教育纳入了国家义务教育体制中，由此将未完成义务教育的未成年犯的"学生"身份突出了出来，未完成义务教育的未成年犯必须和其他普通未成年人一样，至少应按照国家对义务教育的最基本要求接受义务教育，例如遵循国家关于义务教育的教学大纲、教学方式、教学时数、师资配备、考核标准等。按照对义务教育的通常界定，它一般是指在专门的教育机构——学校，由专业的教育人员——教师，所进行的全日制教学活动，是一种通过教育教学活动使学生获得相应的学历资格证书的教育方式。现行未成年犯行刑制度显然是无法实际执行这样一种义务教育模式的。从另一个方面来看，如果将未成年犯应当接受义务教育的规定付诸实施也将带来诸多困惑：服刑的未成年犯与普通学生之间的区别究竟在哪里？对于他们而言，在接受义务教育的同时，如何体现出服刑罪犯的身份特征？这样的角色冲突并没有在《义务教育法》《未成年人保护法》《预防未成年人犯罪法》《监狱法》等中得到明确地解答，迄今也尚无具体的实施方案出台。

2. 部门壁垒的障碍与部门利益可能导致的"异化"

如果将未成年犯义务教育纳入国家义务教育体制，这将给现行教育体制和刑罚执行体制带来较大的冲击。在我国，义务教育是由教育部门主管的。义务教育的大纲、教育设施要求、课时数、师资水平等，都是由教育主管部门负责制定和监督实施，但是刑罚执行则是由司法行政部门中的监狱管理机关负责，具体是由监狱管理部门下设的德育机构兼理。如果按照《义务教育法》的要求将未成年犯义务教育纳入国家义务教育体制的范围，那么似乎理所当然的应由教育部门和有资质的学校负责未成年犯义务教育的管理和具体实施。具体而言可以有以下几种方式：一是按照普通学生的入学方式，让未成年犯按照就近入学的方式进入普通学校学习并由教育部门管理。显然，这是不现实的；二是采取刑罚执行机关负责具体实施义务教育，教育部门负责指导、监督的体制。这种变通的做法相对而言更现实，但也将面临以下困难：其一，如何使教育部门的指导和监督超越监狱的高墙而不至于有名无实？其二，作为刑罚执行机关的未成年犯管教所能否在刑罚执行体系内建立一整套符合义务教育要求的系统？总之，打破部门壁垒，将刑罚执行与义务教育这两种远本分属不同性质机构的职能和谐地融于一体，是一个理论上谈起来容易，实际操作起来困难的挑战。

而要求未成年犯管教所承担起保障未完成义务教育的未成年犯接受义务教育的职能，也可能因为部门利益的作用而发生异化。对于监狱管理机关和未成年犯管教所而言，《义务教育法》的规定所带来的直接"利益"是获得了义务教育经费的支持，而在之前，未成年犯文化教育的经费主要是从监狱部门的经费中开支。作为刑罚执行机关的未成年犯管教所是相对封闭的特殊机构，如何确保义务教育经费的投入能够专用于未成年犯义务教育，这是值得研究的。另一方面，目前未成年犯管教所实行的是"半天劳动，半天学习"的管理制度。虽然未成年犯的劳动方针是"习艺为主"，但长期以来却并未得到真正执行。要求未成年犯管教所超脱"唾手可得"的经济利益，去真正贯彻教育为主、劳动为辅的方针，甚至去实施义务教育，其挑战性是显而易见的。从实际情况来看，大多数未成年犯管教所对"半天劳动"的重视，显然远远超过了对"半天学习"的重视。司法部所开展的一项调查就曾经发现，在大多数未成年犯管教所中，未成年犯的学习活动形同虚设，而且"……未成年犯教育改造工作相对削弱，不完全是由于经济压力所引起，有极个别未成年犯管教所经济条件较好，但受市场经济观念和指导思想、激励机制的影响，也积极投入市场经济竞争的洪流中，把主要精力、实力用于发展经济，提高经济效益上，从而放松、削弱了对未成年犯的教育改造工作"[1]。

3. 教育的连续性与刑期的矛盾

现有法律法规要求未成年犯管教所保障没有完成义务教育的未成年犯接受义务教育还面临着以下一个容易被忽视的难题：未成年犯的刑期大都为3

---

〔1〕 张秀夫主编：《中国监狱法实施问题研究》，法律出版社 2000 年版，第 218~219 页。

年以下的短期刑，[1]如果考虑到诉讼时间折抵刑期的因素，未成年犯在管教所中的服刑期一般还会缩短半年左右，[2]这意味着许多未成年犯在未成年犯管教所服刑期内同样可能无法完成义务教育。

现行法律仅仅规定未成年犯在服刑期间应当接受义务教育，但却缺乏保障在服刑期满后仍然没有完成义务教育的未成年人继续接受义务教育的后续措施。如果未成年犯在犯罪前身份是中小学生，他们在犯罪后均会被原所在学校开除学籍。从实践来看，在其服刑期满后，恢复其学籍几乎是不可能的。如果未成年犯在犯罪前处于辍学状态，在服刑期满后要找到学校继续接受义务教育更缺乏制度上的保障。如果未成年犯服刑期满后已经成年，但还没有完成义务教育，那情况将会变得更糟。因为《未成年人保护法》等法律中关于刑罚执行完毕后升学、复学不受歧视的"号召性"条款还有一个前提：要求服刑期满后仍是"未成年人"。[3]换句话说，未成年犯义务教育在服刑期间可能还有保障，但是服刑期满后反而几乎没有保障。

对于判处长期刑的未成年犯也可能存在类似的问题。《监狱法》第76条规定，未成年犯在服刑期间成年，如果余刑在两年以上的，必须转送成人监狱。如果出现这种情况时该罪犯还没有完成义务教育，转送后又将如何保证其继续接受义务教育？

三、完善未成年犯义务教育制度的建议

值得欣慰的是，迄今为止还没有人质疑未成年犯也应当接受义务教育的法律规定，未成年人并不因其犯罪行为而被解除接受义务教育的权利和义务已经在我国相关法律与教育政策上有了明确的定位，未成年犯接受义务教育的意义和必要性也已经得到了日益广泛地认同。问题在于，如何缩小法条与

---

[1] 例如，据陈敬平对某未成年犯管教所的调查，3年以下（含3年）刑期的占68%，3至5年刑期的占16%。参见陈敬平："短期未成年犯狱内违纪的原因分析及对策"，载《广东司法警官职业学院学刊》2006年第4期。

[2] 如据上海市黄浦区对一审受理判决生效的未成年人犯罪案件43件62人的调查，平均每案诉讼活动全过程为151天。参见黄卓懿："未成年人刑事案件简案快审机制探索"，载《青少年犯罪问题》2006年第4期。

[3] 《未成年人保护法》第57条第3款规定："解除羁押、服刑期满的未成年人的复学、升学、就业不受歧视。"

现实之间的差距，将未成年犯接受义务教育的规定予以切实地贯彻和执行。本文试提出如下建议：

1. 从源头上减少没有完成义务教育的未成年犯数量

按照《义务教育法》第 11 条的规定，义务教育的入学年龄是 6 周岁，条件不成熟的可以放宽到 7 周岁。我国目前试行的是九年制义务教育，也就是说，未成年人在一般情况下完成义务教育的年龄是 15 周岁或 16 周岁。按照我国目前刑法的规定，未成年人承担刑事责任的起点年龄是 14 周岁，而且已满 14 周岁不满 16 周岁的未成年人仅对 8 类严重刑事犯罪承担刑事责任。因此，我国目前许多省市所出现的未成年犯没有完成义务教育率高达 50%甚至 80%的现象是不正常的，是由于许多未成年犯在未犯罪以前就已经辍学所造成的。要有效解决未成年犯义务教育这一社会问题，必须从源头上减少适龄儿童未按规定接受义务教育的现象，降低辍学率。

2. 平衡罪犯与学生角色的冲突

未成年犯接受义务教育所带来的罪犯与学生之间的角色冲突是客观存在的，但并非是不可包容和平衡的。从实践来看，现行未成年犯管教所"半天学习，半天劳动"的制度不能适应对未成年犯进行义务教育的需要。我国刑法所规定的徒刑是一种劳役刑，罪犯应当在服刑期间参加劳动，这是未成年犯管教所实行"半天劳动，半天学习"制度的渊源和未成年犯作为罪犯（劳改犯）身份的重要标志，但这样的制度显然不利于未成年犯接受义务教育，也容易导致"部门利益"的膨胀而使未成年犯接受义务教育的规定被实际架空。没有完成义务教育的未成年犯大都学业荒废，他们需要更多的时间和精力投入学习，而不是相反。建议取消未成年犯管教所半天学习半天劳动的制度，把未成年犯劳役刑变为监禁刑。这一建议是落实未成年犯接受义务教育规定的需要，也是具有可行性的。首先，《监狱法》《未成年犯管教所管理规定》将未成年犯劳动定位为"习艺性"劳动。既然是习艺性劳动，完全可以不需要强行规定半天的时间；其次，未成年犯义务教育经费由政府保障后，将大大减轻未成年犯管教所经济压力，而在司法部 2004 年发布的《现代化文明监狱标准》中，关于 16 周岁以下未成年犯全天学习的规定也为完全废除这一制度奠定了实践基础。

但是，因为接受义务教育的需要而完全忽视了未成年犯作为服刑罪犯的身份，既不现实也容易产生负面影响。未成年犯的义务教育形式应当具有不同于普通学校的特点，而体现"未成年犯"的特色。例如，在遵循国家义务教育统一大纲基本内容的前提下，在课程设置上进行符合未成年犯改造需要的调整，增加法制教育、道德教育、认罪伏法教育、劳动教育的比重；在日常管理上，仍然坚持现行未成年犯管教所半军事化的严格管理制度；除了按照义务教育实施条件的要求建设教学大楼、配备师资等外，不改变未成年犯管教所作为刑罚执行机关的整体特色等。

3. 未成年犯义务教育宜主要由初级中等职业技术教育学校承担

目前许多省市采取仿效全日制普通学校对未成年犯进行义务教育的做法，是值得深思的。从未成年犯的角度而言，这种仿效普通教育学校以文化教育为主要内容的义务教育对于他们而言实际意义究竟有多大？未成年犯并非不渴望在完成义务教育后升入高中继续学习，甚至考上大学，但对绝大多数未成年犯而言，这显然是不现实的。从未成年犯的角度来看，他们最为关心的问题是出狱后能否拥有就业能力和获得就业机会。虽然初中文化程度和一张初中毕业文凭对未成年犯的就业会有一定帮助，但相比掌握一项谋生技能而言，后者显然更为实际。

我国目前承担实施义务教育任务的学校包括地方人民政府设置或者批准设置的全日制小学、全日制普通中学、九年一贯制学校、初级中等职业技术学校、各种形式的简易小学或者教学点（班或者组）、盲童学校、聋哑学校、弱智儿童辅读学校（班）、工读学校等。其中初级中等职业技术学校既是义务教育的一种形式，也具有重视学生职业技能的特点，相比全日制普通中学而言，它显然更适合未成年犯的特点和实际需要。而且，它也不妨碍部分优秀的未成年犯继续学习深造。此外，采取初级职业技术教育学校的形式，也有利于体现未成年犯义务教育与普通义务教育的区别，平衡罪犯与普通学生身份的冲突。因此，笔者建议未成年犯管教所对于完成小学教育的未成年犯主要采用初级中等职业技术教育学校的形式继续完成义务教育。

4. 未成年犯接受义务教育的方式宜多样化

目前实践中所采取的未成年犯义务教育形式主要是在未成年犯管教所内建立符合标准的专门学校，这种做法具有受众面广、容易组织管理等优点，但是也存在经费投入和维持成本高，可能因为未成年人犯罪率的变动带来招生人数不稳定造成资源浪费等不足。各地方未成年犯管教所的条件、基础差异大，需要接受义务教育的未成年犯情况也千差万别，因此除了在未成年犯管教所建立专门学校的模式外，还可以探索其他形式的义务教育实施模式。例如：①试读模式。将改造效果好，没有危险性的未成年犯隐匿其身份送往普通学校试读，接受义务教育。这种做法的优点是能够最大限度地保证未成年犯接受标准的义务教育，有利于其回归社会。缺点是适用面小，容易引起非议，而且风险较高。②共建模式。未成年犯管教所可以与就近承担义务教育任务的学校共建，把需要接受义务教育的未成年犯纳入该校学生范围，采用在未成年犯管教所设立分校或教学点的方式，由共建学校提供主要的师资、教学设施等，并具体负责未成年犯义务教育的实施和毕业证书的发放。这种模式的优点是成本低，未成年犯管教所不需要另起炉灶建立一套义务教育体系，师资、教学水平等可以得到有效保证，这是一种值得试行的模式。

5. 未成年犯义务教育需要前科消灭制度的支持

未成年犯义务教育还需要建立相应的配套制度，才能发挥出最大的积极作用。如果未成年犯在完成义务教育获取初中毕业证书后，却仍会因其前科而在升学、就业等方面受到歧视，那么义务教育的效果将会大打折扣，对于未成年犯而言义务教育的完成也并没有太大的实际意义。尽管《未成年人保护法》第57条第3款规定："解除羁押、服刑期满的未成年人的复学、升学、就业不受歧视。"但实际上缺乏落实的制度保障，特别是对那些服刑期满后已经成年的罪犯而言。因此，从配合未成年犯义务教育制度改革需要的角度出发，还应当抓紧建立未成年人犯罪前科消灭制度，为未成年犯回归社会和转变为积极的公民进一步清除障碍。

6. 出台专门实施方案

未成年犯义务教育的特殊性较强，不可能完全实施有关义务教育的法律法规，这也会对现行未成年犯行刑制度造成较大的冲击。我国现行法律对未成年犯义务教育仅仅是作出了"应当"接受义务教育的规定，但是对于如何开展对未成年犯的义务教育工作，却并无任何具体的、可操作性的规定。因此，仿效教育部印发《盲校义务教育课程设置实验方案》《聋校义务教育课程设置实验方案》和《培智学校义务教育课程设置实验方案》的做法，由教育部、司法部、财政部联合制定《未成年犯义务教育实施方案》对未成年犯义务教育的标准作出底线性和变通性的规定是十分必要，也是十分紧迫的。

此外，针对未成年犯在未成年犯管教所服刑期间可能同样无法完成义务教育的现象，有必要建立相应的衔接机制。建议修改相关法律及规章，规定未成年犯在服刑期满后仍未完成义务教育的应当到指定的学校继续完成义务教育。在未成年犯管教所服刑期间成年，余刑在两年以上的，如果尚未完成义务教育，应当留在未成年犯管教所完成义务教育后再转送成年犯监狱。

从"工读"到"专门"

——工读教育的困境与出路*

工读教育是我国基础教育中的一种特殊教育形式，其面向具有严重不良行为、不适合继续留在普通学校学习的未成年人，开展相应的义务教育及行为矫治。工读教育既不是刑罚方法，亦不属于行政处罚，而是一种对未成年人违法犯罪行为进行超前预防的有效措施。因此工读教育被认为是预防青少年犯罪的最后一道防线。[1]六十余年来，工读教育作为中国特色的社会主义教育体系的组成部分，在教育挽救失足未成年人、稳定社会秩序、保证这部分孩子的家庭幸福、推进和谐社会建设等方面发挥了重要作用。同时，作为少年司法保护处分架构中的重要处遇措施之一，工读教育又为我国司法体系的完善、法治社会的构建贡献出积极的力量。然而，从各地实践来看，曾经大放异彩的工读教育如今却面临着严重的生存危机，学校数量不断萎缩、生源不断减少、教师逐步流失、法律保障欠缺等问题成为其发展的掣肘。而如何清晰地界定工读教育本身之应有定位，实现其从"工读学校"向"专门学校"的理想过渡，亟须我们予以高度的关注。

一、我国工读教育的发展与现状

工读学校肇始于18世纪中叶瑞士教育家裴斯泰洛齐创办的孤儿院，其教学生一边识字计算，一边劳动，被视为近代工读教育之前驱。[2]一个半世纪

---

* 本章与孙鉴合作，载《预防青少年犯罪研究》2017年第2期。

〔1〕 熊伟："我国工读教育面临的问题与对策"，载《青少年犯罪问题》2011年第5期。.

〔2〕 石军："我国工读教育发展的历史、现状与未来发展"，载《教育史研究》2013年第3期。

后，苏联教育家马卡连柯于 20 世纪 20 年代起曾先后创办高尔基工学团和捷尔仁斯基儿童劳动公社，主要收容二战时期的苏联孤儿，起到了一定的预防和矫正此类少年违法犯罪的作用。受启于苏联高尔基工学团，我国于 20 世纪 50 年代起开始了工读教育的尝试与探索。

1. 我国工读教育的历史沿革

任何事物的诞生与发展均要放在时代的大背景下予以分析，工读教育亦不例外。新中国建立之初，教育事业百废待兴，战争与时局又造就了大批孤儿及流浪少年，他们不仅得不到应有的教育，同时闲散于社会之中亦给治安带来了巨大的压力。1955 年，公安部时任部长的罗瑞卿与北京市公安局时任局长冯基平同时向北京市委、市政府建议，能否在普通中小学与少管所、劳教所之间创建一种新的防控形式，用教育而不是管制的手段来容纳和矫治那些处于"犯罪边缘"的未成年人，以避免少管所等强制性的矫治机构带来的弊病。[1]是年，我国正值与苏联交好，受启于其高尔基工学团的理念，我国开始在北京率先开启了"半工半读"教学模式的探索——1955 年 7 月 1 日，北京温泉工读学校[2]成立。自此，工读学校如雨后春笋，上海市、重庆市、辽宁省、江苏省等地相继办起了工读学校。截至 1966 年，全国共有工读学校 220 余所，[3]工读教育步入了发展中的黄金阶段。但是，由于正处于探索与尝试时期，此时的工读学校定位与任务尚未明确，规模也较小，在招生对象上主要由流浪儿童、孤儿及部分违法犯罪的未成年人构成，并由公安部门统一负责招生，在教育与改造的效果上各地差异也较大。

改革开放后，我国犯罪率骤然飙升，其中青少年犯罪率占比严重，达到全部刑事犯罪的 60% 至 70%，控制青少年犯罪已刻不容缓。[4]正如贝卡里亚所言，"人们只有在亲身体验到关系着生活和自由的重要事物中已充满谬误之后，并在极度的灾难把他们的生活折磨得筋疲力尽之后，才会下决心去纠正压迫他们的混乱状况，并承认最显而易见的真理，即那些由于简单而被他们

---

〔1〕 王耀海、高大力：《工读教育改革之路》，北京教育出版社 1996 年版，第 1 页。
〔2〕 即为北京市海淀区工读学校的前身。
〔3〕 石军："中国工读教育研究三十年：回顾与反思"，载《当代教育与文化》2015 年第 2 期。
〔4〕 江晨清等：《中国工读教育》，上海教育出版社 1992 年版，第 18 页。

平庸的头脑所忽略的真理"。[1]在饱受青少年犯罪的荼毒之后，作为曾经一度兴起的、具有中国特色的未成年人教育矫治机构——工读学校又重新进入了人们的视野。随着 1979 年北京市海淀工读学校的重新办学，我国的工读教育正式恢复。在 1981 年国务院转批教育部、公安部、共青团中央《关于办好工读学校的试行方案的通知》（以下简称《通知》）[2]、1987 年国务院办公厅转发教育部、公安部、团中央《关于办好工读学校的几点意见》[3]以及 1986 年出台的《义务教育法》[4]等法律法规、政策文件的保障下，工读教育焕发出"第二春"，不仅全国各地的工读学校得以复学，一批新的工读学校又相继建成，为全国的教育普及、犯罪预防工作起到了重要的推进作用。不过需要注意的是，这一阶段的工读学校收生年龄较 20 世纪 50、60 年代予以降低，学生罪错的程度也逐渐增加，违法犯罪学生的比例相对较高。同时，工读学校的收生由公安部门单独决定改为公安、教育部门双渠道进行。而在教育的内容上，也一改曾经的法制教育与思想教育，加大了文化教育与职业教育的比重。

《义务教育法》的出台为工读教育的推进提供了重要的法律依据，却也成为其发展的掣肘——工读教育被视为普通教育的补充，并将工读放在普通教育体系中予以评价，带来的是工读教育发展空间的挤压。1999 年《预防未成年人犯罪法》的出台，似乎试图将工读教育"拉回来"，将其作为"严重不良行为"的未成年人教育矫治场所的定位看似明确，但其"父母、监护人或

---

〔1〕〔意〕切萨雷·贝卡里亚：《论犯罪与刑罚》（第 5 版），黄风译，北京大学出版社 2008 年版，第 5 页。

〔2〕《通知》指出："工读学校是教育、改造有违法和轻微犯罪行为青少年学生的一种好形式。办好工读学校不仅有利于预防和减少青少年犯罪，维护社会治安，而且对于树立良好的社会风气，培养和造就社会新人具有重要意义。各级人民政府，特别是青少年犯罪较为严重的大中城市，要把工读学校办好。"

〔3〕《意见》指出："应该看到，只要社会上还存在着资本主义腐朽思想的侵蚀和青少年犯罪现象，工读学校这种特殊的教育形式就是必要的。各地人民政府要把办好工读学校视为加强社会主义精神文明建设的组成部分，切实抓好。"

〔4〕 1986 年通过的《义务教育法》全文共 18 条，其中第 9 条第 3 款指出："国家鼓励企业、事业单位和其他社会力量，在当地人民政府统一管理下，按照国家规定的基本要求，举办本法规定的各类学校。"这里，笔者认为，正是《义务教育法》的出台标志着工读教育性质的转变，即由"特殊教育"向"普通教育的一种特殊形式"的转变，成为九年义务教育中不可缺少的一部分——1992 年 2 月 29 日发布的《义务教育法实施细则》第 6 条也指出，"承担实施义务教育任务的学校为：地方人民政府设置或者批准设置的全日制小学，全日制普通中学，九年一贯制学校，初级中等职业技术学校……工读学校等"。

所在学校提出申请"的"三自愿"规定却勒住了自己的咽喉，强制入学程序的丧失，使得工读学校步入了发展的"寒冬"，学生数量一度锐减，截止到2005年，全国范围内的工读学校仅存 77 所，此后十年，始终难以得到有效发展〔1〕（参见表 16-1），"三三三格局"〔2〕日渐突出。

表 16-1

年份	学校数量	教职工数量	专任教师	在校生数
2005	77	2584	1658	8372
2006	74	2525	1603	8322
2007	76	2524	1658	9090
2008	74	2687	1735	9631
2009	72	2669	1745	9213
2010	77	2576	1737	10735
2011	76	2573	1764	8976
2012	79	2706	1756	10640
2013	78	2687	1851	9307
2014	79	2820	1900	8494

2. 我国工读教育发展的几种倾向

从我国工读学校开办的初衷来看，其目的和任务较为单一，即专门接收违法及轻微犯罪的未成年人进行教育改造，为社会治安的稳定而服务。但随着犯罪形势的变化及未成年人保护理念的引入，工读学校的定位逐渐发生了变化，加之各地对政策法规理解的不同，工读学校的发展呈现出以下几种倾向：

（1）刑事监狱化。在《刑法》的规制下，我们国家的刑事责任年龄被设定为 14 周岁。同时，即便是 14 周岁以上的未成年人，在"教育为主、惩罚为辅"原则及"教育、感化、挽救"方针的指导下，非刑罚处遇也应当是未

〔1〕 数据来源于 2005 年-2014 年《中国教育统计年鉴》。
〔2〕 即走出困境、步入良性循环、取得办学效益的占三分之一；初步摆脱困境、解决生存危机、正在稳步发展的占三分之一；尚未走出困境、办学形势仍不乐观的占三分之一。

成年人犯罪的主要应对手段。如此一来，工读学校的存在便显得极为重要，正如贵州黔南州启航学校的校长所言，"这些 14 岁以下孩子涉罪后，家庭、学校、法律都管不了，出现了'空白'，黔南州实施'育新工程'，建立了黔南州启航学校后，这类孩子就有地方可以去了"。[1]

但是，在各地实践中，仍有较多的工读学校缺乏对自身定位的清晰界定，实质上是个"另类的少管所"：①外观的监狱化。高墙、电网，森严的戒备，令人不寒而栗。②入学的强制化。虽然《预防未成年人犯罪法》将"三自愿"作为工读学校收生的必要前提，但各地不乏公安、教育行政部门强迫家长提交申请书的情况出现。③管理的监狱化。全军事化管理，严格限制学生自由，长达一个月甚至以上的时间不允许学生回家，更有甚者，直接在学生寝室门口张贴"罪行卡"，用不同的颜色区别学生。[2]

（2）职业学校化。工读学校开展职业教育本身是其面临发展危机下的一种尝试与探索，1987 年教育部、公安部、团中央《关于办好工读学校的几点意见》也指出："工读学校的思想、文化教育，一定要同职业技术教育相结合，办学因地因校制宜……要把工读学校的职业技术教育纳入地方职业技术教育事业发展的统一规划。"发展至今，工读学校开展职业教育主要有以下几种形式：①单设"职业培训部"，作为工读学校下属的教育机构，在管理上具有一定的自主权，类似于在工读学校内开设一个小型的职业学校。②开设专门的职业技术课程，即除了普通的文化、法制教育课程外，为学生开设各类职业技术课程，学生凭兴趣选择，帮助他们掌握一技之长。③与其他职业学校合作，包括两种合作模式：一是邀请其他职业学校内的老师来为工读学校学生授课；二是开展收生合作，在工读学校初中毕业的学生可直接升入职业学校就读高中。

不过，从工读学校的本质来看，对"严重不良行为"的未成年人进行教育、矫正应是其首要任务。在工读学校内过多地体现职业教育色彩难免本末

---

〔1〕 参见 http://www.gywb.cn/content/2016-08-24/content_5210341_2.htm.

〔2〕 笔者曾经在某工读学校中看到过学生的"入矫誓词"，卡面上赫然写着："我是一名由工读学校收容的学生，我为自己的犯罪行为给社会及家庭造成的危害而悔恨。在校期间，我一定认罪伏法，严格遵守法律法规，严格遵守矫正纪律，自觉服从管理，主动接受教育，积极参加劳动，端正改造态度，彻底改造思想，努力学习文化技术，根除懒散恶习，养成良好行为习惯。正确行使权利，认真履行义务，争取早日回归社会，成为一名合格的遵纪守法公民。"并在卡片下方附有"入矫人员签名"。

倒置，削弱工读学校的应用功能。

（3）普通学校化。自 20 世纪末以来，我国工读学校的发展面临着严重危机，为了填补日渐减少的生源，许多学校开始扩大收生范围，将既未违法犯罪，又无"严重不良行为"，而仅仅因为学习成绩差、违反学校纪律的学生纳入到工读教育之中。据中国青少年研究中心"违法犯罪未成年人群体研究"课题组 2014 年的调查，对于就读工读学校的原因，71.4%的工读学校学生选择"在原校学习成绩差"，43.6%的选择"在原校与老师关系不好"，42.1%的选择"有不良行为"，而选择"有违法犯罪行为"的只有 11.3%。例如，地处广东省的某知名工读学校集工读教育、职业教育和校外教育三者于一身，每年培训普通学校学生五六万人，职业教育学生 600 多人，而工读生不到 100人。[1]这所学校从学生比例看，与其说是一所工读学校，毋宁说是一个另外的"校外活动场所"。这种不断减少"严重不良行为"学生的规模，淡化工读教育色彩，向普通学校靠拢的做法，已无"工读"之实。

二、我国工读教育的困境与症结

适者生存的道理并非仅适用于自然界，当前工读教育的监狱化、职业化、普通化趋势并非是畸形的产物，而更像是一种必然的结果，是工读学校顺应社会需要、解决自身生存危机而实施的重大变革。收生对象从流浪、闲散未成年人向严重不良行为未成年人的过渡为"工读监狱"的落成埋下了隐患；帮助学生摒弃陋习、掌握一技之长以重新融入社会的目标成为"职业学校"的无奈之选；而"三自愿"后大幅下降的生源，更是招收普通学生"填满工读学校"现象的直接导火索。监狱化、职业化、普通化只是表象，要解决工读教育的困境，也许我们更应该了解困在何处、病由何起。

1. 我国工读教育的现实困境

即便将 18 世纪中叶瑞士教育家裴斯泰洛齐创办的孤儿院视为工读之滥觞，亦不过区区两百余年。与数千年来的传统文化教育相比，我们似乎始终找不到开展工读教育的正确方式，各种所思所想囫囵吞下，当我们翘首期盼看到一个丰满的工读之躯时，却发现其已满身疮痍。

（1）法律保障欠缺。工读教育法律保障的欠缺正是我国少年法律体系的

---

〔1〕 张良驯："对工读学校'去工读化'现象的研讨"，载《中国青年研究》2016 年第 4 期。

现实缩影——现有的"两法一专章"〔1〕捉襟见肘，更多的散见于其他部门法中的规定缺乏系统性和可操作性，《少年法》与《儿童福利法》两部核心法律尚未出台。〔2〕而这样的直接结果即为未成年人保护、少年司法领域的诸多工作无法开展，遑论甚其一隅的工读教育能够专门立法了。

就法律渊源而言，工读教育的主要依据来源于《未成年人保护法》〔3〕和《预防未成年人犯罪法》〔4〕之中。然而，这些规定却过于笼统，缺乏可操作性，对于工读之长远发展还远远不够。反观六十余年来的工读实践，基本是在政策文件的统领下蹒跚前行。改革开放后，中共中央批转北京市委关于解决当前首都治安的一个文件中指出："为了把那些有违法犯罪行为，一般学校难以管理，但又不够打击处理的学生，集中起来进行管理教育，建议市教育局恢复过去的三所工读学校。"〔5〕此后，1979 年 6 月中共中央转发宣传部、教育部、文化部、公安部、全国总工会、共青团中央、全国妇联等八个单位的《关于提请全党重视解决青少年违法犯罪问题的报告》，1981 年 4 月国务院批转教育部、公安部、共青团中央的《关于办好工读学校的试行方案的通知》，1985 年 10 月中共中央颁发的《关于进一步加强青少年教育预防青少年违法犯罪的通知》，1987 年 6 月国务院办公厅转发国家教育委员会、公安部、共青团中央的《关于办好工读学校的几点意见》，2000 年 12 月中共中央办公厅、国务院办公厅转发的《中央社会治安综合治理委员会关于进一步加强预防青少年违法犯罪工作的意见》以及 2016 年 5 月中办、国办印发的《关于进一步深化预防青少年违法犯罪工作的意见》等，均对工读教育的开展提出了相应要求。除此之外，北京市、上海市等地也根据当地实际制定了自身的地

---

〔1〕 即《未成年人保护法》《预防未成年人犯罪法》与《刑事诉讼法》中的"未成年人刑事案件诉讼程序"专章。

〔2〕 孙鉴："论我国少年法律体系的学理构建"，载《预防青少年犯罪研究》2016 年第 5 期。

〔3〕 如《未成年人保护法》第 25 条第 1 款规定："对于在学校接受教育的有严重不良行为的未成年学生，学校和父母或者其他监护人应当互相配合加以管教；无力管教或者管教无效的，可以按照有关规定将其送专门学校继续接受教育。"值得注意的是，2012 年修改的《未成年人保护法》已将"工读学校"改为"专门学校"。

〔4〕 如《预防未成年人犯罪法》第 35 条第 2 款规定："对有本法规定严重不良行为的未成年人，其父母或者其他监护人和学校应当相互配合，采取措施严加管教，也可以送工读学校进行矫治和接受教育。"

〔5〕 石军："中国工读教育政策法规的历史演变与当代意义"，载《预防青少年犯罪研究》2014 年第 1 期。

方性政策法规。然而，面对如此纷繁复杂的工读教育体系，两部法律中寥寥几条规定明显不够，而政策文件的位阶较低，在各地实践之中很难真正地引起重视。

（2）地区差异悬殊。在缺乏统一法律规制的情况下，面对我国如此复杂的地理与文化差异，工读教育发展的地区差异理应得到理解。但是各地对于政策文件的理解所反映出的重视程度的差异，却成为工读发展的桎梏。曾有学者形象地比喻，我国的工读学校办学者往往是抱着中央文件的"金饭碗"到地方政府部门也"讨"不到"饭"吃。[1]就中国教育学会工读教育专业委员会的统计而言，截止到 2015 年底，我国工读学校共 89 所，分布在 25 个省、市、自治区。其中贵州、上海、辽宁、四川、北京、广东六省市的工读学校普及率较高，分别为 14 所、12 所、10 所、7 所、6 所、6 所，共计 65 所，占了全部工读学校的 73%，而其他 19 个省市总共才 24 所工读学校，其中江苏省、福建省等经济较为发达的地区仅 1 所工读学校。另外，还有 9 个省、市、自治区没有工读学校。

此外，不仅体现于数量上，各地工读学校的质量亦参差不齐。如前文所述，当前我国工读学校呈现出"三三三格局"。从 20 世纪 90 年代开始，很多工读学校开始探索新的办学模式，经过数年的发展，一些独具特色的工读学校脱颖而出，如上海市育华学校、广东新穗学校、成都市第 52 中学等；与之相反，大多数学校却在走下坡路，发展举步维艰；更有少数学校站在生存的边缘，如安徽省蚌埠市工读学校则长期没有学生。这两方面带来的工读学校的地区差异，使得工读本身的作用和效果大打折扣，进而应有的价值无从彰显。

（3）师生数量萎缩。就我国工读学校的发展困境而言，学生数量的减少最为直观，招生难严重制约着工读教育发展，生源的不断减少直接导致工读学校数量的萎缩，办学规模的缩小。在"三三三格局"中，后两类学校招不到、招不满学生的情况时有发生，有的工读学校出现师多生少的情况，甚至有的学校已没有学生，名存实亡，即便在我国工读学校发源地的北京市，其

---

[1] 胡俊崎："论当前工读教育面临的困境与发展机遇"，载《预防青少年犯罪研究》2014 年第 6 期。

门头沟区工读学校整个 2014 年度，也仅有 2 名学生。[1]根据全国法院公布的有关资料显示，2011 年，判决生效未成年犯人数是 67 280 人，由此可推断2011 年全年新产生的有严重不良行为的未成年人数至少有 70 000 人。[2]而是年，全国工读学校在校生总数为 8976 人，差额如此之悬殊，我们不禁自问，这些孩子都去哪了？

不仅如此，哪怕是靠着"半强制"或职业教育的吸引力使生源暂为稳定的工读学校，也有其自身的困扰——教师数量严重不足。应该说，工读学校的教学难度明显超过了普通学校，工读教育对教师在教学方法、教学能力、心理辅导、学生管理等方面都有较高的要求。1987 年 6 月国务院办公厅转发国家教育委员会、公安部、共青团中央的《关于办好工读学校的几点意见》曾指出："工读学校的规模一般不少于 100 人，每个教学班以 25 人左右为宜……教师编制可高于普通中学，每个教学班一般不少于 4 人。"然而从实践操作来看，大部分地区根本达不到这样的标准。同时，由于工读学校对教师的素质要求更高，工作更为繁重，但福利待遇及晋升渠道却大不如普通学校，因此工读学校内的教师流失现象严重。

3. 工读困境背后的深层思考

工读教育面临着如此尴尬的境地：中华人民共和国成立之初，百废待兴，在法治尚不完善的时候我们仍能创造性地开办工读，用教育矫治的方法面对罪错未成年人，使得工读一度十分火热；然而改革开放之后，法治逐渐健全，人们将"教育、感化、挽救"方针高举头顶之时，工读却日渐衰落，于夹缝中艰难生存。究其原因，离不开社会环境、政策法规的变化，亦是其内在病灶的必然结果。

（1）工读教育的污名化。污名化，即一个群体将人性的低劣强加在另一个群体之上并加以维持的动态过程，它是将群体的偏向负面的特征刻板印象化，并由此掩盖其他特征，成为在本质意义上与群体特征对应的指标物。自社会学发展而来的"污名化"概念，已经被普遍用于对未成年人群体的研究之中，如"留守儿童""农民工子女"等。类似的，提及工读学校，人们首先就会想到"问题儿童""不良少年"甚至"少年犯"。作为学生家长，他们

---

〔1〕 参见搜狐网：http://news.sohu.com/20140526/n400018170.shtml。
〔2〕 路琦："工读教育与未成年人违法犯罪预防"，载《预防青少年犯罪研究》2013 年第 1 期。

害怕自己孩子在工读学校的"不光彩"经历给孩子的未来烙上疤痕，"去了工读学校，以后找工作都困难"，害怕在这里会学到本来不会的犯罪技能，因而"宁可让自己的孩子在马路上游荡，也不愿意让他到这种特殊的学校来上学"。[1]某种程度上说，这亦是工读学校收生难的重要原因之一。

污名化常与"标签效应"相联系。一个人的社会角色是由人的行为分类方式而造成和加强的，个体被动地去接受和扮演这些角色是由于不可抗力的社会期望，个体基本上服从社会为他们提供的模式。长久以来，"工读生就是不良少年甚至少年犯"的社会评价为这些学生以及工读学校扣上了摘不掉的帽子。过早地背负着如此沉重的包袱使得本身就遇到挫折的未成年人更加的失落与无助，乃至自暴自弃，一步步走向犯罪的深渊。而对于学校，污名化的评价则深刻地反映着教育系统内部优势群体与弱势群体之间"贴标签式命名"的权力关系。[2]以致工读学校成为教育系统中被忽视的群体，从而引起人才流失、资金短缺等一系列问题。

（2）强制入学制度的取消。作为公安部长与北京公安局长共同建议设立的工读学校，自创办之初，其招生就一直是由公安部门负责，采取强制入学的方式招收学生。即便是在改革开放后，各地工读学校的收生亦大多采取半强制的方法，如在《关于办好工读学校的几点意见》中即明确指出："工读学校招生要实行半强制措施"，"招生时，以公安派出所管区划片，由公安派出所负责组织管区内各中学、居委会对招生对象进行调查摸底和初步审定。需送工读学校的由区教育局、区公安分局共同审批"。1987年，国务院办公厅转发国家教育委员会、公安部、共青团中央的《关于办好工读学校的几点意见》也规定："工读学生入学须经当地区、县教育局和公安局共同审批。学校和街道要共同做好家长及学生的思想工作。"应该说，这种半强制的方法在当时格外的行之有效，学校只用等着学生被送进来，也确保了工读学校招生工作的顺利进行。

但是进入20世纪90年代，由于国家加大法制建设力度，依法治国、保证人权等都写入了宪法法律之中，带有强制教育色彩的工读学校便面临着尴

---

〔1〕 熊伟："我国工读教育面临的问题与对策"，载《青少年犯罪问题》2011年第5期。

〔2〕 陶鹏："公众污名、自我污名和媒介污名：虚拟社会泛污名化现象的三维解读"，载《广东行政学院学报》2014年第1期。

尴尬境地。1999 年出台的《预防未成年人犯罪法》（已被修改）不得不对此作出改变，其第 35 条规定，"对有本法规定严重不良行为的未成年人，其父母或者其他监护人和学校应当相互配合，采取措施严加管教，也可以送工读学校进行矫治和接受教育。对未成年人送工读学校进行矫治和接受教育，应当由其父母或者其他监护人，或者原所在学校提出申请，经教育行政部门批准"。至此，工读学校大多开始实行"三自愿"的招生办法，即工读生入学要经过学生本人、学生家长和学生原先所在学校三方的自愿，只要三方中的任何一方不同意入学，招生就不能进行。其实，从立法的初衷来看，这无疑是对未成年人合法权益的切实保护，在公权与私权博弈之后，孩子就读的权利正式交还给家长。另一方面，在标签效应下已产生污名的工读学校，早已不是家长的优先选择，甚至从没有进入过他们的选择，这样无疑造成了工读学校生源的锐减，以致个别省市的工读学校甚至无生可招。

（3）工读学校自身教育、管理体制的弊病。工读学校的教育、矫正效果究竟如何？也许我们均忽视了一个问题，如果工读的效果真如人们的设想一般，又何以会面临如此之困境，难道真的全是外部原因所致么？笔者曾去过多所工读学校，里面的学生无一例外，所关注的只有一个问题——我还有多久才能出去。有学者曾将工读学校的内部发展归结为"六重六轻"：①重经验管理，轻改革创新。②重纪律约束，轻文化濡染。③重知识教学，轻实践活动。④重行为塑造，轻心理辅导。⑤重孤立发展，轻协同共育。⑥重值班管理，轻教学研究。[1]具体而言，在课程的设置上，由于生源构成的特殊性，工读学校内开设的课程大多是针对学生行为矫正的课程教学，即思想品德教育与法制教育等，而相对忽视学生的心理教育。北京市朝阳区工读学校曾对多名普通中学的学生和工读学校的学生进行心理测试、对比研究，得出的结论是工读学校的学生大部分具有一定程度的心理障碍，易扰性突出、情绪起伏大和心理稳定性差是最突出的问题。[2]而全国多所工读学校中，大部分学校的心理健康咨询是一片空白，同时只有 40.9% 的工读学校配有心理咨询教师。[3]

---

〔1〕 石军："中国工读学校内部发展的困境与对策研究"，载《预防青少年犯罪研究》2012 年第 9 期。

〔2〕 熊伟："我国工读教育面临的问题与对策"，载《青少年犯罪问题》2011 年第 5 期。

〔3〕 鞠青主编：《中国工读教育研究报告》，中国人民公安大学出版社 2007 年版，第 64 页。

另外，众所周知，封闭或半封闭的军事化管理方式是工读学校的特征。也许，学校集中住宿、老师对学生的全方位照顾可以成为监护缺失孩子的保护伞，在一定程度上弥补一些学生家庭监护的缺陷。然而，却也使得实施工读教育的工读学校带上了明显的司法色彩，过多的突显了规训与惩罚的功能。[1]在现实中，我们经常发现有学校根本做不到让学生每周回家一次，甚至长达数月见不到自己的父母。这种与社会的隔绝显然对他们价值观与世界观的形成极为不利，同时也带来了不可避免的"交叉感染"，各种不良行为相互影响、相互学习，形成恶性循环，最终与教育矫治的初衷背道而驰。质言之，自身教育、管理机制与社会的客观要求相脱节，无疑成了工读教育向前发展的一块绊脚石。

三、从"工读"到"专门"：我国工读教育的合理定位与未来发展

无论工读面临如何困境，我们首先应该承认，多年来，工读教育致力于问题孩子的教育转化与回归社会，挽救了一大批处在违法犯罪边缘的未成年人，为社会的和谐稳定做出了重要贡献，其是社会治安综合治理的重要环节，亦乃预防未成年人违法犯罪的最后一道防线。但正是将工读放在少年司法的背景下，可以看到我们当前是要么简单地将违法犯罪的未成年人送进矫正机构给予监禁性处遇，要么放任其闲散于社会之中，而缺少介于两者之间的中间环节。无疑，就工读教育的定位而言，其理应成为这"两者之间的中间环节"。即便是在教育学界，对于工读教育的一个普遍被大家所接受的定义都为"工读教育是对有情绪和行为障碍、不适应社会的未成年人进行的特殊教育和保护措施"。[2]质言之，工读的落脚点在于"特殊"与"保护"，其实为少年司法中保护处分中的一种重要处遇措施，类似于德国的促进学校[3]、香港特

---

〔1〕　胡俊崎、尹章伟："英国伯明翰市预防青少年违法犯罪的特殊教育体系及作用"，载《青少年犯罪问题》2007 年第 3 期。

〔2〕　[美] 路得·特恩布尔等：《今日学校中的特殊教育》，方俊明译，华东师范大学出版社2004 年版，第 146 页。

〔3〕　在德国，为有特殊教育需求的未成年人提供教育服务的机构统称为促进学校，其学生为存在各种行为问题的孩子，主要的目的在于帮助学生进行行为纠偏。

区的群育学校〔1〕以及日本的儿童自立支援设施〔2〕，旨在通过特殊的教育矫治措施对学生进行心理与行为的矫正，以教代刑，提前干预。也正基于此，工读学校必须区别于普通学校，而体现出自身独立性，完成从"工读"向"专门"的转变。

1. "专门学校"的合理定位

值得欣慰的是，当前除少数学者对"去工读化"持保留态度以外〔3〕，大部分人已经认识到了"工读"二字所带来的弊病。2016年发布的《关于进一步深化预防青少年违法犯罪工作的意见》也已改为"专门学校"的称谓。同时在当前的89所工读学校中也已经有47所在学校名称上避开了"工读"，而改用"育华""新穗""曙光"等称谓，这无疑为规避"标签效应"带来了积极的效果。但是，显然"去工读化"并非简单地改名就能完成，向专门学校的过渡，充分实现其少年司法保护处分的自身定位，需体现出"五个专门"：

（1）专门的立法。如前文所述，当前我国的工读教育各项工作的开展主要来源于《未成年人保护法》及《预防未成年人犯罪法》两部法律以及各政策文件之中，相对来说较为笼统，操作性不强，从某种程度上说亦是长久以来工读定位不清的重要原因之一。要完成向专门学校的蜕变，法律的保障必不可少。有学者曾经对工读立法的进程做出研究，提出渐进式立法：第一阶段，由教育部制定一部《工读学校管理办法》，对我国工读学校当前急需解决的问题做出规定；第二阶段，在《工读学校管理办法》执行一定时间后，由国务院制定《工读学校管理条例》；第三阶段，在进行大量准备工作的基础上，由全国人大常委会制定《工读学校法》。〔4〕笔者认同渐进性的立法方式，法律的改良需要时间的沉淀，而非一蹴而就。但除将《工读学校法》改为《专门学校法》外，笔者以为，专门学校的构建是一个复杂的、系统的工程，既非教育行政部门一家之活，也非司法部门单独所能承担，故应在法律的规

---

〔1〕 20世纪50、60年代起，香港会为一些存在心理或行为等问题的孩子提供特殊的住宿及教育服务，发展至今即为群育学校，其主要的目的是为孩子提供必要的教育辅导，帮助他们掌握各类生活技能，而非惩罚。

〔2〕 日本的儿童自立支援措施由最早的感化院及教养院发展而来，是《日本少年法》中明确规定的保护处分措施。

〔3〕 张良驯："对工读学校'去工读化'现象的研讨"，载《中国青年研究》2016年第4期。

〔4〕 刘世恩："对我国工读学校立法的思考"，载《法学杂志》2005年第6期。

制上体现出不同的侧重，《专门学校法》主要规定专门学校的定位、教学、师资等问题，除此以外，在未来的《少年法》中务必对专门学校重点关注，聚焦于专门学校的收生程序等问题。

（2）专门的程序。所谓专门的程序，主要是指专门学校的收生程序。收生难已经成为专门学校发展中的重要阻碍，2016 年发布的《关于进一步深化预防青少年违法犯罪工作的意见》明确指出："探索改革入学程序，畅通有严重不良行为未成年人进入专门学校接受教育矫治的渠道，研究建立符合条件的涉案未成年人进入专门学校接受教育矫治的程序。"值得注意的是，在上位法已经作出规定的情况下，收生程序改革并非易事——《预防未成年人犯罪法》第 35 条已经提出了"三自愿"的原则。因此，专门学校收生程序的改革首先需要在《预防未成年人犯罪法》身上"动刀"，而在如何改革的问题上，笔者提出两种设想：一是除三方申请以外，赋予少年法庭予以裁决，将涉案未成年人送入专门学校的权力；二是即便是由"三自愿"提起申请，也需要设立一个专门委员会，委员会由教育学、心理学、法学等各个领域的专家组成，所有问题孩子是否适合进入到专门学校内进行教育矫治，均由专门委员予以评估决定。

（3）专门的师资。专门学校内的教师，大部分可以教普通学校内的学生，但普通学校内的教师，却不一定教得好专门学校内的学生。这个在工读界已经普遍形成的共识，无疑反映出了对专门学校教师的特殊要求。除普通的文化课教学要求外，这些教师还需深入了解学生们的内心世界，充分掌握心理学、教育学、社会学、法学等多学科知识，真正做到"因材施教"。据调查，专门学校内的教师工作时间普遍要比普通学校的时间长。其中班主任周工作时间为 64.1 小时，其他任课教师周平均工作时间为 49.7 小时，校长周平均工作时间 63 小时，均远远高出国家规定每周 40 小时工作时间。[1]所以，面对如此繁重的工作时间及更高的素质要求，我们亟须建立一支优秀的专门学校教师队伍，这一方面要求我们对他们的工资、福利待遇予以改善，打通其职称与晋升渠道，以吸引更多的优秀人才；更为重要的是，作为优秀教师的培育基地，我们能否考虑在各师范院校内针对性地开设工读等特殊教育专业与方向，从源头上为国家培养更多的专门的优秀教师。

（4）专门的生源。与收生程序类似的，我国专门学校的生源同样也已由

---

〔1〕　参见 http://www.people.com.cn/item/flfgk/dffg/1983/A 133403198301.html.

《预防未成年人犯罪法》所明确规定，即我们所说的九类严重不良行为未成年人。[1]但是就各地实践来看，生源的两极化特征十分明显。正如工读学校的监狱化、职业化、普通化倾向所呈现给我们的一样，有的地区将专门学校当成了"孙悟空"，无论孩子出了什么问题均送进专门学校内，据中国青少年研究中心"违法犯罪未成年人群体研究"课题组 2014 年的调查，对于就读专门学校的原因，71.4%的工读学校学生选择"在原校学习成绩差"，43.6%的选择"在原校与老师关系不好"，42.1%的选择"有不良行为"，而选择"有犯罪行为"的只有 11.3%。另一方面，也有部分地区对生源的要求格外严格，以致对严重不良行为都放任不管，而当出现违法甚至犯罪行为时才会考虑到专门学校的存在。显然，在未成年人犯罪数量日渐下降的今天，这些学校的生源萎缩也就不觉奇怪了。对此，笔者认为，尽管对于"严重不良行为"的规定本身即存在争议，[2]但对专门学校生源的严格控制是有必要的。专门学校的生源不应作加法，而应作减法。基于未成年人生理、心理的发育特征，为了充分尊重未成年人的"自愈"规律，我们理应减少司法及不必要的干预。也许，我们需要考虑的不是怎样让更多的孩子进入到专门学校内，而是应想想如何为本应进入到专门学校内的学生更好地畅通渠道。

（5）专门的教育。应该说，正是专门学校生源的特殊性，决定了我们对其教育内容及教育方式的特殊性。在教育的内容上，专门学校除了开展与普通学校一样的文化知识与基本技能教学以外，还应该具有更多的针对行为矫治的课程，兼具文化、法律、道德与心理等多项教学内容。在教育的方式上，从专门学校的起源即"工读"来看，"工读"二字即充分表明了劳动教育与文化教育的并举。劳动教育本来是工读学校的特色，也被《未成年人保护法》所明确[3]，曾经以劳动教育为主的工读学校也有效地帮助了未成年学生改进不爱劳动、贪图享乐等不良习性，在行为矫治上收到了不俗的效果。然而，

---

〔1〕《预防未成年人犯罪法》第 34 条："本法所称'严重不良行为'，是指下列严重危害社会，尚不够刑事处罚的违法行为：（一）纠集他人结伙滋事，扰乱治安；（二）携带管制刀具，屡教不改；（三）多次拦截殴打他人或者强行索要他人财物；（四）传播淫秽的读物或者音像制品等；（五）进行淫乱或者色情、卖淫活动；（六）多次偷窃；（七）参与赌博，屡教不改；（八）吸食、注射毒品；（九）其他严重危害社会的行为。"

〔2〕姚建龙："论《预防未成年人犯罪法》的修订"，载《法学评论》2014 年第 5 期。

〔3〕《未成年人保护法》第 25 条第 3 款："专门学校应当对在校就读的未成年学生进行思想教育、文化教育、纪律和法制教育、劳动技术教育和职业教育。"

此处笔者并非是要重申劳动教育的重要性，而是突出专门学校与普通学校的区别——即将学生从被动的知识吸收带入到具体的实践操作之中，可以通过开设各类丰富的主题活动，将我们想要传达给学生的理念以他们喜爱的方式传达给他们，进而取得更佳的教育矫治效果。

2. "专门学校"的未来期许

滥觞于20世纪50年代的我国工读教育，至今已走过六十余年。回眸过往，不禁轻声叹息，曾经如此繁荣的工读何以至此境地，但将其置于少年司法的保护处分架构中，我们又对它的未来充满期许。晚近以来的少年司法改革，莫不以减缓未成年人刑事归责性为导向，强调非污名化、非标签化、非刑罚化、非机构化，注重第二次机会之给予，期许未成年人改过自新。[1]其中，监禁性保护处分的单一化是未成年人权益保护的客观要求，面对收容教育、收容教养等制度自身存在的诸多弊病以及现实中"零适用"，工读教育必须承担起更加坚重的责任，实践证明，学校式、感化性的工读教育也更适合罪错少年的矫治与挽救。

然而，面对社会对工读教育的客观需求，工读本身的能力是否能够与之匹配是其能否向前迈进的决定性因素。要实现"工读"向"专门"的蜕变，"五个专门"还远远不够。而在我国，工读若想吸纳收容教养，充分实现其以教代刑、提前干预的"最后一道防线"功能，笔者认为，第三方评估机构的设立极为必要，其不仅决定专门学校的收生，亦是对教育矫治效果进行评估从而判断学生是否适合转出、退学的重要媒介。同时，面对地区之间的巨大差异，专门学校本身不宜采取统一标准，而须视各地的具体情况予以调整，或可尝试对专门学校进行分级化管理，在不同等级、不同地区的专门学校中突出不同的教学重点。最后，一个文明、健全、法治的社会，应该允许人们"犯错"，尤其是对于未成年人，我们更应报以宽大的心态，给予那些"问题少年"以改正的机会并提供必要的帮助——我们挽救一个孩子就是在挽救一个家庭，亦是在造福一个社会。

四、结　语

滥觞于20世纪中叶的我国工读，致力于问题孩子的教育转化与回归社

---

〔1〕　张鸿巍："掀开少年司法的面纱"，载《人民法治》2016年第2期。

会，挽救了一大批处在违法犯罪边缘的未成年人，为社会的和谐稳定作出了重要贡献。然而在法律保障欠缺、社会污名化评价、收生程序变更及自身教育管理体制的掣肘下，已逐渐萎缩，同时呈现出监狱化、职业化与普通化的倾向。应该说，在未成年人保护及司法改革的大背景下，工读应置于少年司法保护处分的处遇措施下予以构建，实现从"工读"到"专门"的蜕变：专门的立法、专门的程序、专门的师资、专门的生源、专门的教育。从而以教代刑、提前干预，帮助罪错未成年人更好地回归社会。

加拿大矫正制度的特色与借鉴*

作为英联邦成员之一，加拿大矫正制度深受英国的影响，也深受邻邦美国的影响。加拿大实行联邦制，地广人稀、资源丰富、国民教育程度高、实行全民高福利。这些都深深影响了其矫正制度的架构与运作。

一、加拿大矫正制度的基本架构

与我国相比，加拿大矫正体系具有"大矫正"模式的特色，具体表现在以下三个方面：

1. 机构矫正与社区矫正一体化。加拿大于 1992 年颁布的《矫正与有条件释放法》第一章标题即为"机构矫正与社区矫正"。加拿大不使用类似于我国监狱、看守所等概念，矫正机构统称为矫正中心（correction centre），社区矫正部门通称为社区矫正中心（community correction centre）。社区矫正在加拿大矫正体系中居于重要的地位，社区矫正人员远远多于在矫正中心服刑的罪犯。

2. 审前羁押矫正与判后矫正一体化。与我国不同，加拿大将审前羁押机构也纳入矫正体系的范围，归属矫正局管理。因此，加拿大矫正机构包括三种类型：①城市监狱（municipal jail）类似于我国设置在公安派出所的留滞室，只能羁押犯罪嫌疑人 24 小时。②审前中心（pretrial centre），主要关押未决犯，类似我国设置于公安机关的看守所。③矫正中心（correction centre），类似于我国的监狱，分为关押 2 年以上刑期的联邦矫正中心和关押不满 2 年

---

* 发表于《法学杂志》2013 年第 2 期。除注明引注外，本章所引用数据、资料均来自于本人于 2012 年 7 月跟随上海赴加拿大现代警务培训团学习加拿大矫正制度期间的记录。

刑期的省级矫正中心。

3. 违法与犯罪矫正一体化。与我国不同，加拿大的犯罪概念只定性不定量，其犯罪概念的外延要远宽于我国。在我国属于《治安管理处罚法》甚至更轻微的行为，也可能在加拿大被视为刑事犯罪，因此其犯罪矫正体系实际上将我国的违法矫正与犯罪矫正体系予以了整合。不过，加拿大也主张对于轻微犯罪使用替代性措施，让轻微犯罪者尽量避免进入法庭审理程序，尽量采取社区矫正措施。

除实行大矫正模式外，加拿大矫正体系还具有"二元化"的特点，即矫正机构分为联邦矫正中心和省级矫正中心两种。加拿大法律规定，宣判刑期2年以上的罪犯进入联邦矫正中心服刑，宣告刑期不满2年的罪犯属于省级矫正系统的矫正对象。这种矫正机构二元体系与加拿大实行联邦制政体有重要的关系。一般认为，联邦矫正中心的矫正条件要比省级矫正中心好些。笔者在加拿大考察时发现，有些犯罪人会有意犯重一些的罪行，以便能够进入联邦矫正中心服刑。

目前，加拿大共有53个联邦矫正中心。据加拿大联邦矫正局的统计数据，在2006年至2007年度，联邦矫正系统的总开销是19亿加元，占全部联邦政府预算的近1%。以隶属于联邦矫正系统的太平洋矫正中心（Pacific Correction Centre）为例，这一矫正中心始于20世纪70年代建立的戒毒康复中心，2003年扩展到可以关押500人的矫正中心，现有矫正工作人员460名，工作人员与矫正罪犯的比例接近1:1，每年经费预算约为4000万加元。太平洋矫正中心布局合理，包括中心控制室、新收犯中心、低度戒备监区、中度戒备监区、高度戒备监狱区、医疗中心、精神卫生中心、厨房、图书馆等。

省级矫正中心是加拿大矫正体系的重要组成部分，以不列颠哥伦比亚省矫正中心为例，该省共有成人矫正中心九个，另有三个矫正中心在建将于2013年投入使用。根据2009年统计，平均每天有2762名罪犯（inmates）在不列颠哥伦比亚省级矫正中心接受矫正，在押人员（基于判决个案的分析）主要罪行排前三位的是：入室盗窃（breaking and entering），5000元以下偷窃、抢劫。不列颠哥伦比亚省矫正系统的年度预算高达1.904亿加元，从事社区矫正的工作人数为581人，在矫正中心工作的矫正官人数为1495人。

二、加拿大矫正制度运作的特点

加拿大矫正制度的运作具有三大值得关注的基本特点：

1. 矫正工作的高度专业化

加拿大矫正制度具有高度专业化的特点，具体体现在以下几个方面：

（1）重视矫正应用理论研究。例如，通过专家介入的方式提炼总结出了针对不同类型犯罪人的矫正计划（program），这些矫正计划经过多年的实践和完善，已经较为成熟。再如，通过矫正机构与大学科研机构合作，提炼出矫正工作所应重点关注的影响矫正效果的罪犯五大特征，用以指导矫正工作：①犯罪态度（criminal attitude），②同辈群体（peers），③犯罪前科（past criminal behavior），④家庭居住环境、受教育状况，⑤瘾癖。这些研究成果对于矫正工作发挥了重要的指导意义。

（2）注重矫正成本的核算。加拿大对于矫正成本有精细的核算，使人对矫正系统的耗费有明晰的印象。例如，不列颠哥伦比亚省矫正系统重社区监管（community supervision）的成本是平均每人每天 6.61 加元，或者 2400 加元每年，其中低风险（low risk）监管对象平均每人每天 2.77 加元，中风险监管对象到高风险监管对象每人每天 10.61 加元。而机构中监管（custody）平均每人每天花费 188 加元，或者每人每年 70 000 加元。联邦矫正系统由于所监管罪犯罪行比省严重，因此其成本也要高于省级矫正系统。联邦矫正中心监管对象的成本是平均每人每年 113 000 加元，社区中监管对象的成本是每人每年 29 000 加元。

（3）注重矫正效果的评估。在注重矫正成本核算的同时，加拿大对于每一项试点与矫正计划也都十分注重效果评估，以此判断投入是否合理以及试点项目是否值得继续或者推广。例如，实证研究发现犯罪人中的 5% 人群所犯下的罪行占刑事犯罪比重的 70%~80%，而这 5% 的罪犯中 50% 吸毒成瘾。为了降低吸毒成瘾人员的犯罪，不列颠哥伦比亚省地方法院（又译省级法院）在温哥华试点建立了毒品法庭。为了检验毒品法庭是否对于降低吸毒成瘾人员的犯罪率有效果，加拿大对毒品法庭进行了十年的追踪研究，研究结果表明毒品法庭是有效的，据此毒品法庭得以继续试点和得到经费的支持。

（4）注重场所设计的科学性与实用性。加拿大矫正机构的设计较为科学，如北飞沙河审前中心（North Fraser Pretrial Centre）共分为 4 个相对独立的单元（port），每单元划分为不同的功能区，利用单面玻璃、电子监控系统、全景式监舍布局，一名安全员就可以实现对整个单元在押人员的监控，在 4 秒到 10 秒左右的时间内矫正官即可抵达需要处置的区域。

（5）注重电子信息技术在矫正工作中的运用。如北萨里社区矫正中心（Surrey North Community Corrections），中心共有全职工作人员 7 名和随叫随到（on-call）工作人员三名，采用电子监控仪对在社区中服刑的 60 名罪犯实行动态和有效监管。法庭在对罪犯宣判社区服刑时会明确社区服刑的条件，例如要求罪犯必须佩戴电子监控仪。社区矫正中心矫正设有中央监控室（Central Monitoring Unit），通过移动电话或者固定电话以及个人识别装置（Personal Identification Device），可以将罪犯的活动空间限制在 100 米的范围内，还可以对罪犯的特定行为进行监控，例如，控制罪犯喝酒，如果喝酒监控仪和皮肤会有反应。监控室可以通过对被监管人进行时间表编程等技术，对被监管人进行动态监管。加拿大很多省份已经转向使用 GPS 技术对社区服刑人员进行监管，不列颠哥伦比亚省之所以还没有采用 GPS 的主要原因是所监控对象中有较大比例属于监视居住（软禁）。同时，也有现有监控方式成本较低基本够用的原因。加拿大矫正机构在较重工作中注重科技手段的运用，但是并不追求"高新"而是以"实用"为原则，尽可能降低矫正成本。

除了运用电子监控技术外，加拿大矫正局还建立了完善的罪犯信息共享系统——自动化罪犯管理系统（Offender Management System，OMS），汇集与共享罪犯信息。罪犯信息的共享被认为是矫正策略和罪犯管理个别化的关键。自 2001 年起，矫正局还启动了电子"链接"工程，使相关刑事司法机构与矫正局的自动化罪犯管理系统联网，这种链接促成了对罪犯信息的电子共享。到 2006 年，加拿大矫正局的罪犯管理系统链接小组就已经把近 4000 个外部用户与罪犯管理系统的模块相连，其中包括警察部门的"警务信息库"。[1]这种罪犯电子信息共享系统的建立极大地便利了矫正工作的开展。

2. 罪犯风险评估与管理制度居于基础性地位

在加拿大，罪犯风险评估已经有三十余年的发展历史，罪犯风险评估技

---

〔1〕 杨诚、王平主编：《罪犯风险评估与管理：加拿大刑事司法的视角》，知识产权出版社 2009 年版，第 71 页。

术已经发展到第四代，目前已经普遍用于罪犯矫正的各个主要环节。从法院判决，到判后罪犯应当安置于何种警戒级别的矫正中心，再到在什么条件下将犯人从监禁机构释放到社区中，均要运用风险评估技术，可以说罪犯风险评估于管理在加拿大矫正制度中居于基础性地位。

第一代罪犯评估方法广泛应用于 20 世纪 60 年代到 70 年代后期，是对罪犯风险的非结构式评价（unstructured judgment）。也就是说，罪犯再犯的风险是基于那些最后被证明并不可信、经常不准确和无助于案件管理的专业判断而得出的。20 世纪 80 年代，出现了以证据说话的风险评估手段，这些手段是可靠的并且提供了更准确的预测，但是第二代风险评估的内容主要是由静态的、不可辨的因素组成，并且提供不了罪犯需求的信息。第三代罪犯评估手段通称为风险/需求量表，成为 20 世纪 90 年代的标准，并且现在仍在被广泛采用。第三代风险量表包括对罪犯需求的评估，被设计用于提供关于减少再犯所应改变之需求的有关信息。近些年来，第四代罪犯评估手段开始出现。这些新手段不仅评估罪犯的风险和需求，而且还评估案件管理种类的重要因素（如优点评估）。此外，第四代手段为监督罪犯提供了源于评估的、结构化的干预方案，这是第三代手段做不到的。[1]

加拿大罪犯风险评估的基本方式是通过量表进行，主要有三种风险评估量表：①针对一般罪犯的通用风险评估量表；②针对关系犯罪人的风险评估量表；③针对性犯罪人的风险评估量表。

风险评估在审判前就开始进行，为了保证风险评估的顺利进行，感化官要负责收集犯罪人的有关信息并形成调查报告提交法庭。以通用风险评估量表为例，其评估量表的第一部分基本要素就包括九种：①家庭关系；②生活安排的满意度（pattern of satisfactory living arrangements）；③伙伴/重要的其他人；④工作技能；⑤工作情况；⑥经济情况；⑦行为与情绪的稳定性（behavioral/emotional stability）；⑧物质（毒品、酒精等）滥用能够控制；⑨接受监管和帮助的态度。第二部分为犯罪历史的风险评估，第三部分为需求评估。对每一部分评估后都要作出总的评价。

风险评估的结果主要为三种判断：低风险、中风险、高风险。评估结果

---

［1］ 杨诚、王平主编：《罪犯风险评估与管理：加拿大刑事司法的视角》，知识产权出版社 2009年版，第 118~119 页。

将作为罪犯分配至何种矫正中心、分配至矫正中心的何种关押单元、适用何种矫正计划、何时出狱等各个环节作为决定的重要依据。为了保证评估的科学性与公平性，加拿大《矫正与有条件释放法》（1992年）第23、24条规定，当某人被判决移送矫正机构时，矫正机构应在可能的情况下采取一切合理措施尽快获取与犯罪及犯罪人个人经历等各种必要的信息；并且采取一切合理的措施保证其利用的有关罪犯的各种信息都尽可能准确、最新和完整。由于这些信息对于罪犯风险评估登记的确定至关重要，罪犯有权要求矫正机构修正不准确的信息。

3. 矫正系统的管理"严而不厉"

加拿大矫正系统的管理独具特色，其基本特点可以概括为"严而不厉"。笔者在对加拿大矫正机构的考察中发现，初步接触加拿大矫正机构会感觉其管理非常宽松。例如，笔者所考察的联邦太平洋矫正中心没有高墙大院，没有部队驻守，只有一道门安检，枪支管理也远不如我国严格（枪弹不分离，枪库在中控室——类似于我国监狱的门卫室位置）。在笔者考察该矫正中心当天，监狱正发生犯人私藏枪支事件，狱长、副狱长、助理狱长等都丝毫不隐瞒这一"重大突然事件"，而是坦然地一边接待一边安排组织清查武器。再如北飞沙河审前中心坐落于繁华的马路边，与普通居民的建筑之间没有明显的区分，看似也没有明显的安防系统。但是，如果深入了解加拿大矫正机构则会感受到其管理看似没那么严格，但却十分规范，具有"严而不厉"的特点。具体体现在以下几个方面：

（1）注重程序，人人平等。加拿大矫正机构的管理非常注重程序，而且程序的执行人人平等。尽管管理层人数很少，但是矫正机构的运行有序规范。例如，所有工作人员无论进入矫正中心还是离开矫正中心均要进行安检，无论职位高低、无人例外，而且流程标准化。

（2）权责明确，责任分明。矫正系统各个职务的权责划分明确，责任分明，互相之间不越权、不越位，出现问题承担"有限责任"——只要依照程序尽到了岗位职责，无论发生何种严重后果，矫正工作人员均可免责。也就是说即使发生了罪犯脱逃等严重事件，只要直接承担监管职责的工作人员履行了岗位责任，则不能追求其责任，更不会株连至典狱长。

（3）信息公开，管理透明。加拿大矫正机构中几乎没有"敏感"领域，除了个人隐私外，所有信息全部公开。信息公开、管理透明能够提高公众对矫正系统的了解，既是一种监督方式，也容易获取民众支持，避免误解。

三、启示与借鉴

中加两国在司法领域的友好交流对于促进中国矫正制度的进一步发展发挥了重要作用。1998 年由上海市监狱局时任局长王飞率领的代表团访问加拿大，这是中国大陆代表团对加拿大社区矫正制度的第一次实地考察，代表团在访问后向中国司法部和上海市政府提出的考察报告提出在上海市进行社区矫正试点的建议，这项建议在经过反复论证后成为导致上海市在三年后率先在中国大陆启动社区矫正试点的重要因素之一。[1] 加拿大刑事司法与矫正制度仍具有诸多值得我国借鉴参考的方面，为此特提出完善我国矫正制度的如下建议：

1. 社区矫正在矫正体系中的地位与作用有待提升

在加拿大，绝大多数罪犯并非羁押于矫正中心，而是在社区中服刑。如在 2001 年 2 月，全国共有 101 915 名罪犯在社区服缓刑，另有 8578 名罪犯被判处某种形式的有条件释放（包括省和联邦有条件释放）。在矫正中心服刑的罪犯仅有 31 926 名，远低于在社区中服刑的罪犯。[2] 社区矫正较机构矫正成本低，矫正效果在总体上也优于机构矫正，较机构矫正也更为人性。

尽管我国刑事司法制度与加拿大有着重大的区别，但是社区矫正逐步取代机构矫正而在矫正制度中据于主要地位既是国际趋势，也是我国矫正制度发展的方向。具体可以采取以下措施：一是建议通过尽快出台与《监狱法》并列的《社区矫正法》，也可以考虑对《监狱法》进行大幅度修订，制定新的《矫正法》。二是扩大社区矫正的对象范围。除了提高缓刑、假释、监外执行等的比率外，还可以将违法矫正纳入社区矫正的范围。加拿大的犯罪概念远宽泛于我国，这也是其社区矫正对象数量庞大的重要原因。根据我国的国情，也可以考虑大社区矫正的概念。三是完善社区矫正管理机构，加强社区矫正工作人员队伍建设。四是在对社区服刑人员监管中引入电子监控技术。五是完善社区矫正的体系，建议借鉴加拿大的经验，建立未成年人社区矫正

---

〔1〕　王珏、王平、杨诚主编：《中加社区矫正概览》，法律出版社 2008 年版，第 2~3 页。

〔2〕　杨诚、王平主编：《罪犯风险评估与管理：加拿大刑事司法的视角》，知识产权出版社 2009 年版，第 125 页。

与成年人社区矫正二元制度体系。

2. 在矫正工作中应进一步引入与整合资源，建立矫正"两条龙体系"

尽管加拿大矫正制度具有相对的独立性，加拿大的矫正官不是警察而是自成一体，但是矫正机构与刑事司法其他部门，例如警察、检察、法院有着极为密切的沟通协作关系，例如建立了完善的罪犯信息共享机制，这种刑事司法一条龙协作机制对于矫正制度的运行十分重要。例如，矫正中心可以便捷地对前来探视的罪犯朋友通过与警察机构联网的信息系统当场进行身份调查，以决定是否允许其探视在押罪犯。加拿大矫正机构的运作还有着完善的社会支持系统。例如，在矫正机构中的医生、心理咨询师均由医疗卫生部门派驻和管理；再如，针对在押犯中原住民罪犯比例高的特点，引入原住民长老、酋长在矫正中心开展富有原住民传统文化特色的矫正项目。

我国目前无论是监狱还是劳教系统，都具有相对封闭的特点，纵向上与公安、检察、法院的联系还不紧密，特别是罪犯信息共享机制还不健全，未能形成矫正合力。在横向上，社会支持体系也还不健全，可利用的矫正资源还很有限。借鉴加拿大经验，我国应当在矫正工作中进一步引入与整合资源，建立包括刑事司法一条龙和社会支持一条龙的"两条龙"矫正体系。具体而言可以首先在以下方面进行试点：一是建设罪犯信息系统，并与公安、检察、法院联网，实现对罪犯信息的共享；二是建立公检法司共同参加的矫正工作联席会议制度；三是在矫正工作中挖掘传统文化资源，对于少数民族罪犯、外国人罪犯、不同省籍罪犯等，发掘民族与地域文化资源，引入矫正工作之中；四是试点在矫正工作中引入专业力量，避免外行领导内行以及矫正机构的膨胀。例如，可以试点后勤社会化，在监狱劳教部门引入心理咨询师、专业医生、矫正社工等，这些专业人员与监狱劳教部门为合作关系，不纳入监狱劳教人民警察序列。

3. 探索建立和完善有中国特色的罪犯风险评估与管理制度

罪犯风险评估与管理制度是加拿大矫正制度的特色与成功经验，值得我国学习与借鉴，我国也宜建立有中国特色的罪犯风险评估与管理制度，以提高我国罪犯矫正工作的科学性。具体而言可以从以下方面着手：一是进一步对加拿大以及其他国家的罪犯风险评估与管理制度作进一步深入细致的研究，提炼其成功经验。二是与犯罪研究机构合作，根据我国罪犯矫正的特点，共同开发罪犯风险评估量表。三是选取基础好的省市，进行罪犯风险评估试点，并在此基础作进一步的完善，条件成熟时再向全国推广。

4. 完善有中国特色、符合矫正工作特点的矫正警务制度

加拿大矫正警务自成一体，有独立的衔级制度，明确的执法权限（工作时间有执法权，但是警察 24 小时有执法权），与公安人员有着重大区别的职业教育制度。但在我国，监狱劳教也属于警察序列，矫正警务总体上与公安警务之间区别不是太大。建议我国应当专题研究矫正警务的特殊性，形成充分尊重矫正工作特色的矫正警务制度。充分尊重矫正工作特色的矫正警务制度，其特殊性可以体现在以下方面：一是制服、衔级的独特性。加拿大将矫正官单独分为 12 级，使用独立的衔级标志，晋升也区别于警察，突出了矫正工作的职业特点，值得借鉴。二是培训内容的独特性。加拿大对矫正人员的培训内容完全不同于警察，但是我国目前对于监狱、劳教人民警察的培训方式与公安人员较为类同，这种状况需要改变。三是晋级、岗位竞争机制的特殊性。可以借鉴加拿大经验，完善矫正人员的培训晋级机制，例如，要求必须完成一定课时的培训内容后方可获得晋级与竞争特定岗位的资格。

5. 更新矫正理念，建立"严而不厉"的矫正管理制度

加拿大矫正管理中"重程序，人人平等""权责明确，责任分明""信息公开，管理透明"的理念非常值得借鉴。建议可以从以下几个细节制度上着手，完善我国的矫正管理制度：一是要求我国监管机构必须切实做到无差别安检，对于人和进出场所的人员均依程序进行安全检查；二是在强化干警岗位职责的同时，应当明晰各岗位职责，以"程序"及"职责"履行情况而非"结果"作为干警责任追究的依据；三是有步骤的向公众开放监管场所，推行狱务公开，减少监管场所的神秘感以及由此产生的公众误解。

四、结　语

加拿大矫正制度独具特色，例如实行大矫正模式、矫正体系二元化、矫正工作高度专业化、罪犯风险评估与管理制度居于基础性地位、矫正系统的管理"严而不厉"等。尽管中加两国在政治、经济、文化等方面存在诸多不同，但是加拿大矫正制度仍有诸多值得我国借鉴的地方。以加拿大为借鉴，我国矫正制度可从以下几方面进行改革：社区矫正在矫正体系中的地位与作用有待进一步提升；在矫正工作中应进一步引入与整合资源，建立矫正"两

条龙体系"；探索建立罪犯风险评估与管理制度；完善有中国特色、符合矫正工作特点的矫正警务制度；更新矫正理念，建立"严而不厉"的矫正管理制度。

外国宗教矫正理论与实践述评*

外国宗教矫正以神学救赎论、宗教转变论、社会依附论与社会学习和功利主义的社会控制论为理论基础。监狱中的宗教矫正的活动主要有罪犯辅导和宗教教育等，宗教矫正活动具有非强制性、思想性、普适性、经济性、专业性和全面性等特征，不仅可以向罪犯提供希望并改造其日常行为，而且有提高罪犯自我认知、提供庇护、降低再犯率和减少监狱违规行为等作用。

一、宗教矫正的界定与发展

宗教文明和古希腊文明是外国文明的两大源泉，其中以基督教为代表的宗教文明在建立维持当代道德和守法社会发挥着深刻且必要的作用。外国社会很大程度上是宗教社会。依据美国盖洛普调查，在美国有95%的人"信仰上帝"，其中86%的人为基督徒，基督教徒中，60%的人为新教徒，28%的人为天主教徒，10%的人为东正教，其余信仰犹太教或伊斯兰教。成年人中70%的人从属于某个教堂。[1]西方社会刑罚制度的历史发展也受到宗教观念的强烈影响。纵观刑罚历史，自第一所监狱建成，宗教不仅作为最重要和最频繁使用的改造手段在支持监狱教改人员改造罪犯发挥了主要作用，而且对西方监狱系统的建立产生了深远了影响。实际上，在西方语境中，"监狱"最初是罪犯忏悔赎罪的地方，意指"对不当行为或犯罪感到遗憾和悔恨，最终

---

* 本章与刘悦合作，发表于《河南司法警官职业学院学报》2019年第3期。
〔1〕 于歌：《美国的本质：基督新教支配的国家和外交》，当代中国出版社2015年版，第13页。

从忏悔中得以解脱"。[1]"Penitentiary"一词的中文含义是指监狱，其词根来源于"penitence"，其内涵即为忏悔、悔罪和愧疚。

在国外，宗教矫正被统称为"宗教服务"（Religious Services）[2]，意指在牧师或者其他神职人员的组织下向监狱中人身自由受到限制的罪犯提供罪犯辅导（Counseling Inmates）、宗教教育（Religious Education）、协调组织宗教项目（Coordinating Religious Programs）和监督志愿者（Supervising Volunteers）等具有宗教性质的活动，其目的是通过让罪犯接受宗教习俗并形成信仰以规范和约束其行为，并以此让罪犯从思想上悔过罪错行为、积极适应狱中生活并接受矫正，促进其回归社会避免再犯。宗教矫正和其他教育项目一样，是国外监狱系统重要且普遍适用的矫正手段。

宗教矫正在国外的发展经历了漫长的历史。监狱的早期宗教矫正活动可能起源于宗教人士自己被监禁的经历。例如，大约在公元539年，教会成员到监狱会见犯人就成了教徒的一项义务。[3]近代以来，宗教团体向有宗教信仰的罪犯开展各项宗教活动，但由于许多监狱不能保障罪犯在监狱中的宗教活动，因此罪犯为了获得相关权利进行了各种形式的抗争，包括通过诉讼的方式以保障其应有的宗教权益，如1962年的富尔伍德诉克莱默案（Fulwood v. Clemmer）。[4]目前在外国参加各类宗教活动被视为罪犯的基本权利，但狱中的宗教活动也会受到限制。如在1987年的奥隆诉埃斯泰特案中（O'Lone v. Estate of Shabaz），法院裁决可以为了合法的刑罚利益而剥夺罪犯参与宗教活动的权利。[5]

随着越来越多有宗教信仰的罪犯进入监狱，为有宗教信仰的罪犯提供参与宗教活动，逐步被视为监狱对罪犯进行矫正的最佳手段之一，宗教矫正也日渐受到各国矫正部门重视并成为影响监狱运行的重要因素，如果不能妥善处理宗教问题，往往会带来难以估量的影响。以英国为例，研究显示在英格兰和威尔士，信仰少数宗教的囚犯认为没有平等的机会信奉自己的宗教，进

---

〔1〕 Tood R. Clear and M. T. Sumter, "Prisoners, Prison and Religion: Religion and Adjustment to Prison", *Journal of Offender Rehabilitation*, 35（2002），126.

〔2〕 吴宗宪：《当代西方监狱学》，法律出版社2005年版，第722页。

〔3〕 吴宗宪：《当代西方监狱学》，法律出版社2005年版，第724页。

〔4〕 吴宗宪：《当代西方监狱学》，法律出版社2005年版，第724页。

〔5〕 吴宗宪：《当代西方监狱学》，法律出版社2005年版，第724页。

而在少数宗教群体中引起了怨恨、不公正的歧视和边缘化等负面影响。[1]

二、宗教矫正的理论基础

一般来说，宗教矫正的理论基础主要有四个，分别是①神学救赎理论，②宗教转变论（Religious Conversion），③社会控制论（Social Control Theory），④社会学习论（Social Learning Theory）。

神学救赎理论源于基督教神学的集大成者奥古斯丁（Augustinus）的"原罪说"。奥古斯丁认为：上帝创造人类始祖亚当时，亚当是正直的，具有自由意志，不知罪恶痛苦，长生不老。但由于他和夏娃偷吃了伊甸园树上的禁果丧失了向善的能力，道德败坏进入他们身体之内，此乃人类的"原罪"，故人被逐出伊甸园，从此与上帝分离。亚当的"原罪"代代相传，人生而有罪，生而为人，都在情欲之中沉浮，继承了败坏的本性，因此除始祖传下的"原罪"之外，还有人因自由意志而犯的本罪。由此，人的原罪具有双重性。人的原罪不能自我救赎，只有凭借上帝的恩典，人才能克服自身罪恶，重新获得行善的能力，与上帝和好、复归天堂。奥古斯丁认为，上帝的恩典已由其独生子基督为人类赎罪被钉在十字架上得以在人间实现。因此通过信仰基督、尊崇上帝、履行洗礼、圣餐和悔罪圣礼仪式，就可以得到这个恩典。若非此，人便要遭受永世的惩罚，即便是未犯本罪的婴儿亦不可避免。奥古斯丁的学说是基督教神学救赎理论的基石。[2]

中世纪后，天主教对奥古斯丁的救赎理论进行了改造，强调人的主观能动性的作用，主张人可以靠自己的力量遵守上帝的诫命，履行教规，行善避恶，并以此求得上帝救赎的恩典。天主教强调人的意志是自由的，所以由人的意志所支配的行为在其赎罪中具有决定性的作用。[3]进入监狱的罪犯除了有原罪之外还有现世之罪，原罪和现世之罪都需要进行救赎，救赎是将人性的邪恶转化为善以及将坏环境转化为善环境的过程。狱中的罪犯应当本着神的恩典，因着信仰，被神救赎，矫正是一个人从违法或犯罪到不违法或不犯

[1] Jams A. Beckford, "Social Justice and Religion in Prison: The Case of England and Wales", *Social Justice Research*, 12（1999），315.

[2] 马深：《英格兰精神与基督教文化——透视中华文明》，知识产权出版社 2013 年版，第 70 页。

[3] 李平晔：《人的发现——马丁·路德与宗教改革》，四川人民出版社 1984 年版，第 84 页。

罪的过程。具体来说,宗教的教义在监狱环境中不断对罪犯施加影响,不仅可以让罪犯停止犯罪,还可以让罪犯在良好和公正的生活中成长,完成从自私到自我奉献的转变。[1]神学救赎理论的优点在于将罪犯的思想和行为矫正与宗教教义相结合,有利于从根本上对犯罪进行教育矫正,但其缺陷在于纯粹从功能的角度定义宗教在矫正中的作用,不能全面完整地解释和反应当个人的现实生活或处境从犯罪转向时可能发生的深刻变化。

宗教转变理论的权威路易斯·兰博(Lewis R. Rambo)主张宗教转变是一个在人、事件、意识形态、制度和经验的动态领域中发生的变化过程。他假设宗教转变有七个阶段的模型,分别是环境、危机、寻求、接触、互动、承诺和后果。在这种背景下,心理学领域关注的焦点是与转换相关的内部或人际心理过程。[2]基督教的宗教转变理论主张,人既是精神的存在,也是物质的、情感的、社会的和理智的存在。[3]人的精神本性意味着人有能力、渴望与他人、人的世界和上帝建立一种终极且有意义的爱的联系或关系。人没有充分实现这种联系或结合的程度,就是需要宗教转变或发展的程度。当人不能正常建立这种联系或者关系或者这种联系关系过于薄弱时,就会犯罪或者有违法越轨行为,宗教应当帮助罪犯建立这种以上帝为核心联系或关系。圣保罗在《圣经》中说:"神的爱已经借着赐给人的圣灵在人的心里倾注出来了",就像父母的爱唤醒孩子的生命一样,上帝给予人自由的爱的礼物也在不断地唤醒和深化人内心的生活。宗教对罪犯从心理、人际等各个方面进行的修复以让罪犯的行为进行矫正最终得到行为转变。宗教转变论弥补了神学救赎论的缺陷,将宗教与心理学、社会学联系起来,丰富宗教对罪犯矫正的内涵,增强了宗教矫正的效果。美国一所监狱的一名罪犯参与宗教矫正项目后说:"在进监狱之前,生活全是我,但是现在我知道生活也是关于人际关系的。我必须考虑到别人和上帝。如果你是认真对待上帝的,你必须接受上帝的本性,上帝也关心其他人。"而另一名罪犯没有宗教信仰,他仍坚持认为:"生活就是狗咬狗,当我在监狱或者离开监狱时,我会做任何有必要的事:撒

〔1〕 Thomas P. O'Connor and M. Perreyclear, "Prison Religion in Action and Its Influence on Offender Rehabilitation", *Journal of Offender Rehabilitation*, 35 (2002), 30.

〔2〕 Lofland, John and L. R. Rambo, "Understanding Religious Conversion", *Journal for the Scientific Study of Religion*, (1994) 209~234.

〔3〕 Furgeson, Earl H., "The Definition of Religious Conversion", *Pastoral Psychology*, 16 (1965), 8.

谎、欺骗、偷窃或杀人。"〔1〕

　　社会控制理论的提出者特拉维斯·赫希（Travis Hirschi）认为，每一个人都是潜在的犯罪人，个人与社会的联系可以阻止个人进行违反社会准则的越轨和违法犯罪行为，当这种联系薄弱时，个人就会无约束地进行犯罪行为，犯罪是个人与社会的联系薄弱或受到削弱的结果。〔2〕社会控制包括个人控制和社会控制。其中，宗教是社会控制的重要组成部分。现代社会学提出者埃米尔·涂尔干（Émile Durkheim）认为宗教通过向所有公民传授一套公认的价值观、信仰和规范，以确保社会的稳定。宗教是维持社会秩序和形成共同价值观和信仰的重要的综合机制。宗教通过将社会成员与共同的价值观和规范结合起来，促进社会凝聚力。因此，宗教信仰被视为道德行为的基础。一个人越虔诚，就越不可能偏离社会规范，正如皮特森在 1991 年研究中指出的："几个世纪以来，犯罪行为一直被宗教所'侵蚀'"。〔3〕社会控制理论作为宗教矫正的理论基础，揭示了宗教在罪犯矫正工作中的作用和方法，但其缺陷在于将宗教作为外部控制而忽略的宗教对罪犯内在的影响力。

　　社会学习理论也是宗教矫正的重要理论基础。社会学习理论由阿尔伯特·班杜拉（Albert Bandura）于 20 世纪 70 年代提出，以经典行为主义、强化理论和认知信息加工理论为基础。依据社会学习理论，犯罪行为被认为是特定社会文化背景下的学习行为，当罪犯所处的特定环境发生变化，将罪犯置于非犯罪的环境下，罪犯就有能力学习非犯罪行为。将罪犯放置在新的环境中学习，将罪犯沉浸在监狱的宗教环境中，把罪犯安置在牧师和志愿者中间，罪犯将非常依附于宗教机构提供的服务，并且非常致力于亲社会的学习行为。〔4〕社会学习理论将犯罪矫正行为视是为学习行为，重视矫正行为的学习和外部环境的外部刺激，但忽略了罪犯内部改变的心理过程。

　　由宗教矫正的主要理论基础可以看出，通过各项宗教活动对犯罪进行矫

---

〔1〕　Thomas P. O'Connor and M. Perreyclear, "Prison Religion in Action and Its Influence on Offender Rehabilitation", *Journal of Offender Rehabilitation*, 35（2002）, 18.

〔2〕　吴宗宪：《吴宗宪文集》，中国法制出版社 2016 年版，第 248 页。

〔3〕　Todd R. Clear, and M. T. Sumter, "Prisoners, Prison and Religion：Religion and Adjustment to Prison", Journal of Offender Rehabilitation, 35（2002）127.

〔4〕　Thomas P. O'Connor and M. Perreyclear, "Prison Religion in Action and Its Influence on Offender Rehabilitation", *Journal of Offender Rehabilitation*, 35（2002）, 19.

正是一个复杂的工程，涉及神学、社会学、心理学等多个学科，需要综合理解和运用，才能保障宗教矫正活动的有效施行。

三、宗教矫正的种类与特点

宗教矫正的活动类型多样，罪犯可以自由选择参与宗教矫正的活动。在国外矫正机构，运用最为广泛的宗教矫正服务主要为罪犯辅导（Counseling Inmates）、宗教教育（Religious Education）和协调组织宗教项目（Coordinating Religious Programs）等。宗教矫正的各项活动具有思想性、普遍适用性、经济性、专业性和全面性等特征，对罪犯的矫正效果也可圈可点。

（一）宗教矫正的种类

现代宗教活动最初进入监狱系统是因为矫正机构将宗教信仰自由作为罪犯的一项基本人权予以保护，认为应当满足这一群体在监狱中参加祷告、做礼拜等宗教活动的需求，实现尊重和保障罪犯宗教信仰的权利。此后，狱中的宗教活动逐步成为一项服务提供给罪犯，并最终成为对罪犯进行矫正的重要手段。在宗教矫正的活动中，罪犯被视为顾客（Client），接受牧师等神职人员提供的服务。

罪犯辅导是最重要、最具代表性的宗教矫正活动，罪犯辅导侧重于宗教或精神问题的学习和引导。牧师等神职人员会采用多种方法对罪犯进行辅导，如运用现实疗法（Reality Therapy）、小组辅导（Group Counseling）、罪犯为中心辅导（Client-centered Counseling）、行为疗法（Behavioral Methods）[1]等，方法是宗教价值观和实践以及世俗辅导方法的整合统一。在辅导中，牧师可以给罪犯设立目标，目标可以帮助罪犯更加成熟，在重塑自我实现的过程消除各类障碍，罪犯通过自我激励发生改变和寻求自我实现。[2]具体而言，牧师等神职人员在罪犯辅导中将主要从以下六个方面开展工作：一是与罪犯建立相互尊重的关系；二是充当罪犯的劝诫者，及时发展和劝阻罪犯错误不良的道德判断；三是引导罪犯认识犯罪态度和行为是错误的和有害的；四是协

---

〔1〕 Jody L. Sundt, Harry R. Dammer and Francis T. Cullen Sundt, "The Role of the Prison Chaplain in Rehabilitation", *Journal of Offender Rehabilitation*, 35（2002），67.

〔2〕 Sundt, Jody L. , H. R. Dammer and F. T. Cullen, "The Role of the Prison Chaplain in Rehabilitation", *Journal of Offender Rehabilitation* , 35（2002），85.

助罪犯克服昔日犯罪行为，提供宣泄的机会，帮助罪犯从内疚、愤怒、无助等情绪中解脱出来实现情绪稳定；五是鼓励罪犯学习承担行为的后果，培养罪犯的同理心，帮助罪犯解决现实、情感和行为问题，树立积极的自我形象，促进愈合、宽恕和希望；六是发现有严重问题的罪犯进行转介。牧师等神职人员普遍认为宗教和精神指导本身就是一种矫正。[1]

除了罪犯辅导之外，还有各类宗教教育活动，如定期参加宗教仪式、宗教书籍的学习和教堂服务，包含参加教堂礼拜、唱诗班、学习圣经内容等。在美国，大约50%的罪犯参加宗教仪式，平均每月6次，宗教活动主要是针对精神方面的活动，如新教徒、天主教徒和穆斯林的礼拜。[2]

（二）宗教矫正的特点

在国外，宗教矫正是矫正机构向罪犯提供的一项服务，不具有强制力，罪犯可以依据自己的意志选择参加或者拒绝。此外，宗教矫正还具有思想性、普适性、经济性和有效性、专业性和全面性等特征：

（1）思想性。宗教矫正最为重视罪犯意识形态的矫正，罪犯思想转变相比行为转变更为重要。思想转变通过罪犯参加宗教矫正活动，将宗教的基本教义、观念和基本行为准则等基本内容向罪犯传播以实现。思想转变可以降低犯罪和监禁带来的痛苦，给予罪犯生活的希望和方向，从内在驱动改变罪犯。研究显示，美国各个地区的监狱长大都认为罪犯通过参加辅导会议均有明显的进步。绝大多数神职人员认为，通过宗教改变罪犯的价值观是最有效且最人道的矫正方法。[3]

（2）普遍适用性。宗教矫正适用广泛，在美国宗教矫正是最广泛适用且参与率最高的矫正方法，美国司法部一项研究显示32%的罪犯参加了相关宗教活动，宗教矫正甚至超越教育而成为最广泛适用的矫正方法。在美国，近

---

〔1〕 Jody L. Sundt, Harry R. Dammer and Francis T. Cullen Sundt, Jody L. , H. R. Dammer, and F. T. Cullen, "The Role of the Prison Chaplain in Rehabilitation", *Journal of Offender Rehabilitation*, 35 (2002), 78.

〔2〕 Harry R. Dammer, "The Reasons for Religious Involvement in the Correctional Environment", *Journal of Offender Rehabilitation*, 35 (2002), 38.

〔3〕 Sundt, Jody L. , H. R. Dammer , and F. T. Cullen , "The Role of the Prison Chaplain in Rehabilitation," *Journal of Offender Rehabilitation* 35. 3~4 (2002), 62.

200万罪犯中几乎每人都有一名牧师。[1]

（3）经济性和有效性。宗教矫正的人均花费率低，一项美国宗教矫正研究显示，在一年的周期内，宗教矫正的每年费用很低，每名罪犯的费用在150至250美元之间；相比之下，其他有效的矫正方案的费用约为每人14 000美元。[2]尽管花费少但宗教矫正有效性却很高，可从思想上彻底完成对罪犯的矫正。因此，宗教矫正被认为是花费最低效果而最佳的矫正方式之一。

（4）专业性。在西方国家，成为牧师等失职人员需在专门的神学院等机构系统学习宗教知识，并通过教会的考试并举行仪式等。此外，牧师等神职人员通常具有高学历和丰富的矫正经验。例如，一项针对教区牧师的研究发现，79%的牧师拥有硕士学位或更高的学位。[3]此外，监狱牧师平均有十年的矫正经验，坚信改造的哲学。[4]牧师既是罪犯的榜样和又是矫正的倡导者。[5]研究显示，牧师在矫正罪犯时会结合宗教和世俗的哲学、理论和方法，为罪犯提供辅导，成为罪犯的心理咨询师、社会工作者等多重矫正角色。很多罪犯将获释后的成功回归社会归功于牧师，而牧师在监狱雇员中所占的比例还不到1%。[6]

（5）全面性。宗教矫正通过建立"志愿者—神职人员—社区"三位一体的支持体系确保宗教矫正活动的高效运行。首先，牧师等神职人员保障各类宗教活动在监狱中的存在和实施。其次，志愿者和社区都高度重视参与监狱的各项活动。一项研究显示，美国一所监狱志愿者一年内向监狱提供了超过21 000小时的服务，志愿者特别重视参与此类社会活动。最后，"外部"社区成员的参与也有助于弥补专业宗教人员的人手不足的问题。社区和志愿者的

---

〔1〕 Harry R. Dammer, "The Reasons for Religious Involvement in the Correctional Environment", *Journal of Offender Rehabilitation*, 35（2002）, 36.

〔2〕 Thomas P. O'Connor and M. Perreyclear, "Prison Religion in Action and Its Influence on Offender Rehabilitation", *Journal of Offender Rehabilitation*, 35（2002）, 11.

〔3〕 Thomas P. O'Connor and M. Perreyclear, "Prison Religion in Action and Its Influence on Offender Rehabilitation", *Journal of Offender Rehabilitation*, 35（2002）, 19.

〔4〕 Thomas P. O'Connor and M. Perreyclear, "Prison Religion in Action and Its Influence on Offender Rehabilitation", *Journal of Offender Rehabilitation*, 35（2002）, 19.

〔5〕 Thomas P. O'Connor and M. Perreyclear, "Prison Religion in Action and Its Influence on Offender Rehabilitation", *Journal of Offender Rehabilitation*, 35（2002）, 19.

〔6〕 Jody L. Sundt, Harry R. Dammer and Francis T. Cullen Sundt, "The Role of the Prison Chaplain in Rehabilitation", *Journal of Offender Rehabilitation*, 35（2002）, 61.

参与有效改善了监狱带来的隔离感，培养了罪犯亲社会的人际互动关系，有利于罪犯养成亲社会的生活方式。[1]

四、宗教矫正的功能与争议

（一）宗教矫正的积极功能

大体而言，宗教矫正有提高罪犯自我认知、庇护、降低再犯率和减少监狱违规行为这三个方面的作用：

（1）宗教矫正可以促进罪犯提高自我认知。自我认知较低是罪犯的普遍问题，多数罪犯认为自己有一个失败的人生。自我认知较低源于不良教育、不良工作表现、对犯罪行为对悔恨或者是家庭环境失调带来的痛苦。而很多宗教信仰的核心是强调爱和接纳，如基督教倡导的爱人如己，来自于更好的人群或者是宗教团体的爱和接纳让参加宗教矫正的罪犯能够有更好的自我感受。[2]

（2）宗教矫正有庇护的作用。罪犯认为从属于某一种宗教组织可以免受监狱亚文化的暴力威胁。如有研究发现，从属于伊斯兰教或者基督教的团体下，会受到这个群体的保护，能够让罪犯在狱中避免遭受经济剥削、性剥削和身体伤害等。[3]

（3）宗教矫正还有不容忽视的降低再犯率、减少监狱违规行为的作用。对此，很多学者的实证研究给出了肯定的判断。例如，早在 1992 年就有学者的研究显示，宗教与监狱环境中的其他个人和情境变量相互作用，从而影响监狱内罪犯对监狱生活的适应以及监狱内的违纪行为。随后 1997 年的研究发现，通过参与宗教活动，动机越强的罪犯越相信一个超然的上帝，罪犯在被释放到社区后被再次逮捕的可能性就越小。同年亦有研究对宗教的参与率与再犯之间的关系进行研究，发现宗教参与率与再犯率成反比。参与程度成为影响罪犯改过自新的一个关键因素。此外，性别、种族、再犯风险水平和监

---

〔1〕　Harry R. Dammer, "The Reasons for Religious Involvement in the Correctional Environment", *Journal of Offender Rehabilitation*, 35（2002），51.

〔2〕　Harry R. Dammer, "The Reasons for Religious Involvement in the Correctional Environment", *Journal of Offender Rehabilitation*, 35（2002），39~40.

〔3〕　Harry R. Dammer, "The Reasons for Religious Involvement in the Correctional Environment", *Journal of Offender Rehabilitation*, 35（2002），52.

狱环境等其他变量影响到宗教对矫正可能产生的影响的种类和深度。之后在2002 年，有学者通过按月统计每个罪犯参加任何宗教活动的日期和次数，同时控制若干人口和犯罪历史变量，发现宗教活动的强度与监狱违法行为的存在成反比关系。[1]换句话说，罪犯参与宗教矫正活动程度越高，对监狱环境的心理调节就越好，再犯可能性越低。[2]

此外，参加宗教矫正活动能够满足罪犯的社交需求。监狱生活隔离封闭，定期的各项宗教矫正活动不仅能够让罪犯之间保证每周固定的见面频率，而且还能得到与女性志愿者互动的机会。参与宗教矫正活动的罪犯还能得到额外的监狱资源，如免费食物、音乐、与外界通电话等。[3]

（二）对宗教矫正功能的质疑

也有学者对宗教矫正的积极功能提出了质疑，这些质疑主要集中于宗教在矫正活动中与世俗矫正方法交织在一起难以区分、再犯率与宗教正相关关系是否准确、宗教矫正的普遍适用性和宗教矫正是否是矫正罪犯的最佳方式四个方面：

（1）宗教在矫正过程中的作用难以得到准确的区分和量化。在罪犯参与的各种宗教矫正活动中，牧师等神职矫正人员会结合宗教和世俗的方式对罪犯进行矫正，因而难以区分是宗教还是世俗的方法发挥了有效矫正的作用。如在罪犯辅导中，牧师通常采用宗教的各种教义，如基督教的十诫戒律让罪犯认识到犯罪思想和行为是错误的，为了让罪犯实现行为的转变也会运用心理咨询的方式促进罪犯进行悔罪。类似这种宗教戒律和世俗心理辅导双重方法的运用，的确难以将矫正的积极效果全部归结为宗教矫正活动。

（2）目前对罪犯再犯率的降低和宗教矫正的正相关关系的研究，没有对罪犯参与其他矫正活动的统计，例如，罪犯参加技能培训等的统计，因为无法排除其他矫正手段对再犯率降低的正相关关系。此外，对于宗教和监狱关系的研究有限，研究的样本量也有限，因此难以全面展现宗教在监狱中发挥

---

〔1〕 Harry R. Dammer，"The Reasons for Religious Involvement in the Correctional Environment"，*Journal of Offender Rehabilitation*，35（2002），36~37.

〔2〕 Tood R. Clear and M. T. Sumter，"Prisoners, Prison and Religion: Religion and Adjustment to Prison"，*Journal of Offender Rehabilitation*，35（2002），129.

〔3〕 Harry R. Dammer，"The Reasons for Religious Involvement in the Correctional Environment"，*Journal of Offender Rehabilitation*，35（2002），48~52.

的作用。[1]

（3）宗教矫正的成本低廉主要依托于大量免费的志愿者。例如，在基督教的教义中要求通过教徒对神进行侍奉，通过礼拜和各种方式以达到，而参与监狱志愿者活动是侍奉上帝的一种形式。这样的志愿者在其他类型的宗教中并没有明确的规定和要求，因此低廉的成本缺乏普适性，难以保证在非基督教地区仍然能进行，同时即使在基督教地区，也无法完全保障长期、持续、有效而低廉的志愿者服务。

（4）宗教矫正是否是最佳矫正方法并没有相关的实证研究证实，很多罪犯并没有宗教信仰，只是为了得到参加宗教矫正活动可以得到的各项便利，因此宗教矫正的有效性还需要更多的研究去证实。此外，宗教矫正和其他的矫正方式的各项对比研究也有所欠缺。

尽管存在上述质疑，但主流观点仍然支持宗教矫正的积极功能和作用。由于人身自由受限、监狱压抑隔离的环境和刑满释放后回归正常生活较为困难等原因，罪犯大多觉得前途暗淡、生活无望，而宗教矫正最大的功能就在于能够向身陷图圄的罪犯提供希望，并改进其生活和行为方式。宗教经典典籍多宣扬爱、救赎等基本教义，告知信仰者要遵循或者避免某些特定规则和行为。这些规则是基本的伦理道德准则，教导如何地"更好"地生活，探求新的生活方式，避免误入歧途、自毁或者走向罪恶的行为，有利于罪犯离开监狱后回归社会的生活。

五、结　语

在我国，宗教矫正的运用其实古已有之，其中以佛教矫正的影响最为深远。例如，唐朝曾设置专门的精舍供犯人忏悔己罪。《大清监狱律草案》也曾经规定："在监人若请就其所信宗派之教职者，受教礼或行宗教仪式，斟酌情形得许之。"[2]民国时期，不但将宗教矫正作为重要的教育矫正手段在立法中予以规定，还在监狱中予以较为普遍地实施，例如派遣牧师和僧侣入监讲座

---

〔1〕　Tood R. Clear and M. T. Sumter, "Prisoners, Prison and Religion: Religion and Adjustment to Prison", *Journal of Offender Rehabilitation*, 35（2002）, 126.

〔2〕　张东平、胡建国："论民国时期监狱的宗教教诲"，载《河北青年管理干部学院学报》2011年第3期。

或者要求罪犯背诵经文等，曾经也取得了较为良好的效果。

我国是共产党领导的社会主义国家，始终坚持从本国国情和宗教实际出发，实行宗教信仰自由政策，保障公民宗教信仰自由权利，构建积极健康的宗教关系，维护宗教和睦与社会和谐。十八大以来，在以习近平同志为核心的党中央坚强领导下，全面推进依法治国，把宗教工作纳入国家治理体系，用法律调节涉及宗教的各种社会关系，宗教工作法治化水平不断提高。[1]尽管宗教矫正在国外取得了良好成效，但在我国应当避免宗教对监狱工作的渗透，同时也应当积极正视监狱中的宗教矫正问题，研究国外宗教矫正的经验与教训，进一步规范和丰富我国罪犯矫正方法。

---

[1]《中国保障宗教信仰自由的政策和实践》（国务院新闻办公室，2018 年 4 月 3 日）

参考文献

一、著作

白焕然等：《中国古代监狱制度》，新华出版社 2007 年版。

陈策：《从犯罪学先驱到民主斗士——严景耀研究》，浙江大学出版社 2013 年版。

丁慕华、李淳、胡云腾主编：《刑法实施中的重点难点问题研究》，法律出版社 1998 年版。

狄小华：《罪犯心理矫治导论》，群众出版社 2004 年版。

［法］孟德斯鸠：《波斯人信札》，梁守锵译，商务印书馆 2010 年版。

［意］恩里科·菲利：《实证派犯罪学》，郭建安译，中国政法大学出版社 1987 年版。

［美］路得·特恩布尔等：《今日学校中的特殊教育》，方俊明译，华东师范大学出版社 2004 年版。

郭明：《中国监狱学史纲》，中国方正出版社 2005 年版。

国际刑罚改革协会编著：《让标准发挥作用——监狱实务国际手册》，法律出版社 2009 年版。

金鉴主编：《监狱学总论》，法律出版社 1997 年版。

贾洛川主编：《监狱学基础理论》，广西师范大学出版社 2009 年版。

贾洛川、王志亮主编：《新中国监狱学研究 20 年综述》，中国法制出版社 2015 年版。

鞠青主编：《中国工读教育研究报告》，中国人民公安大学出版社 2007 年版。

金川：《警察教育有效性实证研究——以警察教育与毕业生职业成就关系为视角》，中国政法大学出版社 2013 年版。

江晨清等：《中国工读教育》，上海教育出版社 1992 年版。

林茂荣、杨士隆：《监狱学——犯罪矫正原理与实务》，五南图书出版股份有限公司 1993 年版。

李增辉、翁鑫水主编：《中国劳动教养特色的理论与实践文集》，中国人民公安大学出版社 1993 年版。

李平晔:《人的发现——马丁·路德与宗教改革》,四川人民出版社 1984 年版。

刘丹:《利益相关者与公司治理法律制度研究》,中国人民公安大学出版社 2005 年版。

鲁兰:《中日矫正理念与实务比较研究》,北京大学出版社 2005 年版。

李亚学主编:《少年教养制度比较研究》,群众出版社 2004 年版。

马克昌主编:《刑罚通论》(第 2 版),武汉大学出版社 1999 年版。

民进中央宣传部编:《严景耀论文集》,开明出版社 1995 年版。

马深:《英格兰精神与基督教文化——透视中华文明》,知识产权出版社 2013 年版。

梅传强主编:《犯罪心理学》,法律出版社 2003 年版。

[美] 贝兹·卓辛格:《把他们关起来,然后呢?》,陈岳辰译,中信出版社 2017 年版。

[美] 亚历克斯·梯尔:《越轨社会学》,王海霞等译,中国人民大学出版社 2011 年版。

[美] 乔治·P. 弗莱特:《刑法的基本概念》,王世洲主译,中国政法大学出版社 2004 年版。

[美] 乔治·B. 沃尔德、托马斯·J. 伯纳德、杰弗里·B. 斯奈普斯:《理论犯罪学》,方鹏译,中国政法大学出版社 2005 年版。

[意] 切萨雷·贝卡里亚:《论犯罪与刑罚》(第 5 版),黄风译,北京大学出版社 2008 年版。

[日] 小河滋次郎口述,熊元翰编:《监狱学》,上海人民出版社 2013 年版。

孙雄编著:《监狱学》,商务印书馆 2011 年版。

孙笑侠:《程序的法理》,商务印书馆 2005 年版。

司法部劳动教养工作管理局编:《吸毒型罪错矫治课本》,1992 年内部印刷。

邵名正主编:《中国劳改法学理论研究综述》,中国政法大学出版社 1992 年版。

宋英辉:《刑事诉讼原理导读》,法律出版社 2003 年版。

沈银和:《中德少年刑法比较研究》,五南图书出版股份有限公司 1988 年版。

上海市残疾人联合会、华东师范大学学前教育与特殊教育学院主编:《智障人士社会融合的理论与实践——上海市"智障人士阳光行动"报告》,华东师范大学出版社 2007 年版。

吴宗宪:《当代西方监狱学》,法律出版社 2005 年版。

吴宗宪:《中国现代化文明监狱研究》,警官教育出版社 1996 年版。

吴宗宪:《罪犯改造论——罪犯改造的犯因性差异理论初探》,中国人民公安大学出版社 2007 年版。

吴宗宪:《西方犯罪学史》(第 2 版),中国人民公安大学出版社 2010 年版。

吴宗宪:《西方犯罪学》(第 2 版),法律出版社 2006 年版。

吴宗宪等:《非监禁刑》,中国人民公安大学出版社 2003 年版。

吴宗宪:《吴宗宪文集》,中国法制出版社 2016 年版。

王增铎等主编,中国监狱学会、加拿大刑法改革与刑事政策国际中心合作编著:《中加矫正制度比较研究》，法律出版社 2001 年版。

王辅贤主编：《残疾人社会工作》，北京大学出版社 2008 年版。

王珏、王平、杨诚主编：《中加社区矫正概览》，法律出版社 2008 年版。

王耀海、高大力：《工读教育改革之路》，北京教育出版社 1996 年版。

王春泉编著：《实用新闻写作》，西北大学出版社 1995 年版。

熊先觉：《司法制度与司法改革》，中国法制出版社 2003 年版。

全国高等教育自学考试指导委员会办公室组编，姚喜平主编：《劳教学基础理论》，法律出版社 1998 年版。

姚建龙等：《矫正学导论：监狱学的发展与矫正制度的重构》，北京大学出版社 2016 年版。

姚建龙：《超越刑事司法：美国少年司法史纲》，法律出版社 2009 年版。

许福生：《犯罪与刑事政策》，元照出版有限公司 2012 年版。

［英］伊恩·路德、理查德·斯帕克斯：《公共犯罪学?》，时延安、李兰英、陈磊译，法律出版社 2013 年版。

［英］马丁·因尼斯：《解读社会控制——越轨行为、犯罪与社会秩序》，陈天本译，中国人民公安大学出版社 2009 年版。

［美］约翰·列维斯·齐林：《犯罪学与刑罚学》，查良鉴译，中国政法大学出版社 2003 年版。

杨诚、王平主编：《罪犯风险评估与管理：加拿大刑事司法的视角》，知识产权出版社 2009 年版。

于歌：《美国的本质：基督新教支配的国家和外交》，当代中国出版社 2015 年版。

严景耀：《中国的犯罪问题与社会变迁的关系》，吴桢译，北京大学出版社 1986 年版。

詹景歧：《往事如歌 一位老公安工作者的札记》，群众出版社 2002 年版。

黎赵雄主编：《文化监狱》，中国民主法制出版社 2007 年版。

中共中央宣传部：《习近平新时代中国特色社会主义思想三十讲》，学习出版社 2018 年版。

中国监狱工作协会监狱史学专业委员会编，朱济民主编，徐家俊副主编：《旧监狱寻踪》，上海书店出版社 2014 年版。

章恩友主编：《罪犯心理矫治技术》，中国物价出版社 2002 年版。

张秀夫主编：《中国监狱法实施问题研究》，法律出版社 2000 年版。

徐家俊：《上海监狱的前世今生》，上海社会科学院出版社 2015 年版。

二、论文

陈光明："文化改造：改造罪犯的第五大基本手段"，载《安徽警官职业学院学报》2008 年第 6 期。

陈敬平："短期未成年犯狱内违纪的原因分析及对策"，载《广东司法警官职业学院学刊》

2006 年第 4 期。

陈树恒："台湾'少年事件处理法'简介"，载《当代青年研究》1991 年第 3 期。

谌彦辉："内地强制隔离戒毒转型之困"，载《凤凰周刊》2014 年第 2 期。

崔承英等："精神发育迟滞患者犯罪行为的相关因素分析"，载《临床精神医学杂志》1999 年第 4 期。

常弓："起草劳教法过程中讨论的主要问题及观点综述"，载《犯罪与改造研究》1993 年第 9 期。

邓纯东："习近平新时代中国特色社会主义思想的本质特征"，载《马克思主义研究》2018 年第 8 期。

"第二次全国残疾人抽样调查残疾标准"，载《中国残疾人》2006 年第 5 期。

高国栋等："药物成瘾机制与手术戒毒研究进展"，载《医学与哲学（临床决策论坛版）》2007 年第 12 期。

胡方锐："以新理念新格局推进新时代监狱工作发展"，载《中国司法》2018 年第 10 期。

胡俊崎："论当前工读教育面临的困境与发展机遇"，载《预防青少年犯罪研究》2014 年第 6 期。

胡俊崎、尹章伟："英国伯明翰市预防青少年违法犯罪的特殊教育体系及作用"，载《青少年犯罪问题》2007 年第 3 期。

黄勇峰等："新体制下罪犯劳动改造制度问题研究——基于完善监狱法规的纬度"，载《中国司法》2011 年第 6 期。

黄卓懿："未成年人刑事案件简案快审机制探索"，载《青少年犯罪问题》2006 年第 4 期。

韩述钦："《监狱法》修改应注重解决的若干问题"，载《河南司法警官职业学院学报》2013 年第 1 期。

何侃等："智障群体的教育公平现状及思考"，载《中国特殊教育》2008 年第 1 期。

金磊等："中医药戒毒研究的思路与方法"，载《中华中医药杂志》2009 年第 6 期。

孔颖："论清末日本监狱学书籍之译介"，载《日语学习与研究》2007 年第 5 期。

刘光国："文化改造罪犯论纲"，载《中国监狱学刊》2003 年第 5 期。

刘世恩："对我国工读学校立法的思考"，载《法学杂志》2005 年第 6 期。

李维武："传统文化的创造性转化与创新性发展——对习近平文化观的思考"，载《武汉大学学报（哲学社会科学版）》2018 年第 3 期。

刘武俊："监狱问题的法理透视——以狱务公开为解析背景"，载《东南学术》2002 年第 4 期。

刘利："利益相关者理论的历史回顾与未来研究方向"，载《沈阳工程学院学报（社会科学版）》2009 年第 2 期。

李本森："破窗理论与美国的犯罪控制"，载《中国社会科学》2010 年第 5 期。

罗雪莲："18 岁以下青少年违法犯罪 89 例司法精神医学鉴定分析"，载《南通医学院学报》1997 年第 4 期。

路琦："工读教育与未成年人违法犯罪预防"，载《预防青少年犯罪研究》2013 年第 1 期。

梁然："关于《监狱法》修改有关的问题研究"，载《中国司法》2013 年第 4 期。

苗翠英："论我国戒毒方法之优劣"，载《中国人民公安大学学报（自然科学版）》2005 年第 1 期。

司绍寒："《曼德拉规则》与我国监狱法发展——评《联合国囚犯待遇最低限度标准规则》的最新修订"，载《犯罪与改造研究》2015 年第 11 期。

孙鉴："论我国少年法律体系的学理构建"，载《预防青少年犯罪研究》2016 年第 5 期。

孙春霞等："男性犯罪少年智能特征对照研究"，载《中华神经科杂志》1994 年第 2 期。

石军："我国工读教育发展的历史、现状与未来发展"，载《教育史研究》2013 年第 3 期。

石军："中国工读教育政策法规的历史演变与当代意义"，载《预防青少年犯罪研究》2014 年第 1 期。

石军："中国工读教育研究三十年：回顾与反思"，载《当代教育与文化》2015 年第 2 期。

石军："中国工读学校内部发展的困境与对策研究"，载《预防青少年犯罪研究》2012 第 9 期。

陶鹏："公众污名、自我污名和媒介污名：虚拟社会泛污名化现象的三维解读"，载《广东行政学院学报》2014 年第 1 期。

王立军："统筹推进山东监狱五大改造新格局"，载《中国司法》2018 年第 8 期。

汪海萍："以社会模式的残疾观推进智障人士的社会融合"，载《中国特殊教育》2006 年第 9 期。

王志亮、钱荣："严景耀与新中国监狱"，载《犯罪与改造研究》2014 年第 7 期。

吴宗宪："论《监狱法》的修改与完善"，载《中国社会科学院研究生院学报》2010 年第 1 期。

吴宗宪、王虹："论《监狱法》文字表述的修改与完善"，载《法学杂志》2009 年第 9 期。

王林平："《监狱法》的完善与刑事执行法的制定"，载《中国司法》2014 年第 9 期。

汪勇："完善《监狱法》的模式及修正理念——兼论《监狱法》修订应处理的若干关系"，载《云南大学学报（法学版）》2005 年第 6 期。

王鹏飞："论我国《监狱法》的修改与完善"，载《上海政法学院学报（法治论丛）》2016 年第 3 期。

王利荣："也谈管制刑适用的法律调整"，载《中国刑事法杂志》2000 年第 4 期。

谢利苹："关于《监狱法》修改和完善的思考"，载《中国司法》2009 年第 2 期。

徐帅等："戒毒治疗方法应用比较"，载《中国公共卫生》2009 年第 7 期。

许嘉璐："缅怀严景耀先生"，载《民主》2005 年第 7 期。

徐家俊："远东第一监狱的首位华籍典狱长"，载《世纪》2000年第5期。

熊妮娜等："2006年中国智力残疾儿童流行情况及致残原因调查"，载《中国儿童保健杂志》2009年第1期。

熊伟："我国工读教育面临的问题与对策"，载《青少年犯罪问题》2011年第5期。

薛永兴、杨云："从二次劳教吸毒人员的分析谈戒毒工作的发展"，载《犯罪与改造研究》2000年第4期。

姚建龙："《禁毒法》的颁行与我国劳教制度的走向"，载《法学》2008年第9期。

姚建龙："完善劳教制度法律监督机制刍议"，载《中国司法》2000年第4期。

姚建龙："我国现行戒毒体系的反思与重构"，载《青少年犯罪问题》2002年第3期。

姚建龙："论《预防未成年人犯罪法》的修订"，载《法学评论》2014年第5期。

姚建龙："国家亲权理论与少年司法——以美国少年司法为中心的研究"，载《法学杂志》2008年第3期。

于恩德："燕京大学社会学系概况"，载《社会学刊》（第4卷）1934年第2期。

于世忠："监狱法是我国行政法律体系的组成部分"，载《行政与法》1996年第1期。

杨木高："严景耀监狱学思想初探"，载《犯罪与改造研究》2017年第2期。

于阳："严景耀犯罪实证范式的一点思考"，载《青少年犯罪问题》2013年第6期。

章恩友、王雪峰："中国特色矫正学学科及其构建"，载《中国司法》2013年第4期。

周国强："假释制度的发展趋势与我国假释制度的完善"，载《学海》2001年第3期。

张良驯："对工读学校'去工读化'现象的研讨"，载《中国青年研究》2016年第4期。

张鸿巍："掀开少年司法的面纱"，载《人民法治》2016年第2期。

张友琴："社会支持与社会支持网——弱势群体社会支持的工作模式初探"，载《厦门大学学报（哲学社会科学版）》2002年第3期。

张东平、胡建国："论民国时期监狱的宗教教诲"，载《河北青年管理干部学院学报》2011年第3期。

周作人："见店头监狱书所感"，载《天义报》（第11、12期合刊）1907年11月30日。

三、其他

刘京："海口未成年人法制教育中心'四教'互动成为社会管理创新试点"，载《法制日报》2010年11月7日。

胡娟："真情唤醒沉睡心灵——访美兰区法制教育中心"，载《法制时报》2005年7月29日。

李丽："戒毒条例正式实施 专家称关键配套制度仍然薄弱"，载《中国青年报》2011年6月28日。

李佳飞："海口市'未成年人法制教育经验'将在全国推广"，载《海南日报》2012年3

月 16 日。

林万亿："被误解的中途教育"，载《国语日报》2004 年 8 月 16 日。

吕文浩："严景耀——中国犯罪社会学的主要开创者"，载《团结报》2017 年 8 月 24 日。

刘文晖："禁毒法：坚持以人为本"，载《检察日报》2009 年 9 月 23 日。

刘洋："采纳政协提案 湖南未成年犯义务教育有保障"，载《人民政协报》2006 年 7 月 31 日。

梁振文："秀英 3 人被送法制中心教育学习"，载《国际旅游岛商报》2011 年 12 月 7 日。

罗霞："海口未成年人法制教育中心用爱温暖失落的心"，载《海南日报》2009 年 5 月 14 日。

黎光："市长办公会听取未成年人法制教育中心等项目汇报"，载《海口晚报》2010 年 11 月 12 日。

许晓刚："全面构建'五大改造'新格局"，载《法制日报》2018 年 6 月 30 日。

胡键："广东两会：未成年犯也要接受九年义务教育"，载《南方日报》2006 年 2 月 22 日。

周斌："全国累计收治强制隔离戒毒人员逾 36 万"，载《法制日报》2012 年 6 月 26 日。

陈一峰、余文华："重庆市劳教戒毒所注重加强强制隔离戒毒人员入所养成教育"，载 http://www. 12371. gov. cn/html/zgpd/zqsljjds/2012/03/21/162742157851. html.

"复吸新型毒品人员一律强制隔离戒毒"，载《海南特区报》2010 年 7 月 27 日。

曹志恒："乌鲁木齐：复吸新型毒品者强制戒毒两年"，载 http://www. xinhuanet. com/chinanews/2009-05/13/content_ 16511607. html.

（两会）委员呼声："高墙内未成年犯渴望教育光芒"，载 http://www. hinews. cn/news/system/2007/02/06/010076675. shtml.

冯本静："海口不良青少年教育矫治工作感动中央综治委领导"，载 http://tieba. baidu. com/f？kz=1134029591.

"海口市未成年人法制教育中心创新工作合署办公分类教育方法在全国首创"，载 http://blog. sina. com. cn/s/blog_ 78fb86350100t6d7. html.

"司法部：2008 年来累计收治强制隔离戒毒人员 47 万"，载 http://www. chinanews. com/gn/2013/06-25/4965296. shtml.

"法制教育中心戒毒月余海口一市民精神分裂"，载 http://www. hq. xinhuanet. com/tbgz/2003-04/23/content_ 426402. htm.

"揭秘工读学校现状：35 名教职工 仅有 2 名学生"，载 http://news. sohu. com/20140526/n400018170. shtml.

史沙、李庆芳："海口一少年回法制教育中心过 16 岁生日"，载 http://v. hinews. cn/page. php？xuh=5306.

"司法部：我国监狱系统严查减刑假释等中的违法违纪行为"，载 http://www. xinhuanet. com.

王文:"对成瘾者无休无止不规范的口头传唤何时休",载 http://blog. sina. com. cn/s/blog
_ 4cb0bc670100ed1j. html.

王文:"吸毒人员动态管控机制信息更新请示报告",载 http://blog. sina. com. cn/s/blog_
4cb0bc670100nru7. html.

王文:"更新成瘾者吸毒人员动态管控机制信息到底归哪里管",载 http://blog. sina. com. cn/
s/blog_ 4cb0bc670100h8tz. html.

王文:"云南 G 县戒毒所戒毒人员集体大逃亡我们该思考什么",载 http://blog. sina. com. cn/
s/blog_ 4cb0bc670100csev. html.

"上海工读学校毕业生就业率 90% 以上",载 http://news. china. com/domestic/945/20130128/
17657982. html.

"中央司法体制改革领导小组办公室负责任就司法改革问题答记者问　积极稳妥推进深化
司法体制改革各项任务",载 http://www. zznews. cn/news/system/2013/12/02/010178839_
01. shtml.

后　记

1999 年 7 月的一个上午，我和同校毕业的另一位同学租了一辆翻斗车，拉着简易的行李从五公里〔1〕出发，用了三个多小时才到达位于北碚西山坪上的重庆市劳教戒毒所，成为了一中队的一名司法警察。十年后，在一篇没有写完的回忆小文中，我记叙了那一天深刻的旅程。〔2〕

在一中队工作的第一个岗位是农业组"小队长"，每天的工作是拎着一个小板凳、一大罐茶、一顶草帽，和第一位师傅带着十几个劳教戒毒人员外出到农地里劳动，找一个高处放下小板凳盯着十几个劳教人员，一坐就是一天，更准确的说是一暴晒就是一天。带农业组虽然辛苦而且无聊，但相比当年还存在的带外劳组而言，可能还算是轻松的岗位。

第二个岗位是中队管教干事，和第二位师傅负责中队劳教戒毒人员的日常管教，比如严管队队列训练、计分考核工作等。这个岗位虽然压力大，但"权力大"，有"半个中队长"之说。这个岗位令人印象深刻，不仅仅是因为可以影响全中队每一个劳教戒毒人员的利益，更因为经常会感受到所部管教科"大干事"的"官威"，比如会为了一份材料跑所部四五次，或者因为"大干事"正在办公室打盹，需要静静地站在椅子边上等上几十分钟。

第三个岗位是设在一中队的全所劳教戒毒人员电脑培训班"小队长"，

---

〔1〕　重庆地名。

〔2〕　"我在戒毒所的日子"，收入姚建龙：《临湖而居》，上海三联书店 2018 年版，第 40~41 页。

培训班合格的学员可以据此获得减少劳教期的奖励。这个岗位锻炼人，需要一个人独自面对七八十名劳教戒毒人员，比如在教室里脱稿训上他们两三个小时。在担任电脑培训班"小队长"期间，接待了来自司法部的一个调研组，并因此认识了调研组《中国司法》杂志的一位领导，在他的鼓励下才有了我的第一篇公开发表、真正意义上的论文。

数月后，我报考了研究生。为了有相对安静的时间准备考试，特意申请每天的下半夜值班——凌晨两点到七点，因为这个时间的干扰最少。西山坪的夜晚寒冷刺骨，坐在两个烤火器中间瑟瑟发抖、通宵夜读，真是令人深刻的体验。当年劳教戒毒所是宽容的，在临考前还批准了51天的假备考，如果没有这51天集中复习的时间，我估计无法考上华东政法学院的研究生。

第四个岗位是所部生产科生产干事。考完研究生后不久，我就被一纸调令从一中队调到了所部生产科担任生产干事。在基层中队工作七八个月就调到所部，在那个年代会令人退想。后来才知道，其实是从未谋面分管生产科的所领导在看干部档案时觉得我是个"人才"，就直接把我调到了生产科工作。生产干事的工作很有意思，每天和科长在外边跑生产项目，或者到各个基层中队看项目进展情况。另一项印象深刻的工作是参与建新所的工作，可惜还没有建好，我就因为考上研究生离开了。

那时候的同事感情是单纯和真挚的，我不善饮酒，在离别的日子常常喝到吐，吐得天翻地覆。离职的手续办得很顺利，分管领导还担心我的读书期间生活费，要继续每月给我发工资，前提是毕业后回所工作。当然，不回也是没有关系的。我估计回去的可能性不大，继续领工资不太合适，婉拒，但心存感激。多年后，这位老领导调到另一劳教所担任一把手，后来传来落马的消息，感到很愕然——这个世界没有绝对的坏人。

在劳教戒毒所期间，还保留着自初中以来记日记的习惯，重新翻看，那段时间不长但却可谓刻骨铭心的经历历历在目，摘录几日权为纪念：

1999 年 7 月 22 日

我的人生是否也会像这日记，翻开的是新的一页呢？

7 月 1 日报到，7 月 19 日正式来上班，最初的焦躁和担心似乎没了。每天无所事事，百无聊赖，现在最担心的是斗志消沉，一蹶不振。

8 月 13 日

新干部培训结束，正式分在一中队，内心感觉很复杂。

自参加工作以来，每日沉湎于录像、电视，无所事事，虚度光阴。

8 月 21 日

深夜 11 点至 12 点，一劳教李 X 阑尾或胆囊病痛，冒雨送往医务所，长蛇横于道。

9 月 21 日

在给朋友的一封信中，曾经写到：他们是一群没有了灵魂，没有羞恶之心，更丧失了一个人所起码的尊严。一个月后，我发现自己错了，而且还错得很惨。

晚上排练国家文艺汇演的节目，劳教的表现十分积极，我想我是有些感动了。夜已深，而我仍然睡意全无。

有个劳教说："姚干事对我好，我们一定也会为姚干事着想"。我从他的眼睛里看不出丝毫的伪作，更看不出丝毫的谄媚。

常常会十分惊讶于那些吸毒的劳教为何竟会如此容易被感动得泪流满面，那都是因为他们太缺少"爱"。家人、朋友都希望他们永远待在高墙之内，甚至干脆希望他们早日死去。

10 月 6 日

下午同袁中带了 8 个人到四队牵羊。

那只山羊的叫声是那么的凄厉与无奈。那种绝望中求生本能的惨叫令人心中"凛然"。我看到山羊的眼中有泪水在流淌，在绳套中无谓的挣扎，嘴角泛着泡沫。

晚上涮羊肉火锅。

12 月 1 日

下午，组织电脑班劳教学习《禁毒启示录》中的一篇文章。

张 X："社会都把我们当成人渣中的人渣，我们也干脆只能做人渣"。

"知其不可为而为"，我将尽力而为。

班会结束，到政治处请假。可以肯定，给领导的印象不好。

如果考不上估计很难在戒毒所立足，拼了老命 51 天，相信自己一定行。

2000 年 8 月 2 日

闷热数日后，一场雨把气温降了下来。

8 月 4 日

托运行李。

8 月 8 日

订票。

9 月 15 日

昨日，台风影响下的上海阴雨绵绵，风大得有些不适应。

新的一页，应该有一个新的开始。

在离开的近二十年中，西山坪常会闯入梦中，令人眩晕：

这里，没有雌性生物
连飞舞的蚊子，都是雄的
这儿有野菊花
花开的时候
可以把西山坪的每一个角落
染成绚丽的金黄[1]

在劳教戒毒所工作的时间虽然时间不长，劳教制度也在 2013 年废止，原来工作的一中队和所部的楼房设施也都已经拆了，但是却深深影响了我此

---

[1] "野菊花开"节选，收入姚建龙：《临湖而居》，上海三联书店 2018 年版，第 206 页。

后的人生道路和学术旨趣。兜兜转转一大圈，我始终没有离开这第一份职业设定的轨迹。在华东政法大学任教近十年，尝试了检察官职业后，又兜回了上海政法学院原名为劳改劳教系的刑事司法学院，正如十年前写到的那样：

> 逃离，没有原因
>
> 也许，只是为了更好的回到这里[1]

在两所大学教书，我也始终没有脱离一名管教干事的视角。在华东政法学院力主开设矫正理论与实务课程，在上海政法学院关注监狱学的发展，并逐步形成了主张以大矫正观重构我国矫正制度并建立统一的矫正学学科的想法。从 1999 年到 2019 年，二十年中虽然学习和研究的专业领域不断拓展，但始终没有放弃对矫正学的关注，本书也正是在整理这二十年中有关矫正学专题研究论文的结果。其中绝大多数论文均曾经在《中国监狱学刊》《犯罪与改造研究》《中国人民公安大学学报》《法学杂志》等期刊公开发表，亦有个别篇章为首次公开。此外，本书原本还有附录，收入了在重庆市劳教戒毒所期间所撰写的三篇论文，其中一篇还是本人所发表的第一篇学术性论文，还有一篇曾经获得市劳教系统的优秀论文二等奖。这三篇论文是我个人学术生涯的起点，也曾经让我在生命中最为迷茫的时光找到了些许慰藉。当然，这三篇论文也可以从另一个侧面观察中国矫正制度的历史变迁。考虑到劳教制度已经废除，这篇论文已经过时，因而最终还是没有保留。

矫正学是有大学问的领域，也是有独特魅力的领域。在我国历史上，矫正机构负责人曾经多为有影响力的监狱学家或犯罪学家，例如我所敬仰的严景耀先生曾经担任提篮桥监狱首位华人副典狱长五年有余，近代著名犯罪学家、监狱学家孙雄也曾经长期在监狱工作。有些遗憾的是，在现行学科分类体系之下，矫正学研究在学术界很难摆脱被边缘化的命运。"狱之为物不详，仁人所不乐言"[2]的观念仍不同程度的存在，学界专注矫正学研究的学者不

---

〔1〕 "逃离" 节选，收入姚建龙：《临湖而居》，上海三联书店 2018 年版，第 208 页。

〔2〕 周作人："见店头监狱书所感"，载《天义报》1907 年 11 月 30 日。

多，年轻学者中少见对此领域真正怀有热情者。在矫正实务界，"监狱事务委诸下吏贱卒之手"[1]的观念也根深蒂固，矫正机构民警职业认同感不高，更罕见监狱长等矫正机构负责人同时也是能成一家之言学问家的范例。不久前和司法部主要领导谈到这个问题时，他也觉得这是值得重视的问题，并提出了培训、培养监狱长的要求。从这个角度看，编辑本书既是一种个人学术生涯的阶段性总结，也是希望能借此成为对自己的一种鞭策，更是希望能够引起对矫正学研究的重视。

我一直主张以大矫正观重构我国矫正制度，并建立统一的矫正学学科。此前主著的《矫正学导论》[2]一书是基于体系化思路的先行探索，本书则是一种以专题研究形式进行的探索统一矫正学的理论尝试，就研究内容而言涉及监狱学、社区矫正学、戒毒学、工读教育学等。既然是尝试，研究难免肤浅，观点也难免错误，敬请读者批评指正。本书的研究和出版得到了学校等相关单位的项目支持，特此致谢。

姚建龙

2019 年 5 月 2 日初稿

5 月 19 日修订

于上海·苏州河畔

---

[1] 民进中央宣传部编：《严景耀论文集》，开明出版社 1995 年版，第 46 页。
[2] 北京大学出版社 2016 年版。

图书在版编目（ＣＩＰ）数据

　　矫正学的视界：从监狱学到矫正学的理论尝试/姚建龙著. —北京：中国政法大学出版社，2019.10
　　ISBN 978-7-5620-9229-2

　　Ⅰ.①矫… Ⅱ.①姚… Ⅲ.①犯罪分子－监督改造－研究－中国 Ⅳ.①D926.74

中国版本图书馆CIP数据核字(2019)第219707号

出 版 者	中国政法大学出版社
地 址	北京市海淀区西土城路 25 号
邮寄地址	北京 100088 信箱 8034 分箱　邮编 100088
网 址	http://www.cuplpress.com（网络实名：中国政法大学出版社）
电 话	010-58908586（编辑部） 58908334（邮购部）
编辑邮箱	zhengfadch@126.com
承 印	固安华明印业有限公司
开 本	720mm×960mm　1/16
印 张	15.75
字 数	260 千字
版 次	2019 年 10 月第 1 版
印 次	2019 年 10 月第 1 次印刷
定 价	49.00 元